Le Rucher Durable

Jean Riondet
avec la participation de **Sosthène Fayolle**
et de **Gaëtan Adell**

Le Rucher Durable

GUIDE PRATIQUE DE L'APICULTEUR D'AUJOURD'HUI

ULMER

Sommaire

Préface

Aujourd'hui, conscients des enjeux que représente l'abeille, cet insecte pollinisateur hors pair tant dans la biodiversité que pour notre alimentation au quotidien, de plus en plus de personnes désireuses de découvrir ce monde fascinant s'initient notamment dans les ruchers écoles, pour installer leur propre rucher.

Cependant, la difficulté majeure que rencontrent tous les apiculteurs, qu'ils soient petits producteurs familiaux, pluriactifs ou professionnels, consiste à maintenir dans la durée les cheptels, confrontés à des taux de surmortalités sans précédent. C'est un drame absolu, qui se reproduit tous les ans.

Confrontés aux pesticides, à une évolution préjudiciable de nos campagnes, au varroa, au frelon *Vespa velutina*... le taux de mortalité naturel des colonies, qui était estimé à moins de 10 % par an, atteint souvent 30, voire 40 %, notamment dans les zones de grandes cultures. On peut ainsi considérer que plus de 300 000 colonies disparaissent chaque année en France, avant d'être reconstituées par les producteurs à partir des survivantes.

En excellent praticien de l'abeille, riche d'un savoir-faire de terrain acquis au fil des ans, Jean Riondet, apiculteur lyonnais, nous invite à pratiquer l'apiculture autrement, mettant l'accent sur les précautions, les techniques d'élevage, les tours de main qui permettent d'anticiper les problèmes et de réduire les risques de mortalités ou de ruches peu productives.

De manière très pédagogique, dans le droit fil des rubriques apicoles qu'il rédige depuis plusieurs années pour la revue « Abeilles et Fleurs », il nous fait partager son expérience ainsi que celle de Sosthène Fayolle et Gaëtan Adell, apiculteurs professionnels aguerris qui ont été à ses côtés tout au long de la rédaction de cet ouvrage. Tous trois nous engagent à pratiquer une apiculture durable et nous offrent ici un vrai manuel, passionnant à lire et soigneusement documenté, qui devrait aider au quotidien de nombreux apiculteurs, quelle que soit l'ampleur de leur cheptel.

Je vous souhaite une bonne lecture, de belles colonies et de magnifiques récoltes !

Henri Clément, porte-parole de l'UNAF,
rédacteur de la revue « Abeilles et Fleurs »

Avant-propos

S'il veut récolter du miel, du pollen, de la propolis, de la gelée royale... l'apiculteur doit être avant tout un éleveur, un producteur d'abeilles. Mais, si l'on osait l'expression, il devient aussi un « soigneur », au même titre que celui qui s'occupe de ses animaux. « Soigner », au sens de prendre soin de ses abeilles tout autant que les guérir de leurs maladies. Pérenniser son cheptel, c'est en assurer la survie, année après année. C'est actuellement l'une des conditions premières pour une apiculture durable.

Car l'expression « durable » s'appliquera dans notre propos d'abord au respect des abeilles, c'est-à-dire aux bonnes pratiques adaptées à leurs conditions de vie et de reproduction, puis aux médications à employer afin d'éviter que l'apiculture ne soit plus qu'un souvenir pour nos enfants.

« La vraie lutte intégrée est une façon de faire face aux parasites et à la maladie qui s'appuie sur la philosophie du développement durable. On met d'abord en place des mesures préventives. Ensuite, au besoin seulement, on recourt à des interventions curatives... Une bonne stratégie de lutte intégrée s'appuie d'abord sur les mécanismes de défense propres de la nature et s'harmonise avec eux. »

Nous faisons nôtre cette présentation par Jean-Pierre Chapleau, apiculteur au Québec[1], de la manière dont il conçoit la lutte contre les maladies des abeilles, car que l'on soit professionnel, pluriactif ou amateur, les conditions environnementales pour la survie des abeilles en de nombreux endroits ont transformé les conditions de la production. L'apiculture est devenue une activité très technique.

Surveiller la qualité nutritionnelle de ses colonies, les installer dans un endroit propice à leur bien-être[2], prévenir les maladies, réguler efficacement la pression du varroa, produire ses reines, travailler avec des sélectionneurs européens pour isoler de nouvelles lignées. Autant de savoir-faire à maîtriser pour assurer une adaptation constante de la pratique apicole aux modifications climatiques, agricoles et économiques.

Cet ouvrage se veut une modeste contribution à l'effort de formation nécessaire pour participer à une apiculture respectueuse des abeilles, mises en harmonie avec leur environnement.

1. http://www.apinovar.com/lutte.fr.html
2. Du fait de certains produits chimiques utilisés et de la modification humaine du biotope, des espaces agricoles sont devenues hostiles à l'abeille

1 L'ABEILLE ET LA COLONIE

Insecte social à l'organisation parfaitement réglée, l'abeille vit en osmose absolue avec son environnement, le cycle de développement de la colonie se calant sur le climat ainsi que sur la ressource alimentaire qui est la sienne, à savoir les fleurs. Lorsque l'apiculteur installe un essaim dans une ruche, il « domestique » l'abeille, au sens où il est en capacité de l'exploiter, de la maintenir près de chez lui. Mais en aucun cas il ne dresse ses abeilles qui restent, dans leur comportement, toujours et totalement sauvages.

L'apiculteur, par sa connaissance de l'abeille, fonde ses pratiques d'élevage sur la biologie de celle-ci, sur son cycle de vie. Il en « joue » subtilement en fonction de ses propres objectifs, mais toujours dans le respect de l'abeille et de la colonie...

Les abeilles, espèces et races

Dans le monde, on compte près de 20 000 espèces d'abeilles, dont environ la moitié en Europe. Les abeilles vivent seules pour la plupart (abeilles solitaires), plus rarement en colonie (abeilles sociales, dites aussi mellifères, c'est-à-dire qui produisent du miel que l'on peut récolter).

La forme, la taille, la couleur de toutes ces abeilles varient énormément d'une espèce à l'autre. La plus petite des abeilles mellifères serait l'abeille naine *Apis florea*, de 7 mm de longueur, que l'on trouve en Asie et qui vit sur un seul petit rayon de 40 cm environ, suspendu à une branche. Les plus grandes seraient *Apis dorsata* et *Apis laboriosa*, de 19 mm environ, toujours en Asie, qui vivent sur un immense rayon de 1 m sur 2 m[1]. Enfin, *Apis cerana*, d'Asie également, serait la seule pouvant être élevée en ruches.

BON À SAVOIR

La Buckfast en vedette

La plus célèbre des abeilles métisses est la Buckfast, du nom de l'abbaye de Buckfast dans le Devon (Royaume-Uni). Elle résulte d'un croisement entre des races d'abeilles européennes et africaines. C'est le frère Adam, moine bénédictin, qui l'a produite au cours du XXe siècle aux fins d'obtenir une abeille résistante à l'acariose. Excellente pondeuse, elle impose une conduite très suivie. Elle requiert un travail constant de sélection.

1. Les baobabs peuvent accueillir plusieurs de ces colonies qui pourraient amasser jusqu'à une tonne de miel.

Apis mellifera mellifera, notre abeille domestique

Apis mellifera mellifera serait une branche cousine d'*Apis cerana* et se trouve au départ essentiellement en Europe. Ce seront les voyageurs et les échanges internationaux qui la feront migrer sur tous les continents.
Elle se décline en de nombreuses races différentes (voir tableau « Bien choisir ses abeilles »): ce sont autant d'écotypes, c'est-à-dire d'abeilles qui se sont sélectionnées naturellement dans des espaces délimités géographiquement par des barrières naturelles, leur cycle de développement étant en phase avec l'environnement floral et climatique.
Lorsque ces abeilles sont importées dans une autre zone géographique, elles se croisent avec les races locales, modifiant l'expression génétique des colonies locales. Les éleveurs accentuent ce phénomène en pratiquant l'insémination artificielle, qui permet de contrôler l'origine des mâles.

Sélection et races pures

Une race est dite « pure » lorsqu'elle est composée d'individus possédant un haut niveau de consanguinité. À l'état naturel, il n'existe pas de race pure car les abeilles dévorent le couvain s'il présente les caractéristiques de la race portées à leur paroxysme. Pour notre pratique, un couvain lacunaire, si aucune autre

Apis mellifera mellifera

Apis dorsata

Apis cerana

origine n'est décelée, peut être le révélateur d'une consanguinité excessive.
Les éleveurs sélectionneurs pratiquant l'insémination artificielle cherchent toujours les meilleures solutions pour maîtriser l'équilibre entre consanguinité et parenté proche[1].
On vise par la maîtrise de races spécifiques des qualités particulières: la bonne tenue du cadre, l'hygiène, l'essaimage, la progression plus ou moins rapide du couvain au printemps, l'adaptation à l'environnement climatique et floral local...
La douceur, critère recherché avant tout autre, est souvent la caractéristique de forts niveaux de consanguinité.
Hormis l'insémination artificielle et certains isolats géographiques, il n'y a pas de méthode certaine pour maintenir une race « pure », l'accouplement des reines se faisant en vol, à l'air libre, et les bourdons qui la fécondent n'étant pas contrôlables. L'apiculteur ne peut de fait maîtriser que la lignée femelle, par l'élevage des reines.
La reine apportant les deux tiers du patrimoine génétique et le mâle un tiers seulement, les filles de première génération (dite F1) présentent très largement les mêmes caractéristiques que leur mère, ce qui n'est plus vrai en F2. Les échanges de reines et les pollutions génétiques par la transhumance sont tels qu'il est devenu presque impossible de trouver des écotypes locaux en France.

LA BIOMÉTRIE

Il est difficile de reconnaître une race, sauf à faire de la biométrie, qui est la mesure du vivant à des fins d'identification, d'authentification, de classification.

BIEN CHOISIR LES RACES D'ABEILLES

Une dizaine de races sont couramment travaillées par les apiculteurs en Europe. En apiculture sédentaire, le plus important, sauf cas particulier, consiste à travailler avec des abeilles locales, par définition robustes car bien adaptées à l'environnement et sélectionnées par les apiculteurs pour leur douceur.

RACES	ZONE	CARACTÉRISTIQUES	ATOUTS	LIMITES
***Apis mellifera mellifera* (abeille noire commune)**	Nord Europe, France, Angleterre, Espagne pour partie.	Noire, rustique. Douce ou agressive, la douceur étant acquise par la sélection. Profite de toute miellée, se met en position d'hivernage dès la fin des miellées en août.	Hiverne bien, récoltes sur miellées tardives, demande très peu de surveillance.	Très différente d'une zone à l'autre. Mauvaise éleveuse pour l'élevage artificiel de reines. Reste agressive en dehors des périodes de miellées, au printemps sensibilité aux mycoses.
Buckfast	Création anglaise.	Orangée, très douce, tient parfaitement le cadre. Emmagasine le miel loin du couvain, le laissant se développer.	Excellente éleveuse, très prolifique, grosse amasseuse de miel, excellente pour faire des paquets d'abeilles.	Nécessite une bonne sélection, un maintien de la lignée ; sensible à la famine, surveillance importante.
***Carnica* ou Carniolienne**	Europe centrale, de la mer Noire à l'Adriatique.	Grise, très douce, très active, propolise peu, excellente tenue du cadre, hivernage facile.	Démarre tôt au printemps, croissance très régulière, dérive peu. Élevage facile.	Risque d'essaimage élevé sauf sélection, surveillance importante.
Caucasica	Caucase.	Douce, croisement très prisé avec la *Ligustica* à laquelle elle apporte la rusticité.	Propolise beaucoup, efficace sur fleurs profondes, douce, active.	Sensibilité à l'acariose et à la nosémose.
Ligustica	Italie.	Jaune, douce.	Peu essaimeuse, productive.	Pillarde.

1) Pour un scientifique, il n'existe jamais de race pure (homogénéité génétique), c'est une expression d'éleveur pour désigner des individus aux caractéristiques identiques attendues.

Le corps de l'abeille

Tête, thorax, abdomen : le corps de l'abeille comporte trois parties bien distinctes. Chacune remplit des fonctions précises.

La tête

Très visibles, les deux gros yeux sont composés de 4000 à 6000 tubes fixes, dotés d'une rétine, sans capacité d'accommodation. Ils donnent une vision floue à 360°. Trois ocelles, petits yeux placés sur le sommet de la tête, permettent de mesurer l'intensité lumineuse et de percevoir les changements de direction. Ses antennes servent à la communication, à mesurer la température et la concentration en CO^2 dans la ruche qui conditionnent leur comportement de ventilation.
La partie buccale comporte les mandibules, qui servent à pétrir la cire et à malaxer le pollen. Peu puissantes, elles ne peuvent percer la peau des fruits comme le fait la guêpe. La langue, de longueur variable selon les races, sert à pomper le nectar. Dans la tête se trouvent les glandes labiales, hypopharyngiennes, qui sont productrices de la gelée royale.

Le thorax

C'est la partie la plus dure du corps. Le thorax comporte tous les muscles ainsi que des glandes productrices de gelées. S'y fixent les trois paires de pattes et les deux paires d'ailes. Les ailes membraneuses se replient l'une sur l'autre au repos, elles sont composées de nervures rigides supportant une membrane extrêmement mince et souple.
Le thorax est la source de la chaleur. Par tétanisation des muscles, la plaque ventrale du thorax peut atteindre 40 °C. Cette température élevée sert à chauffer le couvain et maintenir l'ensemble de la température de la colonie. Quelques espèces surchauffent certains prédateurs, comme le frelon asiatique *Vespa velutina* que les abeilles peuvent tenir en boule, leur température élevée tuant alors l'insecte. C'est par le thorax que l'apiculteur tient la reine pour la marquer et la clipper.

L'abdomen

C'est la partie la plus fragile. L'abdomen contient les organes digestifs, circulatoires, respiratoires, reproducteurs, éliminateurs, le dard, les glandes cirières, les corps gras ainsi que de la magnétite.
Il est composé d'anneaux en chitine relativement rigides, reliés les uns aux autres par une membrane souple, intersegmentaire, sur laquelle s'installent certains parasites, dont Varroa qui y fait un trou pour se nourrir des protéines contenues dans l'hémolymphe qu'il suce. Chaque anneau possède deux trous reliés par un tube servant de trachée où s'opèrent les échanges gazeux. C'est également le lieu de vie d'un parasite, l'acarien *Acarapis woodi* à l'origine de l'acariose.
L'ensemble des organes baigne dans l'hémolymphe. Ce liquide est le support de divers composants. Il est envoyé par un système cir-

LES AILES

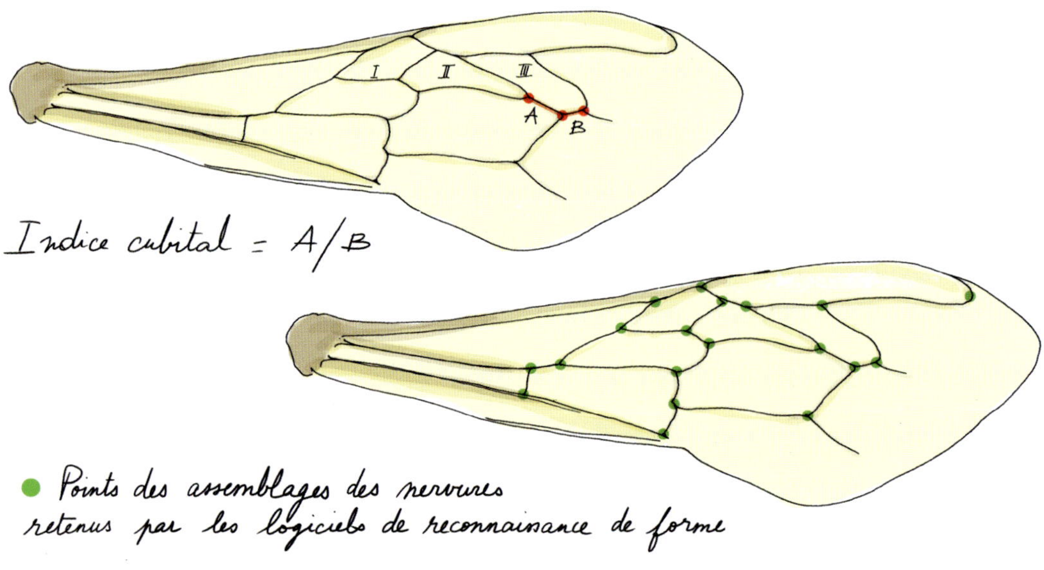

UN INDEX POUR LES RACES

Certaines des nervures situées sur les ailes de l'abeille ont été utilisées pour définir de manière simple un Index, dit « cubital », permettant de caractériser les races. Des logiciels permettent d'en faire la mesure automatiquement à partir d'un scanner des ailes d'une centaine d'abeilles. Aujourd'hui, se développe la technique de la morphométrie géométrique par analyse comparée de la position des 19 points définissant les extrémités des nervures, pour identifier les races et les lignées.

L'ABDOMEN

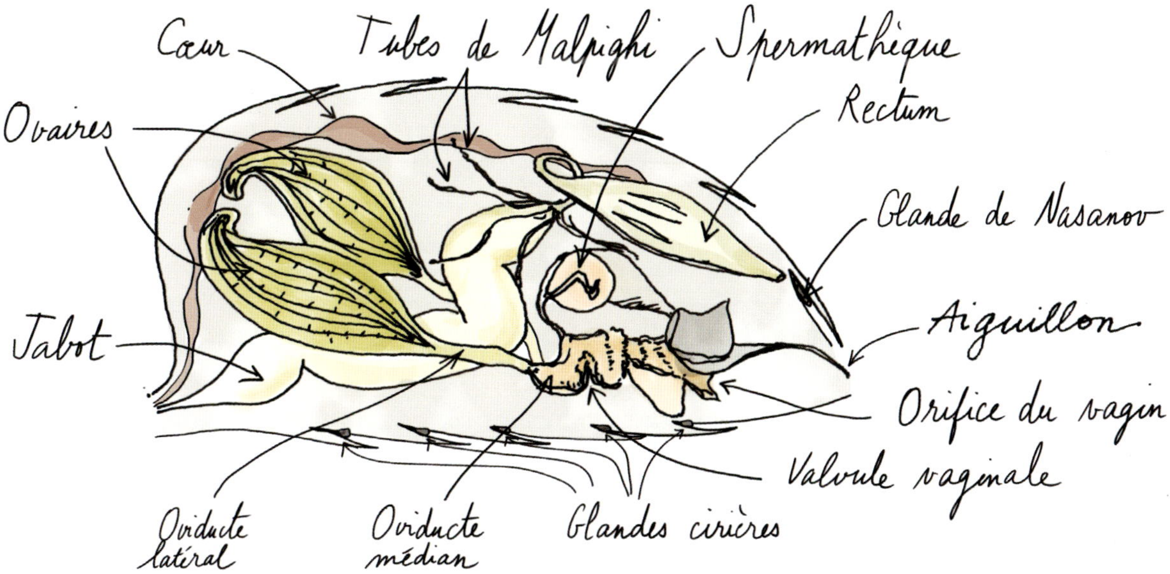

culatoire dans la tête de l'abeille, avant de revenir dans l'abdomen, où il baigne l'ensemble des organes, leur apportant les éléments nutritifs et évacuant les déchets. Les muscles attachés au diaphragme ventral et au diaphragme dorsal assurent un mouvement constant de l'abdomen, les divers organes sont activés, l'hémolymphe circule.

Les corps gras méritent une mention spéciale. Sorte de sacs placés le long des anneaux, ils assurent des fonctions vitales, la synthèse et la réserve des lipides, glucides, aminoacides, protéines et d'autres métabolites. On connaît de mieux en mieux les fonctions et l'importance de ces corps gras, essentiellement développés par la consommation de pollens variés qui fournissent la diversité et la qualité des protéines nécessaires. Ils déterminent en particulier la quantité et la qualité des gelées nourricières données aux larves ainsi que la production de la cire. Ils assurent les défenses immunitaires de l'abeille face aux virus et autres bactéries, et définissent sa longévité. Les corps gras se développent dès l'état larvaire et dans les premiers jours de vie des jeunes abeilles, lors des apports massifs de pollens. Les carences protéiniques engendrent des corps gras insuffisants : les abeilles sont alors de santé fragile et leur vie est courte.

La magnétite rend l'abeille sensible aux champs magnétiques, ce qui participe à son sens de l'orientation.

L'abdomen de la reine grossit sous la pression du développement de ses ovaires, la rendant en période de pleine ponte particulièrement visible et peu apte au vol[1].

Varroa visible sur le dos d'une butineuse.

1. D'où l'intérêt de manipuler les cadres au-dessus de la ruche lors des visites, lui évitant d'être perdue si elle venait à tomber dans l'herbe.

La communication chez l'abeille

Insecte social, l'abeille communique avec les membres de son groupe. Nous savons aujourd'hui, grâce aux recherches, qu'à la communication physique se superpose une communication chimique.

Danse, trophallaxie, échanges tactiles, phéromones...

La plus célèbre des modalités de communication est la danse des abeilles. Décrite en 1944 par Karl von Frisch, elle permet aux abeilles de communiquer à la fois sur le lieu et la distance d'une ressource alimentaire par un frétillement de l'abdomen et une danse formant un huit.
On sait aujourd'hui que s'y ajoutent des échanges tactiles par l'intermédiaire des antennes, des échanges de nourriture (trophallaxie) et de multiples phéromones...
Outre les informations sur les zones de butinage, leur éloignement et leur orientation par rapport à la ruche, les abeilles communiquent également sur la quantité et la qualité des fleurs à visiter ainsi que sur les lieux de ressources en eau [1].
Chaque colonie est organisée autour de ces messages qui pilotent les comportements de butinage, de défense, de reproduction.

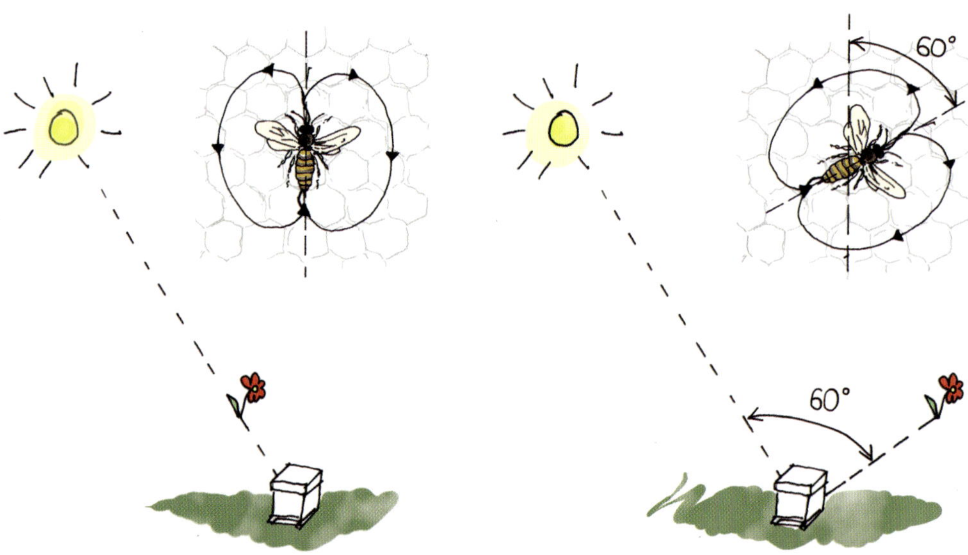

L'axe de la danse indique la direction de la nourriture par rapport au soleil

1. Cette information est transmise en continu, de sorte que les abreuvoirs placés tôt en saison, dès le mois de mars, seront visités toute l'année. Placés en mai, ils ne seront guère utilisés.

Abeilles retrouvant leur reine : trophallaxie, échange de phéromones par léchage.

Attention, danger !

Les abeilles communiquent aussi sur les dangers, organisant l'attaque. Tout intrus est identifié, repoussé, voire attaqué. Sauf deux exceptions : les bourdons, acceptés dans n'importe quelle colonie pourvu que la nourriture y soit abondante (sinon ils en sont chassés) et les butineuses qui, se trompant de ruche, offrent un peu de nectar aux gardiennes, celles-ci les laissant alors entrer.

Lorsqu'une très grande perturbation a fait fuir nombre d'entre elles (une visite de l'apiculteur par exemple), les abeilles rappellent leurs congénères. La glande de Nasanov est alors mise à l'air dans une position caractéristique : la tête orientée vers le bas, l'abdomen pointé vers le ciel et le dernier anneau baissé laissant apparaître cette glande blanche qui dégage une odeur attractive. Les ailes ventilent l'air diffusant cette odeur.

NOURRICES ET PHÉROMONES

Les phéromones commencent à être mieux connues. Par exemple, les larves transmettent aux ouvrières des phéromones qui vont stimuler leurs glandes hypopharyngiennes, inhiber le développement des ovaires des ouvrières, retarder l'âge au butinage de leurs nourrices. Aujourd'hui, on utilise des phéromones royales dans des petites capsules que l'on met au cœur des paquets d'abeilles pour les faire voyager plusieurs jours sans reine lors de leur commercialisation.

Les modes de pilotage de l'abeille

Grâce à ses systèmes « GPS », l'abeille reste en principe fidèle à ses sources de nectar jusqu'à leur épuisement et rapporte toujours à la même colonie l'intégralité de son butin.
Elle se repère grâce à la position du soleil par rapport à la ruche. Par temps couvert, elle se déplace toujours car ce sont les rayons UV qu'elle perçoit. En revanche, le soir, lorsque les rayons du soleil disparaissent, elle rentre à la ruche ou reste accrochée à une feuille, attendant le soleil du lendemain matin pour revenir.

Voir, sentir, ressentir

L'abeille dispose d'une vue médiocre, qui lui permet néanmoins de voir les grandes formes : arbres, cours d'eau, colline, maisons. Des dénivelés importants (plusieurs dizaines de mètres) produisent des pertes de repérage.
La distance joue également. Au-delà de 3 km, la désorientation de l'abeille est très importante. C'est d'ailleurs la distance que l'on retient fréquemment pour éviter le retour à la souche d'abeilles prélevées pour diverses manipulations. Par précaution, dans certaines circonstances et certains environnements, la distance sera doublée.
De près, l'abeille peut identifier des formes plus petites, voire des graphismes géométriques qui sont autant de points de repère utilisables par l'apiculteur afin de réduire les erreurs de retour à la ruche, appelées « dérives ». Mais l'api-

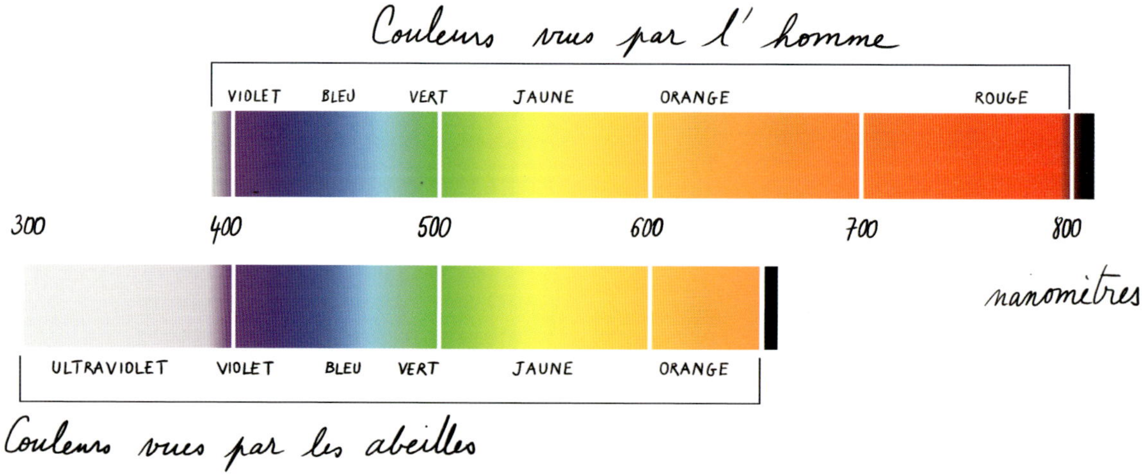

Formes reconnues par les abeilles selon P. Jean-Prost

culteur exploite aussi ces particularités pour déplacer ses colonies lors de certaines manipulations requérant soit de conserver, soit de perdre les butineuses.

L'abeille est également très sensible aux odeurs. Elle repère rapidement du miel laissé à l'air libre. Souvenez-vous-en au moment des récoltes. Elle est dérangée par l'odeur des mammifères, notamment celle de l'apiculteur stressé (une raison supplémentaire pour toujours garder son calme...!). Il en va de même pour certains parfums corporels, l'alcool, les déodorants...

Si l'abeille est sourde, c'est-à-dire insensible aux vibrations transmises par l'air, elle perçoit les vibrations transmises par le sol, la ruche, les cadres... Une motofaucheuse passée le long des ruches provoque rapidement une attaque, tandis qu'une débroussailleuse thermique portée, passée autour des ruches sans heurt, n'est pas repérée. Un craquement à l'ouverture de la ruche fait tressaillir les abeilles, provoquant leur agressivité.

BON À SAVOIR

Abeilles et champs magnétiques

Les champs magnétiques interviennent chez l'abeille comme chez de nombreux insectes. Le corps de l'abeille possède de la magnétite, qui participe de ses outils de repérage. On connaît mal l'incidence des champs magnétiques sur l'abeille, on observe seulement que les ruches placées à l'aplomb des lignes à haute tension sont perturbées. Ce paramètre est en cours d'exploration.

Ruche équipée d'aimants censés orienter favorablement les flux magnétiques dans la colonie.

L'aire de butinage

L'aire de butinage efficace est inférieure à 1 km, soit une surface de 300 ha. Au-delà, le nectar consommé pour le voyage réduit très sensiblement la récolte. La zone de butinage peut toutefois atteindre 3 km lorsque se présente une ressource alimentaire exceptionnelle.

Les chercheurs ont montré que l'abeille sélectionne son aire de butinage en fonction de la ressource alimentaire qu'elle fournit. Si son jabot (de 40 microlitres) est rempli en moins d'une demi-heure, elle choisit cet endroit et la plante qui lui donne le plus de nectar. Elle l'abandonne ensuite, lorsque la ressource en nectar diminue.
Sur chaque fleur visitée, l'abeille dépose une phéromone lui indiquant, ainsi qu'à ses congénères, que la fleur a été exploitée.

LE BON NOMBRE DE RUCHES

Pierre Jean-Prost précise qu'un rucher sédentaire comporte en moyenne 20 à 30 ruches[1]. Sur une prairie de montagne ou une jachère apicole, on peut mettre 50 ruches. Mais en transhumant sur du colza, de l'acacia, du châtaignier, du tournesol, des lavandes, du sapin, des bruyères, etc., on peut faire cohabiter temporairement jusqu'à 100 ruches sur un même lieu. Le nombre des ruches doit être apprécié à la mesure de leur force et des resssources mellifères qui sont disponibles.

1. P. Jean-Prost, *Apiculture*, mis à jour par Yves Le Conte, ed. Lavoisier, p 377.

Les ressources alimentaires

Eau, sucres et protéines sont indispensables à la vie de l'abeille. À l'état naturel, celle-ci consomme le nectar des fleurs, qui lui apporte des sucres et une partie de l'eau dont elle a besoin, ainsi que des pollens, sources de protéines.

Nectar, pollen, miel

- **Le nectar et le pollen** que l'abeille ne consomme pas pour ses besoins immédiats sont stockés pendant les mois de grandes floraisons selon un processus complexe, constituant ainsi des réserves de nourriture pour les périodes de vaches maigres.
- **Le miel** est du nectar progressivement concentré par les abeilles qui le déplacent d'alvéole en alvéole en le remontant jusqu'à atteindre la concentration en sucres requise.

La concentration se fait au cours d'un mécanisme d'ingestion et de régurgitation où sont ajoutées, entre autres, des enzymes.

Le miel est stocké au plus haut et au plus chaud de la ruche, puis operculé dès qu'il ne contient plus que 18 % d'eau en principe. Il se conserve de nombreux mois, voire des années et apporte, durant la morte-saison, les réserves nécessaires à la colonie.

- **Le pollen** est stocké dans les rayons sans autre ajout qu'un peu de miel dont les enzymes produisent, en une dizaine de jours, une fermentation de type lactique. Celle-ci permet la conservation sur la durée du pollen ainsi qu'une excellente assimilation par les jeunes abeilles.

Appelé « pain des abeilles », ce pollen sert tout au long de la saison pour la nourriture de celles-ci et, durant l'hiver, pour la reprise de la ponte de la reine avant même que des pollens ne soient disponibles dans la nature.

Ce pain des abeilles est dit « à point » lorsqu'il brille légèrement dans les cellules ; frais, il est reconnaissable à son aspect mat.

L'apiculteur doit cependant parfois nourrir artificiellement ses abeilles pour mainte-

Le nectar brille, le miel est operculé, le pollen est orangé.

Couvain ouvert, miel ouvert et operculé.

Pollen et miel.

Le colza, l'une des plus mellifères des floraisons précoces du printemps.

nir la dynamique de la population ou éviter des carences pouvant mettre en jeu l'avenir des colonies (voir chapitre 9, « Nourrir ses abeilles »). Il apportera facilement l'eau et le sucre, plus difficilement des protéines [1].

Produire la chaleur, les gelées, la cire

Le corps de l'abeille ne contient aucune réserve importante de graisse propre à lui procurer la chaleur et l'énergie motrice dont elle a besoin, été comme hiver. Elle va par conséquent chercher ses sources d'énergie à l'extérieur, lorsque la nature les lui offre (nectars et pollens), et les trouve au sein de la ruche à tout autre moment sous la forme du miel et du pain des abeilles.

L'abeille produit de la chaleur au sein de la ruche en tétanisant ses muscles (tous situés dans le thorax). C'est un effort considérable, la plaque ventrale de son thorax atteignant 40 °C. Cette chaleur est nécessaire pour maintenir constamment la colonie à une température avoisinant 25 °C, et le couvain à une température voisine de 35 °C dans les cellules operculées.

Les glandes hypopharyngiennes, productrices des gelées royales et des gelées nourricières, tout comme les glandes cirières, sont de grosses consommatrices de ressources énergétiques. On estime qu'il faut entre 6 et 12 kg de nectar pour produire 1 kg de cire [2].

Ces sucres et protéines sont apportés grâce aux butineuses lors des grandes floraisons de printemps ; c'est d'ailleurs la seule période de croissance de la population et de la construction des rayons.

Aux autres périodes, sauf exception ou apport artificiel de sucre par l'apiculteur, les entrées de nourriture couvrent seulement les besoins du moment.

1. Plus exactement, ce n'est pas une pratique courante ni totalement admise, mais elle se répand compte tenu des désordres environnementaux actuels.

2. À titre indicatif, pour produire l'ensemble de leurs rayons, les abeilles produisent un peu moins de 1 kg de cire.

Une alimentation variée et équilibrée

Le travail de l'apiculteur consiste à produire des abeilles en bonne santé et en grand nombre à deux moments :
- dans un premier temps, en anticipation de toutes les miellées qu'il souhaitera exploiter pour la production de miels typés ; or ces miellées ne sont pas nécessairement consécutives et elles peuvent alterner avec des périodes de disette, propres à engendrer une décroissance de la population ;
- ensuite, au moment de l'hivernage ; la colonie devra alors posséder essentiellement des jeunes abeilles pour survivre à la morte-saison et pouvoir, dès le milieu de l'hiver, relancer la ponte de la reine, engageant la nouvelle saison.

À cet effet, les colonies doivent disposer d'une alimentation variée en pollens et équilibrée dans le rapport entre les apports de sucres et ceux des pollens. Pour cela, il est indispensable qu'elles bénéficient d'un environnement floral abondant et diversifié. La variété (synonyme de qualité) tout autant que la quantité des sucres et des pollens sont en effet déterminantes pour la bonne production des corps gras de l'abeille.

Les déficits en sucre et en pollen, à la fin des floraisons, se traduisent mécaniquement par une réduction voire un arrêt de ponte de la reine. Quelques semaines plus tard, on observe la diminution de la population de la colonie.

Les carences protéiniques sont graves, car elles affectent le développement des larves et des très jeunes abeilles et favorisent l'expression des maladies, donnant des abeilles à durée de vie raccourcie. Par exemple, les lavandins fournissent peu de pollen, et les abeilles élevées sur cette floraison deviennent sensibles aux loques ou aux nosémoses.

L'équilibre alimentaire des abeilles est délicat, et gage de toute apiculture durable. C'est pourquoi nous lui avons lui consacré un chapitre entier, « Nourrir ses abeilles », chapitre 9.

Acacias en fleur

Abreuvoir

L'eau

Souvent ignorée des apiculteurs, l'eau fait partie des éléments nutritionnels à surveiller. Le miel, tout comme le nectar, en apporte en quantité suffisante en temps ordinaire. Mais au moment de l'élevage des larves, la production des gelées et bouillies nécessite d'importantes quantités d'eau, que les abeilles vont chercher dans leur environnement.

Si le rucher est trop éloigné d'un point d'eau, ou que celui-ci est à sec ou pollué, il est bon alors de prévoir des abreuvoirs dont on changera l'eau régulièrement.

Reine, ouvrière et faux bourdon

Chez l'abeille, un seul ovule peut produire trois individus différents :
- une larve issue d'un ovule non fécondé donnera un mâle, dit « faux bourdon » ;
- une larve issue d'un ovule fécondé puis nourrie à la gelée royale pure donnera une reine. Cette particularité rend l'élevage artificiel des reines particulièrement aisé ;
- enfin, une larve issue d'un ovule fécondé nourrie avec de la gelée royale puis des gelées nourricières donnera une ouvrière, qui n'est autre qu'une femelle aux organes sexuels atrophiés.

De l'œuf à l'abeille

L'ovule demeure sous forme d'œuf durant trois jours. Puis son enveloppe se dissout, laissant apparaître une larve qui baignera quelques jours dans une « mare » de gelées nourricières apportées par les très jeunes abeilles, dites « nourrices ». On parle alors de couvain ouvert. La cellule est ensuite operculée (couvain « operculé ») et maintenue à une température de 34 à 36 °C : c'est la période de nymphose, au cours de laquelle la larve évolue vers l'insecte final.

DES CYCLES DE DÉVELOPPEMENT VARIABLES

Les durées de développement de l'œuf à l'imago varient en fonction de la catégorie d'individus à venir : reines, ouvrières ou faux bourdons. L'apiculteur devra en tenir compte dans ses interventions, notamment celles concernant l'élevage des reines et leur fécondation.

	REINE	OUVRIÈRE	FAUX BOURDON
COUVAIN OUVERT			
Incubation de l'œuf	3 jours	3 jours	3 jours
Croissance de la larve	5 jours 1/2	6 jours	6 jours 1/2
COUVAIN OPERCULÉ			
Filage du cocon, repos et nymphose	7 jours 1/2	12 jours	14 jours 1/2
TOTAL	**16 JOURS**	**21 JOURS**	**24 JOURS**

Source P. Jean-Prost, *op. cit.* p. 50.

DÉVELOPPEMENT DE LA REINE

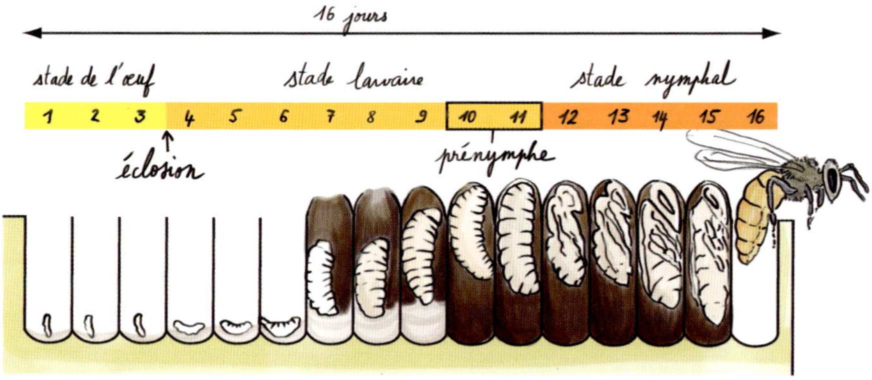

DÉVELOPPEMENT DE L'OUVRIÈRE

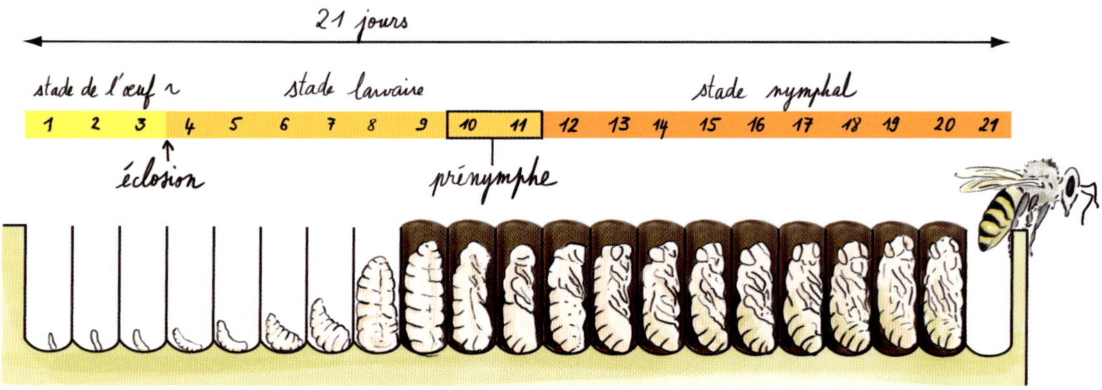

DÉVELOPPEMENT DU FAUX BOURDON

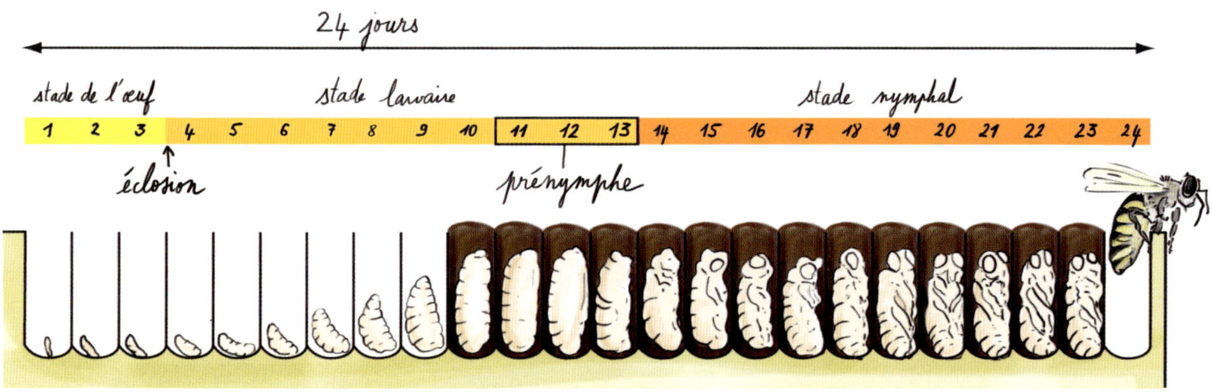

BON À SAVOIR

Fécondé ou non

Qu'est-ce qui détermine le fait que le sperme pénètre ou non l'ovule pour le féconder ? À ce jour, l'état de la recherche laisse supposer que ce seraient les abeilles elles-mêmes qui interviendraient sur l'ovule juste après la ponte de la reine, empêchant le sperme dont il est enduit de le féconder.

La reine, « mère » de la ruche

C'est l'individu central de la colonie. Reproductrice de tous les membres de la colonie, elle naît au terme de 16 jours de gestation, plus ou moins 1 ou 2 jours selon la température ambiante.
Son corps est plus long que celui des ouvrières d'environ 7 mm, et son abdomen plus volumineux est plus effilé. Son thorax est large, ce qui permet à l'apiculteur de la marquer d'un point de peinture pour l'identifier.
La reine est unique dans la ruche et très repérable. Son existence dépend totalement de celle des abeilles de la colonie. Sa durée de vie peut atteindre exceptionnellement 6 ans, mais 20 à 25 % des reines ont disparu au terme des deux premières années de leur existence [1].
La reine est incapable de se nourrir seule, et sa ponte dépend de la qualité et de la quantité de gelée royale qu'elle reçoit. Il arrive qu'elle ponde jusqu'à 3000 œufs par jour [2]. En période froide, l'hiver notamment, mais aussi en pleine saison en cas de disette, on constate des arrêts de ponte. Ceux-ci peuvent être soit contrecarrés par des apports de nourriture, soit au contraire utilisés pour ralentir le développement du parasite varroa qui se développe sur les larves des divers couvains.

La reine, entourée des ouvrières.

Sauf exception, dès la seconde année de sa pleine ponte, le nombre d'œufs pondus par jour par une reine dépasse à peine la moitié de ce qu'elle pondait l'année précédente. Les années passant, la ponte diminue mais également la fécondation des ovules, de sorte que le nombre de mâles pondus augmente.
Le miel prélevé par l'apiculteur correspondant globalement à l'excédent produit par un surcroît d'abeilles, les récoltes sont faibles, voire nulles, avec une reine âgée de plus de 2 ans incapable de produire ce surcroît d'abeilles. D'où une pratique courante en apiculture : le renouvellement des reines tous les 2 ans et l'apprentissage par les apiculteurs de la reproduction de celles-ci.

DES ARRÊTS DE PONTE STRATÉGIQUES

Dans des régions chaudes où il n'y a jamais d'arrêt de ponte, pas même l'hiver (en Italie du Sud, par exemple), les apiculteurs provoquent des arrêts de ponte prophylactiques contre Varroa. Ils isolent la reine dans une cagette au sein de sa colonie, pendant 3 semaines, jusqu'aux dernières naissances d'ouvrières, et traitent durant toute cette période la colonie contre ce parasite.

Les vols nuptiaux

La reine s'accouple toujours hors de la ruche, en plein vol, entre le 5e et le 15e jour après sa naissance. Le vol dure environ 6 minutes. De 6 à 20 bourdons, parfois plus, participent à l'événement, assurant la mixité génétique nécessaire à la robustesse de l'espèce.
Du sperme, déposé successivement dans le vagin de la reine par les différents bourdons, les spermatozoïdes vont migrer vers la spermathèque, vésicule contenant un liquide nutritif spécial et fortement oxygéné qui assure leur survie tout le temps de celle de la reine.

1. P. Jean-Prost, *op. cit.*, p. 60.
2. *Ibid.* p. 67.

Faux bourdon

Après chaque accouplement, la reine regagne la ruche. Puis elle retourne en vol pour un nouvel accouplement.

Au terme de ceux-ci, elle ne sortira plus de la ruche, sauf le jour d'un essaimage, se consacrant exclusivement à la ponte.

Les faux-bourdons l'ayant fécondée meurent dans la foulée.

Le faux-bourdon, indispensable à la fécondation

Ainsi appelé pour le différencier du bourdon, espèce d'hyménoptère distincte des abeilles, le faux-bourdon est issu d'un ovule non fécondé et son développement demande 24 jours (voir tableau p. 28).

BON À SAVOIR

Sœurs et demi-sœurs

Dans la colonie, les ouvrières issues d'un même mâle sont des sœurs et celles issues de mâles différents, des demi-sœurs. Au sein de la colonie, les jeunes abeilles vivent par groupes de sœurs.
Il semblerait que l'une des raisons de la douceur ou de l'agressivité des colonies tienne à la plus ou moins grande proximité génétique de ces groupes. Une reine de race pure engendre une colonie généralement douce, du fait du très haut niveau de consanguinité entre elle et les mâles l'ayant fécondée.
En F1, on connaît encore cette qualité, qui souvent disparaît en F2 [1].

1. F1 = reine fille de rang 1, F2 = reine fille de rang 2.

Il est élevé dans des cellules de grande taille car il est beaucoup plus gros que l'abeille (2 à 3 mm de plus en longueur). Il est particulièrement reconnaissable à son volume, ses deux gros yeux et la forme plutôt carrée de son abdomen. Le faux-bourdon est fécond de 12 à 20 jours après sa naissance. Les premiers bourdons fécondants sont donc disponibles dans les ruchers un mois environ après l'apparition de couvain de mâles operculé dans les rayons, les élevages artificiels de reines pouvant alors commencer. Les faux-bourdons vivent une cinquantaine de jours, sauf lorsqu'ils meurent après s'être accouplés avec une reine[1].

Les faux-bourdons possèdent d'autres rôles, moins connus. Ils participent sans nul doute à la tenue en température du couvain et à la distribution du nectar aux ouvrières de la colonie, opération indispensable à sa concentration pour devenir du miel.

Ils sont capables de parcourir des dizaines, voire des centaines de kilomètres. Ils se laissent porter par le vent, la faim leur faisant rechercher des colonies où ils se présentent pour y être accueillis et nourris.

Contrairement aux ouvrières, les faux-bourdons ne sont pas attachés à leur colonie d'origine et sont acceptés dans toutes les ruches, tant que la nourriture abonde.

Ne pouvant se nourrir seuls, consommant les gelées nourricières fournies par les abeilles, ils disparaissent cependant dès que les ressources alimentaires se raréfient, les abeilles les chassant de la ruche.

BON À SAVOIR

Nombre d'éleveurs de reines élèvent des faux bourdons de lignées sélectionnées dans un périmètre de 500 m autour des stations de fécondation, ce qui leur permet d'espérer saturer de mâles choisis l'espace de leurs ruchers de fécondation. C'est nettement moins efficace que l'insémination artificielle, mais les résultats sont largement satisfaisants.

1. Lors de l'accouplement, le sexe du bourdon ayant pénétré la reine se casse et le mâle en meurt.

QUELQUES CHIFFRES

Les cires gaufrées d'ouvrières sont pressées de 400 cellules par dm^2 par face, les cires à mâles de 320 par dm^2. En fonction des cires placées dans les ruches, les abeilles construiront des rayons riches en cellules d'ouvrières ou au contraire de mâles. Ces cires permettent à l'apiculteur d'influer sur la caste des insectes à naître. Spontanément, les colonies produisent beaucoup de rayons contenant des cellules de bourdons.

L'ouvrière joue plusieurs rôles au cours de sa vie

Née d'un œuf fécondé 21 jours après sa ponte, l'ouvrière occupe successivement toutes les fonctions nécessaires à la vie quotidienne de la colonie.

Sa vie débute sur le rayon où elle est née, dont elle nettoie les cellules avec ses mandibules. Quelques jours plus tard, son développement se poursuivant, ses glandes hypopharyngiennes fournissent de la gelée royale, ses glandes mandibulaires ajoutant des gelées nourricières. Ces glandes s'atrophient au fil de leur usage, puis ses glandes cirières s'activent sous la pression des apports de nectar. « Pour que ça cire, il faut que ça mielle », dit-on communément.

L'ouvrière devient ensuite gardienne, surveillant les entrées, prenant ses points de repère, ce qui la conduit tout naturellement ensuite à son activité de butinage.

Il est courant de dire que l'abeille, en été, vit d'abord 3 semaines dans la ruche puis 3 semaines à l'extérieur, comme butineuse. Mais si la ressource alimentaire explose, avec une miellée de tournesol par exemple, sa vie dans la ruche sera réduite et sa vie hors de la ruche pourrait ne pas excéder une semaine, vieillie prématurément par les milliers de kilomètres parcourus.

À l'inverse, en fin de saison, n'ayant pas de

nectar à collecter, les jeunes abeilles ne deviennent pas butineuses et leur évolution s'arrête, elles conservent alors pour de longs mois leur capacité de production de gelée royale. En morte-saison, la vie au ralenti de l'abeille devrait lui permettre de vivre 6 mois. L'environnement, souvent délétère aujourd'hui pour la santé de l'abeille, raccourcirait notablement la durée de vie de celle-ci. On l'observe particulièrement en hiver, avec des mortalités massives fréquentes en février/mars, sauf à prendre certaines précautions (voir chapitre 11, « Protéger ses abeilles »).

Abeilles sur couvain.

Très jeunes abeilles, encore poilues.

10 KG D'ABEILLES EN PLEINE SAISON !

Capable d'emmagasiner 40 microlitres de nectar dans son jabot, ce qui ne lui prend pas moins d'une demi-heure, il faudra à l'abeille des centaines de trajets pour rapporter dans la ruche quelques grammes de nectar, qui sera ensuite concentré en miel.
Ce ne sont pas moins de 30000 km environ qui sont nécessaires pour produire 1 kg de miel et plusieurs millions de fleurs visitées. Cela implique qu'une colonie productrice de miel devra posséder plusieurs dizaines de milliers d'abeilles en perpétuel renouvellement.
En pleine saison, les très fortes colonies ne possèdent pas loin de 10 kg d'abeilles, en comptant environ 10 000 abeilles au kg, cela fait près de 100000 individus par colonie.

MIEUX CONNAÎTRE LA VITELLOGÉNINE

C'est une protéine essentielle dans la vie des abeilles et pour la régulation des tâches dans la colonie. Produite dans les corps gras (essentiellement entre le 5e et le 15e jour de la vie de l'abeille), elle stimule la production des gelées royales et nourricières, et de la cire. Elle est mobilisée chez les nourrices par les phéromones que produisent les larves du couvain. Si celui-ci diminue, l'absence de ces phéromones va faire cesser la production des gelées ; la vitellogénine, présente en quantité importante, pousse alors les abeilles à partir pour la récolte du pollen. Puis, la vitellogénine diminuant, les abeilles s'orienteront davantage vers la récolte du nectar.
Si la vitellogénine stimule la production des gelées en présence de couvain, elle assure, en l'absence de celui-ci, une longue survie aux très jeunes abeilles.

L'apiculteur et la colonie

L'apiculteur est un prédateur de la colonie dans la mesure où il retire l'essentiel des réserves de miel stockées par les abeilles. Sachant cela, par prudence, il ne devrait récolter que le tout petit excédent produit naturellement, si excédent il y a. Dans la réalité, le but de l'élevage des abeilles étant la récolte du miel, l'apiculteur cherche à prélever le maximum de miel possible. Pour cela, et parce que l'environnement est devenu délétère, il est amené à développer une conduite des colonies qui pousse la production d'abeilles. Que l'apiculteur souhaite récolter un peu de miel ou réaliser de très forts rendements, il est surtout devenu un éleveur d'abeilles.

Pour récolter du miel en quantité, l'apiculteur agira sur la production d'abeilles au printemps. Mais il le fera également en été et en automne pour obtenir d'importants effectifs de jeunes abeilles pour la longue période de la morte-saison.

Autour de cette pratique se joue toute l'histoire de l'apiculture, passée de l'apiculteur cueilleur de miel d'antan à l'apiculteur éleveur d'abeilles d'aujourd'hui... Heureusement, les évolutions du matériel apicole au cours du XIXe siècle nous permettent aujourd'hui de développer une apiculture de production, tout en respectant au mieux le bien-être des abeilles.

La récolte du miel par étouffement des colonies, telle qu'elle a pu se pratiquer, n'a plus lieu d'être : la distinction au sein d'une même ruche entre les hausses, réserves de miel, et les corps, lieux de reproduction de l'abeille, permet de respecter la vie de la colonie tout en produisant un miel conforme aux standards sanitaires et commerciaux de notre époque.

Organisation physique de la colonie

Le nid à couvain se situe au centre de la ruche ; c'est là que se joue la reproduction de la colonie. C'est la zone des rayons où pond la reine, où elle vit en permanence. Les cadres qui l'accueillent sont maintenus à une température constante de 25 °C par les jeunes abeilles nourrices qui y sont nées. Elles apportent au couvain ouvert, c'est-à-dire aux larves, les gelées nourricières qui leur conviennent.

Sur ces rayons de couvain, on trouve les œufs, que la reine y a pondus. Ils ressemblent à de tout petits grains de riz, plus petits que des œufs de fourmis. Au bout de trois jours, ils deviennent des larves par fusion de l'enveloppe : bien visibles, à la couleur nacrée au fond des cellules, brillantes de la gelée royale qui les baigne. L'apport de gelées terminé, les cellules sont operculées sur des larves ayant bien grossi, les enfermant pour leur nymphose.

Chaque rayon de couvain est toujours bordé de miel sur son sommet et sur une partie du bord vertical, la surface de miel étant variable. Arrivent ensuite les cadres de pollen et de

Cadre de hausse mis dans un corps, lui-même posé sur une hausse : le rayon construit sous le cadre est immense.

Naissances chez Apis Cerana.

Rayon de miel operculé, nectar en concentration, couvain ouvert et couvain fermé.

miel. La reine ne s'y trouve en principe jamais, ces cadres étant surtout occupés par les butineuses. Le miel est toujours mis en haut des cadres, jamais en bas. La hausse, système qui augmente le volume de la ruche par le haut, est une organisation en cohérence avec l'instinct d'amassage de l'abeille, qui lui fait placer le miel au plus chaud, donc au plus haut. La pose des hausses représente toutefois une anomalie pour la ruche, dans la mesure où elle provoque un refroidissement brutal et important, que les abeilles doivent compenser par une débauche d'énergie pour pouvoir chauffer l'ensemble.

COMMENT REPÉRER OÙ SE TROUVE LA REINE

Lorsque l'on recherche la reine, il convient de regarder au trou de vol la partie où entrent massivement les abeilles. C'est l'endroit où se trouvent le couvain et donc la reine.
Un autre indicateur est l'endroit chauffé par le soleil au plus tôt le matin. C'est particulièrement vrai en début de saison. Sur les rayons, elle se trouve normalement sur les cadres d'œufs.

BON À SAVOIR

Un ordre immuable
L'ordre des cadres est immuable, il est à respecter impérativement sous peine de perturber gravement le fonctionnement de la colonie.

La population de la colonie

Le volume d'abeilles oscille selon les périodes de l'année.
Dans les régions à hivers froids, il arrive que la population soit inférieure à 1 kg au mois de mars, alors qu'elle pourra monter à 10 kg en juin, au plus fort de son développement. Celui-ci suit en effet la courbe d'évolution du soleil dans le ciel, qui est aussi celle des floraisons. Au printemps et durant une partie de l'été, la colonie compte quelques milliers de faux-bourdons[1], mais toujours une seule reine, sauf au moment de l'essaimage, où la cohabitation temporaire de deux reines est possible. Quelques lignées tolèrent cette cohabitation de manière permanente : avec deux pondeuses, la colonie est alors plus riche en individus. Certains éleveurs ont cherché à développer ces lignées mais la sélection est difficile et rarement durable. Il semblerait que ce soit un caractère lié à une très forte consanguinité.

Des rapports sociaux liés aux phéromones

Reine, faux bourdons, ouvrières, larves : tous produisent des phéromones qui organisent les rapports sociaux au sein de la colonie.
On a qualifié la colonie de « super-organisme » ou de « ventre social ». Les échanges constants de nourriture, ou trophallaxie, sont des moments d'échanges de phéromones.
Les phéromones de la reine pilotent la cohérence de la colonie, son calme, le comportement d'élevage.
La glande de Nasonov, chez les ouvrières, visible entre les deux derniers anneaux de l'abdomen, dégage une phéromone utilisée pour l'orientation et pour préciser l'entrée du nid, constituer la grappe de l'essaim après son envol, identifier les points d'eau, marquer les fleurs visitées.
Ont été déjà citées les phéromones qui pilotent la production des diverses gelées, le butinage... C'est ainsi que se construit la cohésion du groupe.
Cette cohésion s'observe facilement lors des visites et se révèle un gage de bonne santé. Toute désorganisation, agitation fébrile, agres-

1. K. Weiss, d'après ses comptages, donne une proportion de faux bourdons pouvant osciller entre 10 et 15 % du volume d'abeilles au moment où se font les élevages de reines. G. Fert, sur la même base, préconise d'élever 5 ruches de mâles sélectionnés pour 100 nucléi de fécondation.

Ruches en été.

sivité excessive, faiblesse de vitalité, refus de consommer le sirop signalent des désordres dans la colonie. Absence de reine ou reine âgée ? Maladies ? Famine ? Essaimage ? Les causes sont multiples...

La colonie selon les saisons

Lors de la première visite en fin d'hiver, on observe des abeilles présentes sur quelques rayons. Regroupées, elles se tiennent chaud et réchauffent le tout premier couvain[1].

- **Au fil des semaines, avec les floraisons du printemps,** la population s'accroît grâce à l'abondance de nourriture. De plus en plus de cadres sont occupés, la surface du couvain augmente. Pour finir, tous les cadres de la ruche seront visités puis occupés par les abeilles. Le nectar occupe toujours plus de surface, entrant même en concurrence avec un couvain qui s'étend de plus en plus.

Les hausses à miel sont alors bienvenues pour « désengorger » le nid à couvain sous peine d'observer la décroissance de la surface de ponte de la reine. Ce qui n'est sûrement pas le but de l'apiculteur à ce moment-là, bien au contraire.

- **Au cours de l'été, après les récoltes de juillet,** les floraisons s'estompent. Les populations sont plus importantes que ne le permet la ressource alimentaire et la ponte de la reine décroît, comme le fera quelques semaines plus tard le nombre des abeilles. Le stockage du miel n'est plus de mise, en attendant le regain floral de l'automne.
- **L'automne arrivant,** plus de la moitié du volume de la colonie aura disparu. La vie de la ruche se met alors au ralenti, les abeilles butinent de moins en moins, les nouvellement nées cessent leur évolution biologique. Elles consomment un maximum de pollen, voire dévorent du couvain ouvert. Ainsi nourries, ces jeunes abeilles enrichissent leurs corps gras et deviennent aptes à passer l'hiver. Elles auront la capacité de fournir la gelée royale nécessaire pour redémarrer l'élevage du couvain dans le courant du mois de janvier, dans la plupart des régions de plaine, en France.
- **L'hiver,** les abeilles hivernent, puisant dans leurs réserves de miel pour survivre et produire la chaleur indispensable. Elles forment une grappe serrée sur un ou plusieurs rayons de miel, se relayant dans un lent mouvement collectif, du cœur de la grappe vers l'extérieur.

1. Une abeille chauffe en moyenne 3 cellules.

Soit d'une chaleur de 30 °C à 10 °C. Elles résistent ainsi à des températures assez basses, de quelques degrés en dessous de zéro dans la ruche elle-même.

Lorsque les réserves se raréfient, et si la température le permet, la grappe se déplace dans la ruche, recherchant de nouvelles zones de nourriture sur d'autres rayons. On observe régulièrement des populations mortes de faim d'un côté de la ruche, les cadres de miel ne comportant plus assez de nourriture là où se trouvaient les abeilles, alors que la ruche comportait des cadres à miel bien fournis de l'autre côté. La colonie était trop petite pour assurer la chaleur nécessaire à un déplacement de toute la grappe à la recherche des zones de miel ou bien il a manqué de chaleur externe pour que la grappe puisse explorer son habitacle et y retrouver de la nourriture.

La grappe se disloque lors de belles journées ensoleillées, les abeilles sortent pour évacuer les déchets accumulés dans leur ampoule rectale. Ces déchets sont très peu importants lorsque le miel est pur, alors que les miellats, riches en sels minéraux indigestes, provoquent des encombrements intestinaux défavorables à une bonne hygiène dans la ruche. Les abeilles doivent se délester rapidement de ces déchets. Si les journées de soleil leur permettant de sortir sont trop rares, des souillures apparaissent dans la ruche, favorisant les disséminations de maladies. Pour cette raison, il est conseillé de vider les corps des cadres de miellats et de les remplacer par du miel pur qu'apporte un nourrissement artificiel adapté.

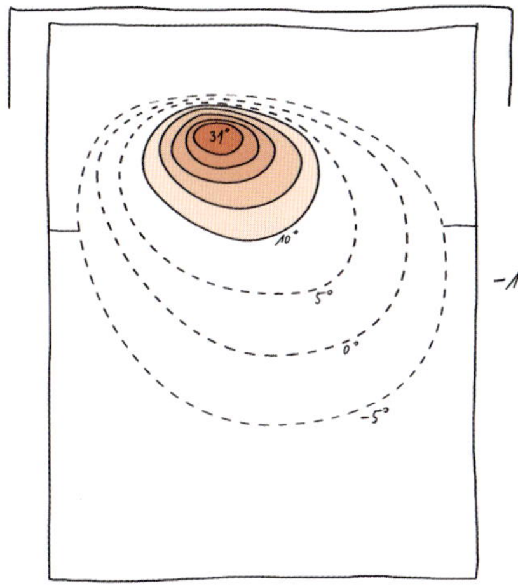

Température dans la grappe

BON À SAVOIR

Les atouts d'une colonie forte

Plus la colonie est forte au cours de la morte-saison, plus son redémarrage sera rapide et le nombre de cadres de couvain produits en mars élevé. La récolte de miel est en proportion directe du nombre de cadres de couvain observés à cette période.

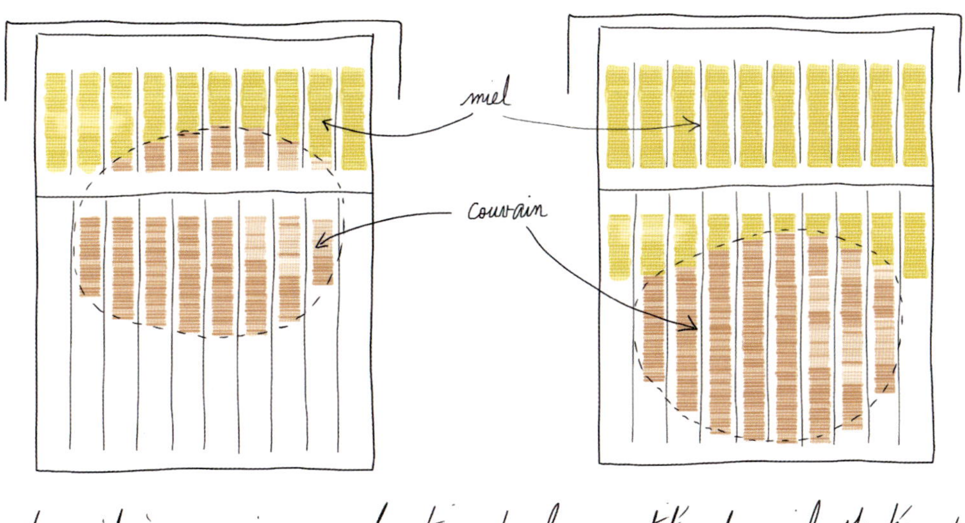

Postition du nid à couvain en fonction de la quantité de miel stockée par les abeilles

2 QUEL MATÉRIEL POUR MON RUCHER ?

L'apiculture est née de l'extrême facilité avec laquelle les abeilles occupent n'importe quel habitacle lorsqu'on les y place. Au fil du temps, le matériel d'apiculture a évolué, facilitant la tâche de l'apiculteur. L'innovation majeure fut l'invention du rayon mobile. Il permet une conduite des colonies qui protège le couvain lors de la récolte du miel et une pratique maîtrisée de la multiplication des colonies. Connu dès l'Antiquité chez les Grecs, le rayon mobile fut perdu puis « réinventé » au XIXe siècle sous des formes diverses, fondant une apiculture dite « mobiliste ».
Au-delà des modes, trois types de ruches à cadres sont en service : les ruches à développement horizontal ainsi que deux types de ruches à développement vertical. L'environnement floral, les races d'abeilles choisies, la méthode de conduite des colonies, les objectifs économiques sont des éléments clés du choix du matériel. Néanmoins, la formule de Jean Hurpin[1] « tant vaut l'apiculteur, tant vaut la ruche » reste d'une parfaite actualité, quelles que soient les qualités vantées de tel ou tel matériel.

1. Fondateur avec Jean Guerre en 1920 de la revue « l'Abeille de France et l'Apiculteur ».

Les divers types de ruches

Incapables de construire leur habitacle par elles-mêmes, les abeilles recherchent un espace protégé pour y installer leurs rayons. Dans la nature, elles s'établissent souvent dans un vieil arbre creux ou une anfractuosité de rocher, dans un conduit de cheminée, voire derrière un volet de fenêtre ou sous un toit. L'apiculteur dispose pour ses abeilles de nombreux modèles de ruches, parmi lesquels il devra choisir suivant différents critères.

Divisibles ou à hausses

Les ruches contemporaines sont toutes équipées de cadres en bois pour à la fois rigidifier les rayons et les rendre mobiles [1]. Posés côte à côte dans une caisse en bois, les abeilles y construisent leurs rayons, et la reine passe de l'un à l'autre en fonction des besoins de sa ponte. Le modèle imaginé au XIXe siècle par Georges de Layens [2] répond exactement aux exigences des abeilles. Il est le plus proche de leur manière de se développer. Cette ruche comporte au moins 17 cadres, et la colonie s'y déploie au fil des miellées. Elle offre un développement à l'horizontale, qui assure la plus grande chaleur possible dans la ruche. Mais ce modèle, qui connut un vrai succès, est aujourd'hui abandonné car la récolte du miel (cadre par cadre), prenait du temps, ce qui est peu compatible avec les impératifs des professionnels. Bien que parfaitement adaptée à l'apiculture de loisir, car elle ne pose aucun problème de conscience au moment de mettre en place les réserves de miel, elle n'est malheureusement plus d'actualité.

Aujourd'hui, toutes les ruches sont à développement vertical et deux grands types se distinguent, la différence portant sur la hauteur des corps, lieu de vie et de reproduction des abeilles, et sur la hauteur des hausses, lieu de stockage du miel. Il en résulte des conduites assez différentes.

1. Sauf effet de mode comme pour la Warré, mais l'absence de cadres rend la récolte en particulier très complexe.
2. 1834-1897, auteur de flores et d'ouvrages d'apiculture, il enseigna au rucher du Luxembourg créé en 1856 par Henri Hamet.

Les ruches divisibles

Elles présentent des éléments tous identiques. Corps et hausses sont de même hauteur, on utilise un seul terme pour les désigner : l'élément. Chaque élément peut servir alternativement de corps ou de hausse. Ce sont, en France, les ruches divisibles Dadant, Langstroth, Voirnot carrée, Warré, Claerr... La colonie se positionne automatiquement dans la ruche au niveau qui lui convient le mieux.

Atout majeur: unicité du matériel, économie en investissement [3].

Inconvénients: sur les petits modèles (Warré, Claerr), le nombre élevé d'éléments à superposer allonge la visite : l'énervement des abeilles est au rendez-vous, et la recherche de la reine, rendue très délicate. Un vent violent a souvent

3. Selon la taille des éléments, la conduite diffère quelque peu. Pour des conduites en Voirnot 4 x 4, on se référera avec intérêt à : http://www.rosebeehives.com/what-are-rose-hives.html. La Warré est de très petite taille (trop petite ?), elle nécessite une conduite très particulière bien décrite par Gilles Denis. La Langstroth est de conduite divisible, décrite par Pierre Jean-Prost ou Snelgrove.

Langstroth, Dadant 10 C, Voirnot, Warré, chaque ensemble fait 80 litres.

raison de ces ruches en hauteur. Sur les grands modèles (Langstroth), en cas de faible miellée, on risque d'avoir toujours du couvain dans les hausses à miel.

Les ruches à hausses

Dans ces modèles, le corps de la ruche désigne le lieu de vie habituel de la reine, des abeilles et du couvain. Les hausses à miel sont moitié moins hautes que le corps. Ce sont les ruches Dadant, Voirnot, ruche alsacienne haute et Bastians... Les hausses sont ajoutées par-dessus au moment des miellées, puis retirées la récolte faite. En principe, les abeilles sont contraintes d'élever leur couvain dans le corps exclusivement.

Atout majeur: un lieu de vie étendu pour les abeilles, capable de contenir des réserves hivernales importantes. Des hausses moyennement lourdes. Des visites du corps de ruche aisées.

Inconvénient: des caisses différentes, des cadres différents, donc un volume de matériel plus important.

BON À SAVOIR

Alvéoles étirés

Une hausse contient un, voire deux cadres de moins que le corps, ceci afin de permettre une désoperculation aisée des rayons.
En période de miellée, les abeilles étirent les alvéoles où elles mettent le miel, le rayon déborde largement le bord du cadre en bois.

Les ruches vedettes

La Dadant

Mise au point par Charles Dadant, un Français émigré aux USA en 1863 qui fit commerce de matériel apicole, la ruche Dadant comporte 10 ou 12 cadres selon le modèle choisi. Le cadre de corps fait 47 cm de long et 30 cm de hauteur.

Catégorie: Ruche à hausses.

Ses atouts: Elle convient bien aux régions à hiver long du fait de l'abondance des réserves de miel dans le corps de la ruche ; elle permet aux races prolifiques de disposer d'un nid à

couvain de grande surface ; de ce fait, elle a aussi la préférence des amateurs.
Ses limites: Comme pour tous ces modèles à hausses, en cas de forte miellée il faut ajouter rapidement des hausses sous peine de bloquer le nid à couvain par l'apport massif de nectar.

LA DADANT EN 12 CADRES

En 12 cadres, la ruche Dadant convient bien aux régions très mellifères, aux races d'abeilles prolifiques, aux productions intensives d'essaims. Le 12e cadre peut être un nourrisseur, il tient le sirop à la température de la ruche, ce qui en accélère la prise.
Équipée d'une grille à reine, la Dadant 12 cadres est optimale pour donner un grand espace au couvain dans le corps et ajouter plusieurs hausses au même moment. La séparation stricte entre zone du couvain et zone de miel par la grille à reine, posée sur le corps, est l'une des conditions de la conduite en « bio ».
Son poids la réserve aux transhumants équipés de matériels de levage et aux ruchers sédentaires.

La Langstroth

Pasteur aux États-Unis, Lorenzo-Lorrain Langstroth publie en 1853 un ouvrage qui décrit sa ruche à cadres mobiles. Celle-ci comporte 10 cadres de 43 cm de long et 23 cm de haut. Lorsque la colonie s'étend, on ajoute des éléments les uns sur les autres: tant le nid à couvain que l'espace pour le miel sont de volume variable.
Catégorie: Ruche divisible.
Ses atouts: Elle convient bien aux régions à hiver court et/ou à fortes miellées.
Ses limites: En cas de faible miellée, le couvain et le miel sont mélangés. Un élément plein de miel est lourd, c'est plutôt une ruche pour professionnel équipé de matériels de levage.

Ruche Claerr 9 cadres.

La Warré

Mention spéciale pour la ruche Warré, développée par son auteur jusqu'en 1950. Elle fait un retour en force depuis quelques années, séduisant nombre d'apiculteurs amateurs.
De petite taille, elle comporte 8 cadres ou 8 barrettes. C'est une ruche divisible, dont les dimensions intérieures du corps sont 30 cm x 30 cm de côté et 20 cm de hauteur.
Catégorie: Ruche divisible.
Ses atouts: Les différents éléments de la Warré sont plus légers que sur les modèles précédents, ce qui la rend attractive.
Ses limites: Le nombre d'éléments superposés multiplie les manipulations lors des visites, ce qui rend la conduite des colonies au cadre trop longue. On gère par conséquent ces colonies plutôt par éléments entiers.
La recherche de la reine est quasiment impossible, de même que le suivi sanitaire strict dans la conduite en barrettes. Aujourd'hui, la plupart des utilisateurs de la Warré y mettent des cadres.

De bas en haut: Langstroth, Dadant, Voirnot, Hurpin (cadres Layens), Warré.

Élément Warré équipé de 8 cadres.

La Voirnot

La ruche Voirnot (de l'abbé Voirnot, 1844-1900) est caractérisée par un cadre carré de 35 cm x 35 cm, plus court et plus haut que celui de la Dadant. Cette ruche est utilisée en particulier dans certaines régions de montagne.

La tentative de normalisation des ruches au congrès de 1891 est tombée dans l'oubli, mais Henry Bourgeret, ingénieur, publia un ouvrage en 1985 déclinant une divisible « Voirnot congrès » faite exclusivement de hausses.

Catégorie: Ruche à hausse et ruche divisible.

Ses atouts: En divisible, c'est une ruche carrée avec des cadres de 19 cm de hauteur. Ce modèle à 10 cadres, plus grand que la Warré, nécessite moins d'éléments, il est moins volumineux que la Langstroth et donc plus léger. Les éléments carrés servent avec 10 cadres dans un sens pour le couvain et avec 8 ou 9 dans l'autre pour les hausses.

Ses limites: Elle est très peu répandue et surtout développée dans l'Est de la France.

À chacun ses choix...

Il n'y a pas de ruche parfaite, il n'y a que de bons apiculteurs qui ont su adapter leur conduite à leur matériel et à leur race d'abeilles!

Dans nos contrées les abeilles locales doivent disposer d'un espace d'environ 80 litres pour se développer harmonieusement [1]. La Dadant 10 cadres, corps et hausse, fait 80 litres, ce qui équivaut à 2 éléments Langstroth, 3 éléments Voirnot carrés ou 4 éléments Warré. Ces modèles, conformes aux besoins naturels d'une colonie bien développée, conviennent à toutes les abeilles de nos contrées.

Le choix de l'apiculteur se portera sur le modèle le plus utilisé dans sa région. Chaque fournisseur apicole vend du matériel en principe toujours identique et donc interchangeable. Cela évite de devoir manipuler des cadres qui ne sont pas de même format, avec le risque que certains ne rentrent pas dans le corps de la ruche. L'homogénéité du matériel et sa compatibilité sont source d'économie de temps et d'argent.

UN PEU D'HISTOIRE

Les ruches les plus anciennes, connues dans nos régions, sont des troncs d'arbres creux, d'une hauteur d'environ 80 cm, ou encore des paniers faits de paille de seigle tressée.

Une réplique de ces troncs fut réalisée avec des planches. On y ajoutait au sommet des boîtes ajourées sur la base car les abeilles y mettaient du miel sans que la reine vienne pondre à cet endroit. Ces « réserves à miel » sont les ancêtres de nos hausses actuelles.

Le XIXe siècle innova, en faisant construire les rayons dans des cadres en bois suspendus dans la ruche, permettant pour la première fois la conduite des colonies « au cadre ».

Un modèle de ruche à barrettes, comme pratiqué dans la Grèce antique, a été développé au Kenya. Il s'agit de la Kenyan Tool Bee Hives (KTBH).

1. Ce qui n'est pas tout à fait exact avec les sélections et croisements donnant des races très prolifiques comme la Buckfast, par exemple, qui requiert 30 % au moins d'espace supplémentaire.

Ruche Dadant 10 cadres avec grille à reine et 2 hausses.

Ruche divisible Voirnot.

Ruche KTBH.

Ruches en bois ou en plastique ?

Matériau traditionnel en apiculture, le bois a fait la preuve de sa longévité, certains corps de ruche bien entretenus durant plus de 50 ans. Mais l'arrivée du plastique a changé la donne grâce aux fonctionnalités que l'on ajoute aux divers éléments lors du moulage des pièces.

Le bois, à protéger

Robuste et naturel, le bois nécessite d'être protégé pour durer dans le temps. La protection se fait classiquement à la peinture, la plus résistante étant celle à pigments d'aluminium, mais il existe aussi des lasures bio, ou la recette à base d'ocres dite « peinture suédoise ».
Autre solution : enduire la ruche par trempage dans une paraffine à haut point de fusion, additionnée de 15 % de colophane, le trempage devant durer 10 minutes à 160 °C. Ce traitement est pratiquement à vie [1].
L'intérieur de la ruche ne se peint pas, les abeilles l'enduisant de cire et de propolis en moins d'un an, ce qui lui assure une étanchéité à toute épreuve. La première année cependant, l'humidité dégagée par la colonie traverse les parois, faisant cloquer les peintures neuves.
Toujours soumis à l'humidité, les plateaux de sol en bois se décomposent en une dizaine d'années, quelles que soient les précautions prises en amont.

Trempage des éléments à la paraffine.

1. Inconvénient : la paraffine stocke assez facilement les produits chimiques, tant ceux des pulvérisations aériennes que ceux introduits dans la ruche.

Le plastique, léger

Les produits en plastique proposés actuellement par les fabricants sont bien étudiés et très performants. Leur légèreté et leur ergonomie font leur succès. Le premier des avantages du plastique est en effet son poids, inférieur de moitié à celui du bois. Autre avantage : sa protection (pour éviter qu'il ne se dégrade) est quasi nulle.
Les corps, les nourrisseurs couvre-cadres, les plateaux de sol grillagés, les nourrisseurs cadres et les hausses sont généralement fabriqués dans des plastiques robustes.
En polystyrène extrudé, matériau plus fragile mais très isolant, on trouve des nucléis de fécondation et des ruchettes 6 cadres ; les petites colonies s'y développent parfaitement. Contre leur destruction par les UV, les peindre d'une peinture acrylique
Au registre des limites, les plastiques sont cependant globalement plus fragiles et plus longs à désinfecter que le bois. Certains échecs lors des élevages de reines pourraient être dus aux émanations du plastique la première année d'emploi.

BON À SAVOIR

Nettoyage des produits en plastiques

Sur les plastiques durs, l'élimination préalable des concrétions de cire et de propolis se fait par brossage à chaud avec des lessives à base de carbonate de soude (ou lessive Saint Marc à 30 g/l), puis au nettoyeur à haute pression ou à vapeur ou par un grattage soigneux. Les éléments sont ensuite désinfectés par trempage à l'eau de Javel. Compter un berlingot à 9,6° pour 4,75 l d'eau durant 30 minutes. Les polystyrènes sont désinfectés à l'eau de Javel après un brossage léger.

Nettoyage des produits en bois

Après un bon grattage, le passage à la flamme du chalumeau est très efficace, rapide, facile à mettre en œuvre[1].

DEUX IMPÉRATIFS EN BIO

- En « bio », il est interdit d'introduire dans la ruche des produits synthétiques; le trempage dans la paraffine est donc proscrit. Certains apiculteurs utilisent de la peinture dite « suédoise » à base d'eau, d'huile de lin, de farine de seigle, de terre colorante, de sulfate de fer, de savon noir. Elle est à la fois originale et très résistante, mais longue à préparer.

- Par ailleurs, pour produire du miel « bio », l'apiculteur doit le récolter dans des rayons n'ayant jamais contenu de couvain. Il en résulte un moindre bénéfice de la conduite des colonies en « divisible », puisque l'intérêt majeur de la divisible est l'indistinction de la finalité des éléments laissant la liberté aux abeilles, selon l'état de leur développement et celui de la miellée, d'occuper toujours l'endroit libre le plus chaud, donc le plus haut, pour y élever leur couvain. Chaque élément, selon les circonstances au cours de la saison, et sans intervention de l'apiculteur, peut être « hausse » ou « corps », ce qui est interdit en conduite « bio ».

Hausses en plastique et en bois.

Renforcement d'une ruchette en polystyrène avec ajout de crémaillères métalliques.

Peinture de protection d'une ruchette en polystyrène.

1. Modes opératoires détaillés au chapitre 11.

Les divers types de cadres

Dès la fin du XVIIIe siècle, on imagina de rigidifier les rayons de cire en les faisant construire dans des cadres en bois. Ainsi rendus mobiles, les cadres font l'objet de nombreuses manipulations sans risque de détruire les rayons et leur précieux contenu. Cette innovation fonde l'apiculture contemporaine, surnommée « mobiliste » par ses partisans au XIXe siècle.

Les cadres

Ils possèdent deux épaulements en tête, qui permettent de les suspendre dans la ruche, et des fils en inox, pour armer le rayon qui résistera mieux aux diverses pressions dont il fera l'objet.
Fixée à l'intérieur du cadre, une feuille de cire gaufrée oblige les abeilles à respecter l'ordre imposé. Avec des cadres correctement bâtis, les colonies sont très faciles et rapides à visiter.

DES « JAMBES » POUR LES BARRETTES

Ceux qui restent fidèles à la conduite selon la méthode de l'Abbé Warré utilisent des barrettes, lames de bois sous lesquelles une languette de cire conduit les abeilles à respecter l'ordonnancement des rayons à construire.

Warré barrette, barette à jambes, cadre.

Mais ce procédé interdit toute manipulation des rayons soudés aux parois des ruches. Pour tenter de conserver les fonctionnalités issues de l'invention des cadres mobiles, pour l'élevage des reines, la surveillance du couvain, la création d'essaims artificiels faits « au cadre », etc. certains apiculteurs équipent leurs barrettes de jambes d'une dizaine de centimètres.
Ils constituent ainsi un cadre partiel qui permet de rigidifier la partie miel des rayons de couvain et leur évite d'être collés aux parois[1].
Cependant, les visites cadre par cadre restent délicates, et l'extraction s'effectue par pressage des rayons de miel.

Crémaillères ou espacements Hoffmann ?

Pour éviter les constructions anarchiques, les cadres sont écartés de 37,5 mm entre les axes de leurs têtes. Cet intervalle au format des abeilles d'Europe, sera celui du nid à couvain. Pour la hausse, il peut être augmenté jusqu'à 47 mm.
Deux procédés différents assurent cet espacement régulier :
- **Les crémaillères ou dentiers** fixés le long de la feuillure support des cadres et des cram-

1. Cette innovation serait due à Gilles Denis, apiculteur dans la Loire : www.ruche-warre.com.

Espacements avec crémaillère.

Cadre Hoffmann.

pillons dans le bas du corps pour assurer la verticalité du cadre. Ce procédé, efficace, simple et peu coûteux, a l'inconvénient d'obliger un mouvement de montée des cadres pour les décoller, les déplacer ; les crampillons, indispensables pour éviter le ballant des cadres lors du transport des ruches, sont souvent des gêneurs lorsque les cadres voilent ou sont construits de manière épaisse... Repositionner les cadres lors des visites est périlleux et source d'énervement des abeilles. En apiculture sédentaire, il est préférable de les enlever.

- **Le cadre Hoffmann,** dont la largeur du montant assure l'intervalle entre eux de manière automatique. Nul besoin de crampillons dans le bas des ruches. Après retrait de l'un des cadres, la feuillure lisse permet de les déplacer et de les inspecter sans les sortir, leur positionnement se faisant de manière automatique. La visite de la colonie est rapide. Ce modèle de cadre a la préférence de ceux qui visitent beaucoup leurs colonies : éleveurs de reines, producteurs de gelée royale, sélectionneurs... Leur prix est cependant plus élevé et les abeilles propolisent facilement ces cadres un peu difficiles à décoller au départ.

Le montage des cadres

Spontanément, les abeilles construisent des cellules de formats très variables. Pour les obliger à construire des rayons comportant un maximum de cellules d'ouvrières, on monte dans les cadres des plaques de cire pressées au format des cellules d'ouvrières. Si besoin, il en existe au format des cellules de bourdons.

BIEN CHOISIR LA CIRE GAUFRÉE

Choisir de la cire garantie issue d'opercules limite la réintroduction d'une partie des produits chimiques utilisés contre varroa et les formes résistantes des maladies que les traitements des ciriers ne peuvent évacuer. Nombre de professionnels se regroupent pour faire presser leur cire d'opercules à façon, seule manière d'avoir la certitude de cires indemnes de produits chimiques (on ne traite pas en présence de hausses).
Le poids de cire à traiter par cycle est de 120 à 200 kg suivant les ciriers.
Les petits producteurs s'équipent en groupements pour faire de même.

Les cadres s'achètent le plus souvent filés, l'apiculteur n'ayant que la cire à poser dessus. La plaque de cire est introduite dans la rainure de la tête du cadre. Les fils sont ensuite chauffés à l'aide d'un transformateur pour qu'ils pénètrent bien dans la cire.
À l'aide d'une burette, un mince filet de cire liquide est coulé dans la rainure de chaque côté de la tête du cadre pour y fixer solidement la feuille de cire. Opération inutile pour les cadres filés à 2 cm sous la tête, indispensable au-delà et pour les cadres filés à la verticale.

EN BIO

Pour limiter les risques d'introduction de produits chimiques et de spores de maladies *via* la cire gaufrée, on se contente de mettre sur la longueur de la tête des cadres une feuille de 5 cm environ, les abeilles construisant elles-mêmes la suite.

COMMENT CIRER UN CADRE

1

Tendre à l'horizontale sur chaque cadre un fil inox sur 5 niveaux.

2

Posez la plaque de cire sur les fils puis introduisez-la délicatement dans la tête du cadre.

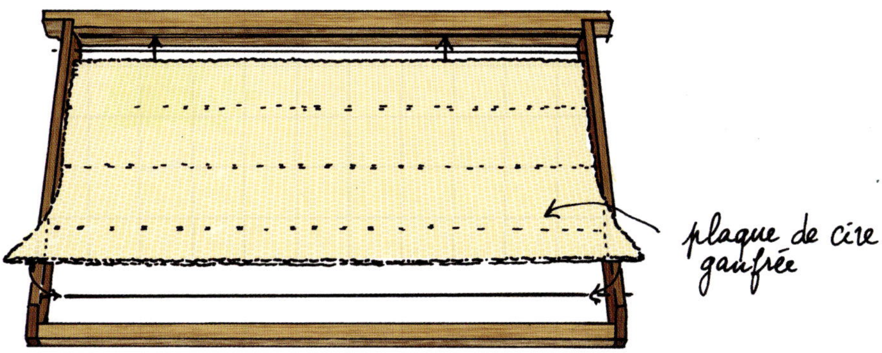

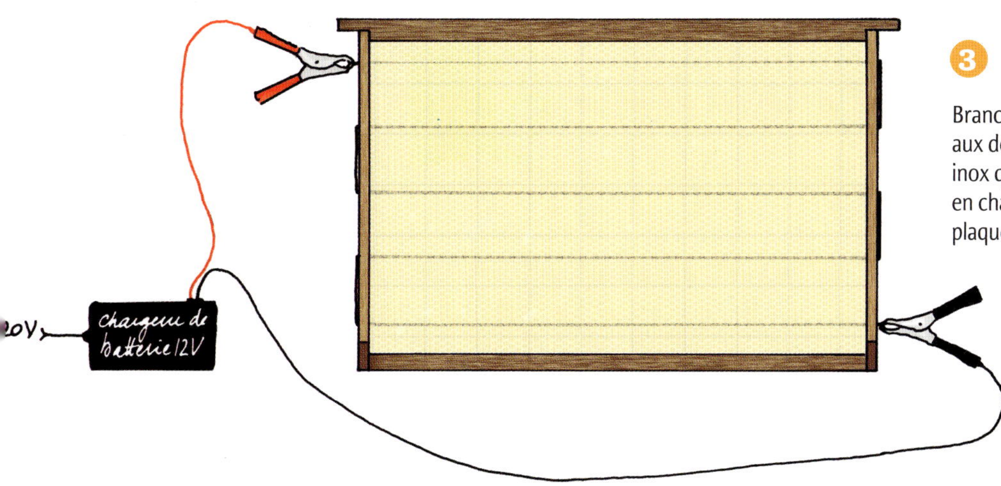

3

Branchez le transformateur aux deux extrémités du fil inox quelques secondes. Le fil, en chauffant, pénètre dans la plaque de cire.

Cadre amorcé avec une demi-plaque de cire.

Fonte des rayons, récupération des cadres.

Désinfection des cadres à la lessive.

Le rayon, plus mince, reste fragile, inconvénient lors de l'extraction du miel sur les cadres de hausse. Les abeilles construisent dans la partie vide davantage de cellules de faux-bourdon.

Décirer les cadres

À l'exception des cadres Hoffmann, décirer les cadres se révèle plus coûteux que les acheter neufs. Changer cadres et cires est par ailleurs une mesure prophylactique de toute première importance. Nous recommandons par conséquent de privilégier cette solution, plus sûre pour le rucher.
Pour ceux qui souhaiteraient malgré tout décirer leurs cadres, voici la technique préconisée.

Élimination de la cire

Le traitement des cadres bâtis se fait de manière artisanale dans un grand bac, une lessiveuse ou un toit de ruche en tôle posé sur un trépied à gaz, dans lesquels on verse de l'eau que l'on porte à ébullition. Lorsqu'elle bout, y tremper les cadres et retirer les rayons dès qu'ils se détachent. Sortir ensuite chaque cadre et passer la pointe du lève-cadres dans la rainure de la tête du cadre. Jeter ce bouillon, plus riche en cocons qu'en cire !
Les professionnels utilisent des chaudières à cire permettant de mieux séparer cire et cocons.

Désinfection des cadres

Refaire l'opération avec une eau propre, additionnée de 10 à 30 % de lessive de soude selon le nombre de cadres à traiter. Chauffer aux environs de 65 °C car la réaction cire/soude produit de la chaleur. Laisser tremper quelques minutes jusqu'à ce que les cadres soient bien décapés de la cire résiduelle et désinfectés. Puis les sortir et les rincer à grande eau. Un nettoyeur haute pression est très appréciable. Cette réaction produit du savon, les cadres mal rincés en portent les traces blanchâtres.
Cette méthode permet une désinfection absolue contre les loques en particulier, mais sa dangerosité est extrême.

BON À SAVOIR

Précautions impératives !

- Travailler avec des lunettes de protection, de très longs gants, un tablier étanche couvrant les bottes et des crochets pour manipuler les cadres
- Agir en plein air, à proximité d'un point d'eau.
- En cas de brûlure, rincer à l'eau immédiatement et longuement, pour diluer le plus possible la soude : elle détruit les graisses contenues dans la peau et la brûlure s'étend, même à froid. Consulter en urgence un médecin pour un traitement éventuel.

Compte tenu des risques encourus lors du décirage des cadres et, parallèlement, de la nécessité d'une hygiène parfaite au rucher, nous réaffirmons ici notre préférence pour l'achat de cadres neufs !

Récupération de la cire

Les chaudières à cire et les cérificateurs solaires permettent de récupérer la cire des cadres. Celle-ci reste cependant polluée par deux sources de contamination.
D'une part, les formes de résistance des maladies dont les spores de loques pour les plus dangereuses, qui résistent à l'eau bouillante.
D'autre part, les produits de traitement des maladies, varroa en particulier. Plusieurs sont des produits liposolubles qui se stockent dans les cires. Les traitements des ciriers[1] ne détruisent pas les molécules de synthèse et ne stérilisent pas les cires. Sauf à en faire des bougies ou de l'encaustique, mieux vaut la détruire.
La cire d'opercules est à conserver et à fondre après essorage ou égouttage. Elle est indemne de produits chimiques car les traitements contre varroa sont interdits lorsque les hausses sont présentes. Elle est également indemne de spores de loques si le couvain n'a jamais été présent dans les hausses.

1. Dans les pays nord-américains, il est classique de stériliser les cires aux rayons Y, méthode très efficace et rapide contre les formes les plus résistantes des agents infectieux.

Dessus/dessous

Autrefois, pour garantir une bonne isolation de la ruche, on emboîtait les uns dans les autres les divers éléments qui la composent. Aujourd'hui, ils sont simplement superposés. L'ajustement des différents éléments doit être rigoureux au sommet pour conserver au mieux la chaleur; il tolère plus de souplesse dans le bas, puisque l'on préconise l'usage de plateaux de sol grillagés pour permettre d'évacuer l'humidité ambiante par un courant d'air constant.

Le plateau de sol

Entrée sur plateau en plastique en position de réduction d'ouverture.

Tube de 12 mm pour visser les pitons.

S'il ferme le bas de la ruche, c'est aussi l'endroit de la porte d'entrée de la ruche. Aujourd'hui, les plateaux de sol présentent une ouverture sur toute la largeur de manière à favoriser la rapidité des allées et venues des abeilles lors des grandes miellées. Bien qu'il soit rapidement collé au corps par la propolis lors du transport des ruches, on fixe les deux par une attache spéciale.
Le plateau de sol est grillagé soit sur la totalité de sa surface, soit seulement sur un tiers. Cette aération a essentiellement pour but d'évacuer l'humidité, que l'on sait aujourd'hui plus dangereuse pour les abeilles que le froid.
Les plateaux en plastique et certains modèles en bois possèdent, sous la partie grillagée, des glissières dans lesquelles on enfile une plaque réductrice qui limite les courants d'air et permet les comptages des varroas qui tombent naturellement. Ce dernier point est intéressant car le refroidissement, tôt en saison, produit une nymphose plus longue à ce moment-là et favoriserait la maturation de plus nombreux varroas.
Sur les plateaux de sol en plastique s'encastre une portière *ad hoc* réversible qui assure une fermeture parfaite.
Les portières métalliques se vissent sur les corps avec de gros pitons qui ne nécessitent aucun outil spécifique pour leur manipulation, sauf à s'en fabriquer un. Ces portières sont réversibles: elles servent dans un sens à fermer la ruche, dans l'autre à en réduire

l'entrée pour limiter les pillages et les intrus. La variété des plateaux de sol en bois et les formats des grilles font des portières métalliques un accessoire souvent peu étanche[1].
Contre *Vespa velutina,* les réducteurs de la hauteur de l'entrée sont de 5,5 mm.

LIMITER LES COURANTS D'AIR

Pour les plateaux totalement grillagés, on limite les courants d'air provoqués par le vent, car ils retardent en fin d'hiver la reprise de la ponte de la reine. À cet effet, le frère Adam plaçait une hausse vide entre le plateau de sol et le corps. Cette surélévation du corps sert également de zone d'expansion à la colonie par grosse chaleur et de lieu de construction de rayons lorsqu'on tarde à mettre une hausse.

BON À SAVOIR

Le bon geste sur un plateau de sol non grillagé

Quand le plateau de sol est non grillagé, il est possible de placer une cale de 3 à 5 mm à chaque angle entre le plateau et le corps. Cette fine ouverture sur toute la périphérie du corps ne sera pas propolisée et assurera une bonne ventilation, y compris l'hiver. Elle évite également l'installation de squatters: lézard ou musaraigne qui s'y seraient introduits malgré le réducteur d'entrée.

Le couvre-cadres

Il doit assurer une bonne étanchéité de la ruche, surtout l'hiver. On trouve des couvre-cadres en contreplaqué ou en plastique, mais on peut tout aussi bien utiliser une plaque d'aggloméré dit « marine », un nourrisseur en bois... Les plaques de bois seront percées d'un trou de 30 à 50 mm pour y placer un nourrisseur amovible, un pain de candi. Nous préconisons un couvre-cadres nourrisseur en bois ou en plastique de grande contenance. À la belle saison, il servira à tous les types de nourrissement; à la morte-saison, mis à l'envers, il couvrira le pain de candi posé directement sur la grappe d'abeilles.
Pour assurer une bonne étanchéité et une visite commode de l'état du candi sans refroidir la colonie, le pain de candi sera recouvert d'une bâche à bulle un peu rigide en plastique translucide, et le couvre-cadres maintiendra le tout en place.

EN RÉGIONS CHAUDES

L'été, le couvre-cadres sera ouvert d'un trou grillagé, le toit en tôle comportera une plaque isolante et des tasseaux de 15 mm pour créer une ventilation haute qui évitera à la colonie de devoir aller chercher beaucoup d'eau pour se rafraîchir.

Couvre-cadres nourrisseur.

Couvre-cadres nourrisseur retourné sur du candi.

1. En l'absence de portière, on utilise pour les transports de la mousse de plastique ou du papier mouillé et roulé.

Les nourrisseurs

On en trouve de toutes sortes. Un simple pot de confiture avec son bouchon vissé, percé de petits trous avec un clou et posé sur le couvre-cadres convient pour les petites quantités. Pour éviter de déstabiliser le toit, des briques de la hauteur du pot de confiture serviront de support pour y poser le toit bien à plat.

Les nourrisseurs de plus grande capacité (environ 3 litres de sirop) sont circulaires. Ceux qui sont plats allient mieux stabilité du toit et volume de sirop apporté. Dans tous les cas, la ruche doit être bien plane sous peine de voir une partie du sirop non consommée.

Un peu plus onéreux, le nourrisseur couvre-cadres possède beaucoup d'avantages. De grande taille (jusqu'à 6 litres de sirop), il assure un matelas d'air isolant entre le toit et la colonie. On peut également le retourner pour couvrir le pain de candi posé sur la tête des cadres et assurer parallèlement la bonne stabilité du toit.

Pour les nucléis et les nourrissements de fin d'hiver, le nourrisseur cadre mis à la place d'un cadre dans le corps de la ruche assure une température élevée du sirop, qui est pris très rapidement. Dans les Dadant 12 cadres, ce nourrisseur permet en plus de piloter la ruche sur 8 à 11 cadres[1].

Le toit

Il est en tôle, d'environ 100 mm de hauteur de façon à bien emboîter la bâche et le couvre-cadres. Il se bloque sur le corps de ruche. Pour améliorer l'isolation, il sera équipé d'une plaque de polystyrène extrudé de 19 mm, isolant absolument nécessaire lorsque le couvre-cadres est une simple plaque de bois, pour éviter les excès de chaleur ou de froid. Une pierre sera posée dessus pour limiter le risque d'envol par grand vent. Certains préfèrent le toit en bois tôlé. Plus lourd que le simple toit en tôle, il a l'avantage de la stabilité sur la ruche par grand vent et assure une isolation thermique. Très encombrant mais plus esthétique, le toit « chalet » protège les nourrisseurs ; il est inutilisable en transhumance.

Le support de la ruche

Il doit répondre au mode d'exploitation de l'apiculteur : palettes portant quatre ruches mises dos à dos, aisées à utiliser pour la transhumance, pieds du commerce de toutes sortes, moellons posés les uns sur les autres...
Pour choisir, deux points doivent être pris en considération :
- Le dos de l'apiculteur, qui est son premier ennemi ! Ainsi on mettra les ruches en hauteur pour pouvoir effectuer les visites debout et non penché.
- L'éloignement du sol, qui limite l'effet de l'humidité et la gêne occasionnée par les herbes au trou de vol.

BON À SAVOIR

Une dalle devant la ruche

Un bon réflexe consiste à poser au sol une dalle de 50 cm de côté et à installer des moellons par-dessus, ce qui leur assure planéité et stabilité. Puis vous déroulez devant les ruches une bande de 60 cm à 1 m de bâche à talus.
D'une part, cela limite le développement des herbes. D'autre part, cela permet de repérer facilement les abeilles malades ou mortes devant la ruche, source d'information sur la santé des colonies.

Le plan incliné (en jaune) sert de planche d'envol et de garde-fou pour l'atterrissage.

1. Une colonie dynamique qui n'aurait pas rempli ses 11 cadres au moment d'une miellée peut être réduite jusqu'à 8 cadres pour contraindre les abeilles à monter remplir la hausse.

4

3 L'ÉQUIPEMENT DE L'APICULTEUR

Sauf à se situer dans le champ d'envol des abeilles, la colonie est peu agressive, et l'abeille, globalement, de bonne compagnie. Cela étant, elle défend son habitacle, ses réserves de miel, le couvain qu'elle élève. Dès lors, les prédateurs sont attaqués sitôt qu'ils pénètrent dans la ruche, le désordre qu'ils introduisent pouvant non seulement provoquer la furie de la colonie attaquée, mais plus largement l'agressivité du rucher tout entier.
L'équipement de l'apiculteur est essentiel : il vise à sa sécurité, à celle de son environnement mais aussi à son confort de travail. Ces trois points sont d'égale importance même si, en temps comme en moyens, ils semblent inégaux.
Cet équipement est au service d'une approche prudente de l'apiculture et d'un vrai savoir-faire dans la façon d'aborder les ruches. Car s'équiper à bon escient et sans produit nocif, c'est aussi exercer une apiculture respectueuse des abeilles et de leur voisinage.

S'équiper, une nécessité

L'abeille est dite « domestique » parce que l'homme a su la mettre à sa portée pour l'exploiter. Mais elle reste un être vivant parfaitement sauvage, qui ne peut faire l'objet d'aucun dressage. C'est donc à l'apiculteur, par sa conduite, d'éviter le risque d'accident. L'équipement l'y aidera beaucoup.

Des situations propices aux piqûres

Insecte à courte durée de vie, l'abeille n'a pas la mémoire de sa relation à l'apiculteur. C'est par son travail de sélection que celui-ci obtiendra des lignées douces ; il apprendra à connaître ses abeilles et à se conformer à leurs comportements. Pas l'inverse.
Spontanément, les abeilles ne sont pas agressives, à l'exception de certaines lignées. Les colonies mises en état d'orphelinage sur de longues périodes pour la production de gelée royale peuvent également le devenir.
Mais certaines situations prêtent à l'agression. Ainsi, tout individu qui passe dans l'aire d'envol risque la piqûre. C'est en effet la zone, face à la ruche, dans laquelle les abeilles prennent leur vitesse et leur hauteur. Si, en s'envolant, elles heurtent quelqu'un par mégarde (leur vue est faible), elles piqueront instantanément. Si, en revanche, elles rencontrent un obstacle (une haie, un grillage fin, un mur, etc.), elles seront obligées de monter rapidement à la verticale, la cohabitation avec le voisinage s'en trouvant alors grandement améliorée.

Sosthène Fayolle en tenue ; le port d'une casquette permet de tenir le voile éloigné du visage.

EN VILLE

**Les ruches en ville sont possibles, mais la plus grande vigilance s'impose, y compris concernant les peurs que peuvent susciter les abeilles.
Tout en respectant scrupuleusement les prescriptions réglementaires, notamment la distance entre les ruches et les propriétés alentour, la nature des rapports avec le voisinage sera le premier critère de décision pour installer le rucher.
« Pour vivre heureux, vivons cachés. » Cet adage est d'or en apiculture urbaine ! Que l'on parle de ses ruches avec passion est une chose, qu'elles soient visibles de tous est en revanche à haut risque.**

Le voile, indispensable (ci-dessus).

Paris, rucher du jardin du Luxembourg (ci-dessous).

Pillage et piqûres : des accidents évitables

Les accidents sont le fait d'erreurs humaines. Tout apiculteur connaît deux types d'accidents : le pillage et la piqûre. Fréquents, ils ont des conséquences plus ou moins dramatiques selon les circonstances. Avec un minimum de précautions, on peut les éviter.

Le pillage

Il est dû à une faute de l'apiculteur dans la quasi-totalité des cas. Il se produit surtout au moment des récoltes, faites en fin de miellée, quand les populations sont importantes et en manque alimentaire, les grandes floraisons étant terminées.

Du miel qui coule des hausses, un rayon brisé, une pile de hausses que l'on oublie de couvrir dans la remorque... et c'est un nuage d'abeilles venant de toute part qui envahit le rucher, se rue sur le miel, puis attaque toutes les ruches, détruisant les plus faibles.

Comment réagir ? Il y a très peu de solutions. Au minimum, fermer immédiatement les colonies que l'on a ouvertes, enfermer les hausses dans un endroit clos et fuir au plus vite. Si les abeilles en laissent le temps, réduire fortement avec de l'herbe, du papier journal humide ou de la mousse l'entrée des trous de vol des ruches concernées. On peut aussi répandre quelques gouttes d'essence de térébenthine ou asperger d'eau en fin brouillard, avec une lance l'ensemble du rucher...

Dans la mesure du possible, ne pas insister, ranger au mieux le matériel et... rentrer à la maison ! La nuit calmera naturellement les pillardes agressives, et le rucher aura retrouvé le lendemain son calme habituel.

La piqûre d'abeille

Elle est constante, et il n'est pas rare de se faire piquer à chaque ouverture de ruche. Bien protégé, l'apiculteur généralement ne ressent pas grand-chose, mais chacun réagit différemment selon sa sensibilité à l'histamine du venin et à ses allergènes : de la simple sensation de brûlure à des œdèmes conséquents, voire des difficultés respiratoires.

Le médecin traitant prescrira une médication standard à conserver dans la pharmacie familiale pour ces manifestations parfois spectacu-

BON À SAVOIR

Kit auto-injectable

Il est disponible en pharmacie sur prescription médicale. Simple à mettre en œuvre, il ne nécessite pas de connaissance médicale particulière. Il permet une injection intramusculaire dans la peau du ventre ou dans une cuisse, y compris à travers les vêtements. Ce kit se conserve à température ambiante et il est valable une année.

Il est indispensable dans les cas suivants :

- quand on débute en apiculture
- quand on possède des ruches proches de zones habitées
- quand on amène régulièrement des amis dans son rucher
- dans les ruchers écoles.

Pour les tribus de néophytes, les protections s'imposent.

laires mais sans risque vital, sauf difficultés respiratoires graves pour lesquelles il appliquera lui-même le traitement adéquat. Dans ces circonstances, on a toujours le temps d'intervenir.

Le choc anaphylactique

C'est un phénomène bien connu des anesthésistes, qui le redoutent chez leurs patients. Il s'agit d'une urgence vitale. Suite à des piqûres d'hyménoptères, l'organisme se sensibilise sans réactions notables, puis, à l'occasion d'une nouvelle piqûre, survient une vasodilatation généralisée des vaisseaux qui, malgré l'accélération cardiaque, n'arrivent plus à apporter au cerveau l'oxygène nécessaire. Le sujet tombe dans le coma et on dispose alors d'une vingtaine de minutes pour faire le seul geste efficace: une piqûre d'adrénaline. À défaut, la mort est inévitable.

Cet accident est rarissime, moins de 30 personnes mourant par an d'une piqûre d'hyménoptère en France. Un kit auto-injectable est aujourd'hui disponible dans le commerce. Lorsque l'événement se produit, on se félicite de s'être équipé, même si le SAMU, les médecins généralistes, les pompiers ont toujours ce médicament.

Les piqûres des animaux sont également à considérer. Il convient en cas de pillage d'avertir rapidement ses voisins et de leur demander de rentrer leurs chiens. Tous les ans ont lieu des conflits de voisinage durables à propos de chiens décédés suite à des piqûres d'abeilles. Une assurance en responsabilité civile s'avère utile si l'on est impliqué.

Certains jours, les gants sont indispensables.

Les vêtements de protection

Inutile de fanfaronner : face aux abeilles, rares sont les apiculteurs qui ne portent jamais leurs vêtements de protection. Se protéger est une sécurité : en cas d'incident majeur, l'équipement porté par l'apiculteur lui donne le temps de parer aux attaques d'abeilles et de remettre tranquillement de l'ordre dans son rucher.

- **Les bottes**, ou des chaussures montantes, sont un minimum. On y glisse le bas du pantalon ou des élastiques enchâssent les chaussures.
- **La vareuse** est une veste blanche en toile épaisse, surmontée d'un chapeau et d'un voile protecteur du visage. Elle est étanche aux abeilles. Elle présente cependant l'inconvénient de souvent s'entrouvrir à la ceinture lorsque l'on se baisse : c'est un point de piqûre ou d'entrée possible d'abeilles.
- **La combinaison** est sans doute l'équipement le plus adéquat. Plus confortable que la traditionnelle vareuse, elle couvre de la tête aux pieds en continu. Elle est surmontée d'un masque ovale moitié grillagé (devant), moitié en tissu (derrière), ce qui permet au visage d'être toujours bien face à la grille de vision, même lorsqu'il y a du vent. Il existe de nombreux modèles et variantes, dans des matériaux tant classiques (toile 100 % coton...) que contemporains (fibres synthétiques...), alliant solidité, légèreté et perméabilité à l'humidité. À savoir malgré tout : l'apiculture se pratiquant par temps beau et chaud, la visite des ruches ressemble souvent à une séance de sauna ! Un casque colonial ou une casquette à longue visière maintiennent le voile bien droit et éloigné du nez.
- **Les gants** ne sont pas indispensables. Si gants il y a, les prendre en caoutchouc et de grande longueur, il en existe d'assez fins pour gros travaux, parfaits. Les gants trop épais sont source de mauvaise prise, d'écrasement d'abeilles, de gestes inappropriés qui excitent les abeilles. Les gants en caoutchouc pour travaux à usage unique conviennent. Rendant les doigts plus gourds, et pourtant largement répandus, les gants en cuir ne se désinfectent pas aisément. Ils sont à proscrire.

TRAVAILLER À MAINS NUES

En travaillant à mains nues, on découvre les réactions des abeilles. Le moindre écart étant sanctionné par une piqûre, on apprend la douceur des gestes, comment travailler sans choquer cadres ou corps, sans faire craquer la ruche, sans rien laisser tomber, mais aussi à choisir les bons jours de visite, à mesurer la qualité de l'enfumage...
Les apiculteurs qui travaillent ainsi le reconnaissent volontiers : le contact direct avec les abeilles permet d'acquérir tous ces savoir-faire plus rapidement.

BON À SAVOIR

Quand nettoyer son équipement ?
L'équipement doit supporter l'eau de Javel, désinfectant de base de l'apiculteur.
Lavez-vous les mains ou lavez vos gants à l'eau de Javel après chaque visite de ruche. Même chose pour les lève-cadres. Recommencez, cette fois-ci à fond et encore plus soigneusement, entre deux visites de ruchers différents.
Lavez votre combinaison ou vos vêtements d'apiculture une fois par mois, sauf en cas de maladie avérée d'une colonie : dans ce cas, la désinfection s'impose immédiatement après la visite.

L'apiculteur est le meilleur vecteur des maladies entre colonies, à vous par conséquent d'être vigilant !

L'enfumoir

La fumée produite par l'enfumoir doit être abondante et froide. Très souvent, chez les débutants, ce ne sont pas les abeilles qui sont agressives, mais l'enfumoir qui ne fume pas assez, ou qui fume mal.

Modèle classique d'enfumoir.

Adaptation de l'enfumoir pour le porter à la ceinture.

Les modèles

Ils sont peu nombreux. Le plus commode est de type américain, en acier inoxydable, de gros volume et de gros débit, avec une grille extérieure de protection qui évite de se brûler et de brûler la moquette de la voiture lorsqu'on l'y couche. Cet enfumoir s'accroche au bord de la ruche, voire à la ceinture de l'apiculteur, moyennant une petite adaptation.
Il possède un tube d'introduction de l'air qui pénètre longuement dans le corps de l'enfumoir, évitant aux pieds de la grille de fond de boucher cette arrivée d'air. Son soufflet doit être amovible et pouvoir être remplacé.
Attention aux modèles importés des États-Unis: les écrous n'étant pas au format européen, il faut les resserrer régulièrement car on ne peut pas les remplacer aisément.

Les combustibles

Tous les types de combustibles conviennent, aux conditions suivantes:
- choisir un combustible qui se consume: bois pourri séché, granulats de bois, grosse sciure, paille, croquettes de paille (vendues pour les paillages);
- bannir les produits synthétiques, cartons et tissus dont les fumées sont toxiques;
- éviter les produits qui goudronnent: ils font des fumées très toxiques pour l'apiculteur (croquettes de luzerne, sciure de résineux).

Allumer, éteindre, décrasser

L'allumage se fait avec du carton à œufs, une pomme de pin, le charbon de bois résiduel du précédent enfumoir, le tout bien enflammé. On ajoute ensuite le combustible et on souffle jusqu'à voir sortir une fumée épaisse (l'usage d'un petit compresseur facilite l'opération). Puis, sur le sommet du combustible, une poignée d'herbe fraîche, qui filtre et refroidit la fumée.
Un enfumoir bien allumé et garni d'un bon combustible tient un après-midi entier.
Pour allumer vite et éteindre tout aussi rapidement, le fourrage sec est une bonne solution.
L'enfumoir s'éteint en le couchant sur le côté ou en bouchant l'orifice de sortie. Dans les zones à risque d'incendie, on arrose les braises avec de l'eau toujours à disposition dans la caisse à outils. Le goudron enduit le chapeau et le colle au corps de chauffe, on l'ouvre en donnant un petit coup de chalumeau sur le pourtour. Trop encrassé, on brûle les goudrons au chalumeau.

BON À SAVOIR

Un combustible sans résine

Il existe un combustible spécifiquement issu des bois traités à la vapeur pour enlever leurs résines. On le trouve chez les revendeurs de matériels apicoles. C'est le moins toxique, car un enfumoir correctement allumé fait tousser l'apiculteur.

BON À SAVOIR

Endormir les abeilles

Certaines opérations imposent d'endormir les abeilles. C'est possible en mettant une cuiller à café de nitrate d'ammonium sur les braises ; la réaction chimique produit du protoxyde d'azote (gaz anesthésiant des blocs opératoires). Un jet de fumée blanche sort de l'enfumoir durant une minute tout au plus. Bien envoyée au cœur de la ruche, celle-ci endort toutes les abeilles quelques minutes. Le gaz carbonique est aussi un bon anesthésiant facile d'usage (voir le chapitre 12, « Produire ses reines »)

Matériel d'ouverture : lève-cadres, enfumoir, porte-cadres, sirop, seau avec eau javellisée.

Décrassage de l'enfumoir au chalumeau.

Décrassage de l'enfumoir avec un petit chalumeau.

Ouvrir ses ruches facilement

Pour faire face au poids des hausses, à la force de blocage de la cire et de la propolis, l'outil de base de l'apiculteur est un levier de qualité, à désinfecter constamment car c'est le meilleur vecteur de transmission des maladies d'une colonie à l'autre.

Pour décoller les hausses, les plateaux de sol, les cadres, un gros tournevis suffit. Mais les autres usages des différents lève-cadres en font des outils nécessaires:

- **le lève-cadres américain** est parfait pour nettoyer la tête des cadres, gratter les couvre-cadres... C'est à l'origine un arrache-clou et un grattoir. C'est un lèvre-cadres suffisant en temps ordinaire, un peu léger dans les situations délicates.
- **le lève-cadres de 40 cm** permet de décoller le bas des cadres dans les corps de ruche, il sert également de levier pour décoller les hausses. Son embout pointu en fait un excellent lève-cadres polyvalent. En acier inoxydable épais, il est robuste et utilisable en toutes circonstances.
- **le lève-cadres à pince** permet de tenir un cadre d'une seule main, par exemple pour attraper une reine sur un rayon. Ce n'est pas toujours un bon levier ni un bon grattoir, mais on l'utilise régulièrement.

Peints de couleurs vives (rouge, jaune ou bleu), les lève-cadres se repèrent mieux dans l'herbe: c'est un accessoire qui s'égare aussi facilement qu'il se retrouve!

Le lève-cadres facilite la manipulation des cadres au quotidien.

Pour des raisons sanitaires, on ne pose pas les cadres directement au sol, il est préférable de les suspendre hors de la ruche à un porte-cadres qui s'accroche, le premier cadre enlevé, sur un bord du corps. Cet accessoire est indispensable en Warré pour sortir les rayons avec barrettes à jambes que l'on ne sait poser nulle part.

DÉSINFECTION

Pendant la visite du rucher, entre chaque ruche, désinfectez vos lève-cadres en les trempant rapidement dans de l'eau javellisée ou dans de l'alcool à brûler. Quand la visite du rucher est terminée, stérilisez-les à la flamme du chalumeau.
L'alcool à brûler est une excellente solution, mais à fort risque d'incendie, et les gants en caoutchouc n'y résistent pas !

Le matériel pour la reine

Spécifique, le matériel utilisé pour la reine ne demande pas beaucoup d'investissements sur le plan financier. Tous les éléments se recyclent, sauf les peintures et pastilles numérotées, qui changent chaque année.

Le matériel de marquage

La conduite rationnelle d'un rucher impose de suivre l'âge de la reine. Un code couleur donne son année de naissance, un numéro repère la lignée à laquelle elle appartient et la ruche où elle loge. Pour cela, on a besoin d'une peinture spéciale pour le marquage des reines ou d'un feutre spécial peinture, ou encore de pastilles colorées, voire numérotées.
Seront également nécessaires des punaises de couleur et un feutre indélébile haute tenue aux UV.
Les pastilles sont disponibles chez les fournisseurs de matériel apicole, la colle la plus efficace est une glu cyanolite, les peintures sont des vernis à séchage rapide type acétone, les stylos s'achètent dans les papeteries.

La pince à reine

Elle sert à attraper la reine sur le rayon pour éviter de la prendre avec les doigts. Il n'existe qu'un seul type de modèle, soit en métal, soit en plastique. Ayez-en plusieurs, cela vous évitera d'avoir à les rechercher constamment !

Le piston de marquage

Utile pour peindre le thorax des reines à la couleur de l'année. Peut se substituer à la pince à reine pour l'attraper sur le rayon. Un modèle polonais avec butée évite d'écraser la reine.

Le matériel de clippage

Il se compose d'une paire de ciseaux spéciaux ou à bouts ronds, de la taille et de la forme de ceux utilisés pour couper les poils des oreilles (les ciseaux classiques sont trop gros ou risquent d'embrocher l'abdomen de la reine). Ce sont des ciseaux d'une dizaine de centimètres. On les attache à une cordelette car on les perd aussi facilement qu'une clé USB.

Une ou des cages à reines

Essentielles pour conserver des reines quelques heures ou quelques jours, notamment avec des abeilles qui la nourriront.

BON À SAVOIR

À matériel dédié, rangement spécifique...

Nous préconisons de réserver une deuxième caisse à outils destinée aux opérations réalisées sur la reine.

OUVRIR SES RUCHES

1

Enlever le toit.

2

Décoller le couvre-cadres.

3

Enlever la toile sous le couvre-cadres.

4

Sortir les cadres.

5

Examiner les cadres.

La caisse à outils de l'apiculteur

Au fil des années, elle s'enrichit, se diversifie. Il y a la caisse à outils pour les visites, les ruches, le rucher et celle, spécifique, pour le suivi des reines (voir page précédente).

Que faut-il prévoir ?

La caisse sera légère et résistante. Le modèle adapté au format des cadres Dadant est une caisse pliante en plastique. Soit, par ordre d'importance :

- l'enfumoir
- le porte-cadres
- plusieurs lève-cadres
- du ou des combustibles
- 1 briquet, 1 chalugaz ou des allumettes
- 1 seau, 1 bidon d'eau (5 l)
- des pastilles de Javel ou un berlingot de concentré
- 1 carnet de notes et des crayons à papier à pointe grasse
- des vis
- 1 pot de candi pour les cages à reines
- des cadres bâtis et des cadres cirés (de corps, de hausse)
- 1 tube à visser les pitons
- des clous en Z pour réparer les épaulements cassés des têtes de cadres
- 1 bidon de sirop 50/50 (1/2 à 1 l par colonie visitée longuement) et différents nourrisseurs
- 1 couteau serpette, 1 sécateur, 1 tournevis, 1 pince, 1 tenaille, 1 petit marteau
- du nitrate d'ammonium
- 1 chiffon
- 1 plaque de fermeture des trous de nourrisseurs, des portières
- 1 sangle pour bloquer une ruche en cas de transport
- 1 feutre spécial pour écrire sur les toits en tôle
- des plaques de bois (pour caler une ruche, boucher un trou de nourrisseur, etc.)
- rouleau de papier essuie-mains ou papier journal, bande de mousse en plastique pour boucher les entrées de ruche...

Parallèlement, les apiculteurs ont toujours une caisse de cadres cirés, une caisse de cadres bâtis, des pains de candi selon la saison... Plus le rucher est éloigné, plus vous devrez emporter de hausses, de ruchettes, de corps de ruches au cas où...

BON À SAVOIR

Plus ou moins lourde !

Plus votre rucher est éloigné de votre domicile, plus votre caisse à outils sera conséquente et diversifiée ! L'apiculteur doit en effet constamment faire face à des situations qu'il n'a pas forcément anticipées ; il lui faut pouvoir trouver sur le moment tout le matériel dont il a besoin pour résoudre le problème.

La caisse à outils contient de quoi visiter les ruches, réparer les cadres abîmés, dégager des branchages ou des ronces.

4 INSTALLER LE RUCHER

C'est la première interrogation du débutant : où mettre mes ruches ? C'est aussi celle de nombre de professionnels qui transhument, recherchant chaque fois des lieux riches en nectars typés et l'autorisation d'y déposer temporairement leurs ruches.
D'une certaine façon, l'apiculture est une agriculture « sans terre ». Connaître son environnement floral est à la base de l'apiculture. C'est la première observation à faire avant de vouloir poser des ruches dans son jardin ou sur un terrain de transhumance.
Les abeilles butinent certes des fleurs, mais aussi les exsudats sucrés que produisent certains parasites des plantes : pucerons, cochenilles ou larves du *Metcalfa pruinosa*. Elles ont aussi besoin d'eau.
Une fois le lieu choisi, reste à l'aménager, non seulement dans l'intérêt des abeilles, mais aussi pour la commodité d'exploitation des ruches.
Le voisinage fait aussi partie des questions importantes lors de l'implantation d'un rucher. Si des règles et une législation existent, c'est aussi le bon sens qui doit vous guider !

Le cadre légal

L'abeille n'est pas un insecte anodin. Elle vit sur un territoire étendu, dans lequel elle puise ses ressources alimentaires et joue le rôle fondamental de pollinisateur. Elle appartient parallèlement à la catégorie des animaux « de rente », les produits de la ruche entrant dans la chaîne alimentaire. Enfin, l'abeille est régulièrement en contact avec ses congénères d'autres ruches, ce qui favorise la transmission des parasites et des maladies. Pour toutes ces raisons, l'apiculture est soumise à réglementation.

La loi prévoit un ensemble d'obligations pour l'apiculteur, qui visent à la fois à protéger la filière des risques épidémiques, à éviter les accidents de voisinage et à respecter le consommateur.
L'activité apicole relève du Code rural, du Code de la Santé publique, du Code de la consommation. En matière de fiscalité et de règles « sociales », c'est le nombre de ruches qui fixe les seuils d'application des règles [1].

La responsabilité civile, les distances réglementaires (Code rural, art. L211-6 et L211-7)

L'apiculteur est civilement responsable des dommages que ses abeilles peuvent créer à des tiers, sauf à montrer la responsabilité de ces derniers dans l'événement, ou encore dans certains cas de force majeure.
L'apiculteur doit par conséquent respecter l'obligation d'être assuré en responsabilité civile. Il doit aussi se soumettre aux prescriptions de sécurité concernant l'emplacement de ses ruches et les règles sanitaires [2].

1. http://www.unaf-apiculture.info/presse/2010_Guide_apicole_fiscal_et_social.pdf
2. Les règles sanitaires sont détaillées au chapitre 11.

En cas de non-respect de ces règles, il peut être sanctionné: d'une simple amende à des poursuites pénales.

Souscrire une assurance spécifique ?

L'extension aux ruches de la responsabilité civile (RC) « habitation et famille » est souvent possible sans frais. À discuter avec son assureur.
Les syndicats apicoles et les revues d'apiculture, entre autres, proposent des assurances en RC pour les apiculteurs, sous la forme de contrats de groupe. Quelques dizaines de centimes d'euros par ruche et par an laissent penser que les sinistres sont rares.
Beaucoup plus onéreuses sont les assurances indemnisant les pertes de ruches (vol, tempêtes).

Distances : variables suivant les départements

Chaque département dispose d'un arrêté préfectoral qui définit les distances à respecter par rapport aux propriétés voisines, aux habitations, aux voies publiques, aux bâtiments publics, voire plus précisément aux écoles (généralement au moins 100 m). Cet arrêté est disponible en préfecture et en mairie.
Les syndicats, et plus largement tous les groupements apicoles, le tiennent à la disposition des apiculteurs et le rappellent annuellement dans leur bulletin de liaison.

Rucher dans le Vercors, chez Yvon Achard.

Le Code rural prévoit cependant une exception dans son article L 211-7 : « *Toutefois, ne sont assujetties à aucune prescription de distance les ruches isolées des propriétés voisines ou des chemins publics par un mur, une palissade en planches jointes, une haie vive ou sèche, sans solution de continuité. Ces clôtures doivent avoir une hauteur de deux mètres au-dessus du sol, et s'étendre sur au moins deux mètres de chaque côté de la ruche.* ». À savoir : certains arrêtés préfectoraux précisent 2 mètres « au-dessus de la planche d'envol de la ruche la plus élevée ».

Annulant toute contrainte de distance, sous réserve d'une protection de 2 mètres de part et d'autre de la ruche, cette précision permet à de nombreux apiculteurs d'avoir une ruche en ville ou un petit rucher dans leur jardin. Elle n'exonère cependant en rien la responsabilité de l'apiculteur face aux dommages que ses abeilles pourraient provoquer.

TROIS CONSEILS DE PRUDENCE

- **Au-delà des prescriptions réglementaires, les ruches doivent toujours être placées à l'écart des chemins, les aires d'envol systématiquement orientées dos aux zones de passage.**
- **L'apiculteur doit surveiller l'agressivité de ses colonies et supprimer les reines de celles qui sont agressives pour les remplacer par des reines issues de lignées douces.**
- **Il devra également être vigilant concernant les conditions de température et de pression atmosphérique lors de l'ouverture des ruches, celles-ci jouant sur l'humeur et le comportement des abeilles.**

Les déclarations administratives, l'impôt

Tout apiculteur doit déclarer son activité auprès de l'administration[1]. Il se voit attribuer deux numéros : un NAPI et un SIRET ou un NUMAGRIT. Chaque année, il déclare le nombre de ruches qui lui appartiennent, leur localisation, et signale tout déplacement, même temporaire. L'apiculteur est également assujetti à l'impôt selon le volume de son activité.

Le NAPI, numéro d'apiculteur

Dès la première ruche, l'apiculteur doit se déclarer auprès de la Direction Départementale de la Protection des Populations (DDPP). Il reçoit en retour un numéro d'apiculteur à 8 chiffres, le NAPI. Les deux premiers correspondent au numéro du département de l'apiculteur, suivi de deux 0, puis d'un numéro d'ordre.
Dans la pratique, cette déclaration ne se fait pas auprès de la DDPP mais du Groupement de Défense Sanitaire (GDS) du département. Sa gestion a en effet été confiée en 2010 aux GDS départementaux, qui regroupent les professionnels de l'élevage depuis les années 1950. Ce sont eux qui organisent désormais la surveillance et les soins aux cheptels ovins, caprins, bovins, apicoles...
Les GDS sont situés dans les chambres d'agriculture. Ils attribuent également le NUMAGRIT (voir plus loin) et opèrent la saisie des déclarations annuelles des ruchers.

SIRET ou NUMAGRIT ?

Depuis 2010, tout apiculteur qui distribue autour de lui les produits de ses ruches doit posséder en sus du NAPI un identifiant, qui sera apposé sur ses pots de miel, ses déclarations...
Deux cas de figure sont à considérer :
- **L'apiculteur cède son miel à des tiers,** que ce soit à titre gracieux ou payant. Il doit faire une demande de numéro de SIRET auprès du Centre des formalités pour les entreprises (CFE), *via* la chambre d'agriculture.
- **L'apiculteur offre son miel exclusivement à sa famille**. Il doit demander un NUMAGRIT, numéro d'agriculteur (numéro de même longueur que le SIRET) auprès du GDS de son département.
Ces différentes formalités sont en principe gratuites. Certaines chambres d'agriculture demandent malgré tout un forfait pour les frais administratifs. Des syndi-

1. Toutes les informations et procédures figurent sur le site du ministère de l'Agriculture : http://mesdemarches.agriculture.gouv.fr/article.php3?id_article=296

cats apicoles ont négocié des tarifs de groupe moyennant la prise en charge d'une partie du travail. Les GDS ne font pas rémunérer leurs prestations.

Le NAPI est à reporter sur 10 % des ruches d'un rucher[1] ou à inscrire sur un panneau dans l'enceinte du rucher[2]. Cette obligation tombe lorsque les ruches sont situées sur un terrain proche de l'habitation de l'apiculteur. Le numéro de SIRET ou NUMAGRIT et le NAPI sont également nécessaires pour acquérir des médicaments auprès des GDS apicoles ou des associations apicoles agréées pour diffuser les produits de traitement contre varroa.

Déclaration papier ou télédéclaration des ruchers ?

Tous les ans, entre le 1er janvier et le 31 décembre (date à la convenance de chacun), l'apiculteur doit déclarer le nombre de ruchers et de ruches qu'il possède. Sa déclaration est enregistrée dans un fichier national. C'est lui qui l'effectue selon une procédure de télédéclaration par Internet. S'il ne veut ou ne peut le faire sous cette forme, une déclaration papier demeure possible. L'apiculteur envoie alors deux exemplaires du CERFA 1395-01[3] au GDS de son département, qui se charge ensuite de faire l'entrée de ses données dans la base nationale[4]. L'apiculteur reçoit ou télécharge une attestation de sa déclaration, à conserver dans le registre d'élevage.

Déclarer la transhumance

Lors du déplacement temporaire de ruches hors du département d'origine, il revient à

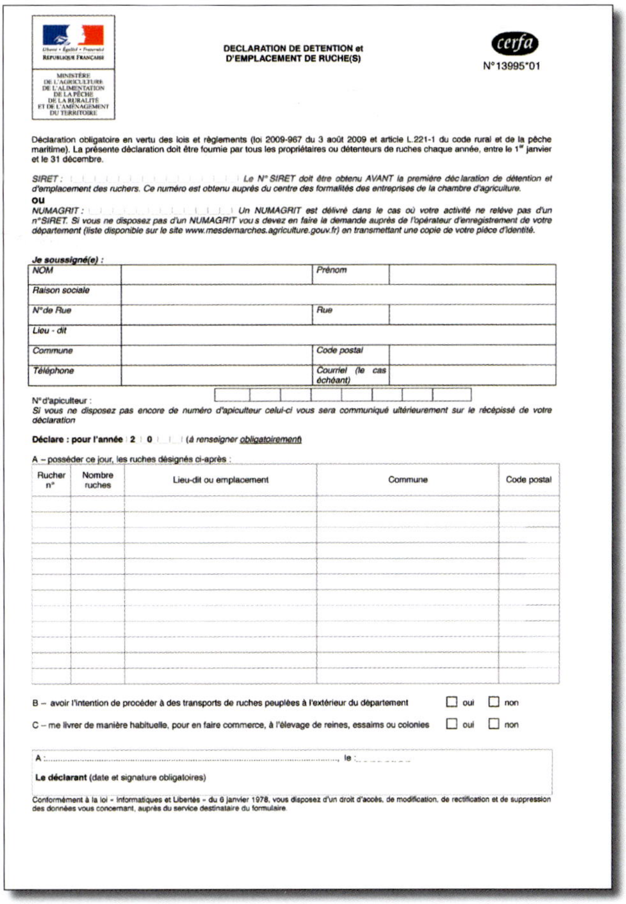

Liberté • Égalité • Fraternité
RÉPUBLIQUE FRANÇAISE

MINISTÈRE DE L'AGRICULTURE DE L'ALIMENTATION DE LA PÊCHE DE LA RURALITÉ ET DE L'AMÉNAGEMENT DU TERRITOIRE

DECLARATION DE DETENTION et D'EMPLACEMENT DE RUCHE(S)

cerfa
N°13995*01

Déclaration obligatoire en vertu des lois et règlements (loi 2009-967 du 3 août 2009 et article L.221-1 du code rural et de la pêche maritime). La présente déclaration doit être fournie par tous les propriétaires ou détenteurs de ruches chaque année, entre le 1er janvier et le 31 décembre.

SIRET : |_|_|_|_|_|_|_|_|_|_|_|_|_|_| *Le N° SIRET doit être obtenu AVANT la première déclaration de détention et d'emplacement des ruchers. Ce numéro est obtenu auprès du centre des formalités des entreprises de la chambre d'agriculture.*

ou

NUMAGRIT : |_|_|_|_|_|_|_|_|_|_|_|_|_| *Un NUMAGRIT est délivré dans le cas où votre activité ne relève pas d'un n°SIRET. Si vous ne disposez pas d'un NUMAGRIT vous devez en faire la demande auprès de l'opérateur d'enregistrement de votre département (liste disponible sur le site www.mesdemarches.agriculture.gouv.fr) en transmettant une copie de votre pièce d'identité.*

Je soussigné(e) :

NOM		*Prénom*	
Raison sociale			
N°de Rue		*Rue*	
Lieu - dit			
Commune		*Code postal*	
Téléphone		*Courriel (le cas échéant)*	

N°d'apiculteur :
Si vous ne disposez pas encore de numéro d'apiculteur celui-ci vous sera communiqué ultérieurement sur le récépissé de votre déclaration

Déclare : pour l'année 2 0 |_|_| *(à renseigner obligatoirement)*

A – posséder ce jour, les ruches désignés ci-après :

Rucher n°	Nombre ruches	Lieu-dit ou emplacement	Commune	Code postal

B – avoir l'intention de procéder à des transports de ruches peuplées à l'extérieur du département ☐ oui ☐ non

C – me livrer de manière habituelle, pour en faire commerce, à l'élevage de reines, essaims ou colonies ☐ oui ☐ non

A :……………………………………, le :

Le déclarant (date et signature obligatoires)

Conformément à la loi « Informatiques et Libertés » du 6 janvier 1978, vous disposez d'un droit d'accès, de modification, de rectification et de suppression des données vous concernant, auprès du service destinataire du formulaire

Déclaration des ruchers, reproduction du CERFA.

l'apiculteur de faire à la DDPP du département de destination[5] une déclaration d'arrivée des ruches. Cette mesure vise notamment à contrôler l'état sanitaire des ruches qui transhument, sachant qu'il est interdit de transhumer des colonies malades sous peine d'amendes.

Jusqu'à récemment, la DSV[6] du département d'origine des ruches délivrait un certificat sanitaire autorisant la transhumance. Désormais, l'état sanitaire des ruches transhumées est sous la responsabilité de l'apiculteur. La DDPP du département d'arrivée est habilitée à contrôler l'état sanitaire des ruches transhumées. Elle exerce une fonction de police sanitaire.

1. Hauteur des chiffres : 3 cm.
2. Hauteur des chiffres : 8 cm, largeur 5 cm.
3. Disponible sur Internet, auprès des GDS, des DDPP et des syndicats.
4. http://agriculture.gouv.fr/IMG/pdf/cerfa_13995-01_declaration_ruches_2011.pdf
5. La police sanitaire fait partie des missions des DDPP.
6. Fusionnée en 2010 au sein de la DDPP.

Opération de transhumance...

depuis la préparation du transport...

jusqu'au déchargement avec des lampes rouges.

Impôt et cotisations sociales

L'impôt ainsi que les cotisations sociales sont fonction du nombre de ruches:

- **Moins de 10 ruches de production:** l'apiculteur ne paye pas d'impôt au titre de son activité.
- **Entre 10 et 60 ruches:** l'impôt est dû, et ce dès la 1re ruche. Il est forfaitaire par ruche de production. L'apiculteur doit faire sa déclaration aux services fiscaux au moment de sa déclaration annuelle de revenus.
- **À partir de 60 ruches**[1]**:** l'apiculteur paye l'impôt comme précédemment et s'y ajoute une cotisation sociale de solidarité à la Mutualité Sociale Agricole (MSA), mais sans bénéficier de la totalité des prestations sociales, hormis le droit à la formation professionnelle continue et des accidents du travail. Le professionnel est celui qui détient au moins 400 ruches[2].

Pour toutes ces questions un peu complexes, les GDS et les chambres d'agriculture sont les structures désignées pour informer, conseiller et orienter les apiculteurs sur les démarches à faire.

DES MESURES POLÉMIQUES

Ces évolutions réglementaires sont très discutées et surveillées par les syndicats apicoles départementaux et leurs fédérations nationales.
Aux yeux de nombreux apiculteurs en effet, la complexité des règles menace la survie de l'apiculture de loisir et l'activité des apiculteurs pluriprofessionnels.
À trop compter les ruches, on finira par comptabiliser surtout le nombre d'exploitations apicoles ayant dû cesser leur activité, et par ne plus pouvoir compter... les nouveaux apiculteurs amateurs! La surveillance sanitaire s'en ressentira.

1. Seuil variable, le faire préciser par la MSA de votre région.
2. Le rapport Saddier d'octobre 2008 détaille la complexité de ces règles, tant françaises qu'européennes.

Transhumance sur floraison de colza.

Le choix du lieu, le bon emplacement

Le débutant peine à trouver un emplacement de rucher s'il n'a pas de bonnes accointances dans le monde rural. Le fond du jardin n'est pas toujours possible, et les ruchers éloignés limitent les interventions; le rucher idéal est donc bien souvent celui que l'on trouve près de chez soi. Pour le professionnel, il en va tout autrement. Ce sont des lieux de transhumance sur des zones nectarifères précises qu'il recherche, étudie, négocie : autant de démarches nécessitant de vraies compétences.

La ressource alimentaire, premier critère de choix

Le lieu idéal d'un rucher sédentaire est celui où les floraisons sont constantes, sans surabondance particulière, de mars à l'automne, et où la variété des nectars et des pollens offre une nourriture de qualité. Leur durée dans le temps permet de ce fait un développement régulier des colonies.
Un tel emplacement facilite grandement la conduite du rucher.

Cet Éden est rare ! Les zones de monoculture dominent, les productions fourragères sont fauchées plusieurs fois par an et toujours avant les floraisons, les abeilles connaissent des cycles alimentaires saccadés. Autant de phénomènes qui rendent la conduite des colonies toujours plus complexe.
La transhumance pourrait constituer une réponse, c'est celle des professionnels. Rares sont les petits producteurs qui transhument ; de ce fait, ils sont contraints de surveiller davantage le risque de disette et d'apporter des compléments alimentaires.

Rucher à l'ombre de hauts buissons. (ci-dessus). Rucher en hiver, Europe centrale (ci-dessous).

L'ensoleillement et l'eau, indispensables

Sauf à conduire son rucher dans les régions très chaudes du Sud de la France, le plein soleil et l'ombrage léger conviennent bien aux abeilles. L'humidité les tue davantage que le froid, et un ensoleillement tardif le matin gêne le bon développement des colonies. L'idéal est donc un lieu ensoleillé et sec, proche d'un point d'eau. À défaut, on installera des abreuvoirs dès le mois de mars, pour habituer les porteuses d'eau à se ravitailler toujours à cet endroit.

DES ZONES PLUS OU MOINS FAVORABLES AUX ABEILLES

Certaines zones sont défavorables aux abeilles: ce sont les vignobles, les champs de céréales à perte de vue, les grands vergers de production[1], les cultures de plantes traitées aux produits systémiques (pesticides, fongicides et herbicides). En particulier, les cultures de céréales et d'oléagineux traités aux produits systémiques de la famille des néonicotinoïdes.

Certaines cultures très mellifères sont parallèlement à risque. Ainsi, les lavandins hybrides stériles, pauvres en pollen, sont causes de carences protéiniques; les colonies cessent d'ailleurs fréquemment l'élevage du couvain sur ces cultures.

À l'inverse, on recherchera les zones où se succèdent des miellées abondantes: fruitiers peu traités, arbousiers, bruyères, aubépine, pissenlit, colza (non traité avec des produits systémiques), acacia, châtaignier, tournesol (non traité avec des produits systémiques), fleurs de landes et de montagne, ronces et framboisiers sauvages, miellats divers (cicadelle, sapin...), jachères apicoles, lierres...

1. Dès les années 1950, on trouve dans les revues apicoles des débats incessants sur les intoxications des abeilles par le DDT. La nouveauté aujourd'hui est la pression constante qu'exercent sur l'environnement l'ensemble des phytosanitaires, leur synergie et leur mode d'action croisé avec le varroa.

L'accessibilité, facteur de sécurité

Évidente en transhumance, l'accessibilité est souvent moins prise en compte dans l'installation d'un rucher sédentaire. C'est un tort: on doit en effet pouvoir rendre visite à ses ruches avec un véhicule, notamment au moment des récoltes: les hausses bien pleines sont très lourdes (18 kg pour les Warré, une bonne vingtaine pour les Dadant, davantage encore pour les Langstroth).

Les chemins étroits, caillouteux, accessibles uniquement à pied sont source de fatigue et d'accidents.

S'ADAPTER AU CLIMAT

En montagne, où les temps de floraison sont plus courts et le cycle de vie des abeilles pratiquement identique à celui des abeilles de plaine, on se contentera de petites récoltes malgré d'importantes stimulations. On peut également descendre les ruches à plus basse altitude pour les faire démarrer tôt en saison, puis les ramener sur les fleurs de montagne le moment venu[2].

BON À SAVOIR

Location de terrain: le juste prix

Si location de terrain il y a, elle sera, selon les pratiques, au plus d'un pot de miel par an et par ruche. Telle est la règle qui prévaut habituellement. En cas d'accord simplement verbal, l'apiculteur prendra soin d'envoyer un courrier de remerciement confirmant les conditions de l'accord, en n'oubliant pas de prévoir quelques lignes en cas de rupture... c'est très important!

2. Ce qui posa un temps la question de l'appellation « miel de montagne ». On y trouvait souvent des pollens de plaine.

La disposition des ruches

Traditionnellement, on conseillait d'orienter l'ouverture des ruches vers le sud-est. Aujourd'hui, les transhumants posent leurs ruches par quatre sur des palettes, les ouvertures se répartissant de tous les côtés. Ce mode de disposition, qui facilite les manutentions avec des engins motorisés, ne gêne en rien les colonies.

De l'avis général, l'orientation des ruches a peu d'importance. On conseille cependant d'éviter que les ouvertures ne se trouvent dans les vents dominants: les colonies y sont souvent plus agressives, c'est la seule différence significative constatée.

Ruchettes de différentes couleurs, placées proches les unes des autres.

Ruchettes de fécondation dispersées pour éviter les erreurs de repérage des reines; les ruchettes sont tête-bêche.

Éviter les alignements

En termes de disposition, l'important est d'éviter les alignements. Dans les ruchers comportant moins de 20 ruches, le mieux est de varier l'orientation des ouvertures: cela évite aux butineuses de se tromper de ruche en rentrant, phénomène dit « de dérive ». C'est ce dernier qui amène les ruches des extrémités à être les plus peuplées, lorsqu'elles sont toutes alignées.

Regroupées ou dispersées ?

Ordonnancer « élégamment » ses ruches est moins important que de contrer la dérive évoquée plus haut, source de diffusion rapide des maladies. Pour éviter l'alignement, on peut soit organiser les ruches par groupe en diversifiant l'orientation des ouvertures, soit les disperser sur le terrain.

Si on place les ruches côte à côte, l'intervalle entre elles est traditionnellement de 1 m. Dans les ruchers fermés, tradition des pays froids d'Europe centrale ou du Nord, la proximité des ruches est compensée par des entrées de vol très diversement colorées.

Les nucléis, très dispersés dans les ruchers de fécondation, relèvent de la même problématique: le risque majeur est que la reine, revenant de son vol de fécondation, se trompe de nucléi et se fasse tuer à son arrivée.

Rucher d'hivernage : les colonies sont rapprochées les unes des autres pour gagner du temps lors de leur ouverture partielle pour la surveillance hivernale.

Pour améliorer le repérage des ruches par les abeilles, on peint sur le devant des signes géométriques.

DISPOSITION DES RUCHES DANS UN RUCHER

Ruches regroupées sur des palettes
disposition typique des ruchers de transhumance

Ruches dispersées, agencement typique
des nucleis de fécondation pour un bon
retour des reines lors de leur vol nuptial

L'entretien du rucher

C'est une activité importante, dont on parle peu. Et pourtant, travailler dans un rucher dégagé, accessible, sans chardons ni herbes collantes, rend les visites plus agréables. Outre les plantes annuelles de grande hauteur, les ronces qui tracent et se développent malgré des tailles régulières deviennent rapidement un cauchemar pour l'apiculteur.

L'entretien du rucher se fait à la débroussailleuse à dos ou au rotofil, les abeilles y étant moins sensibles qu'aux tondeuses qui font vibrer le sol et suscitent leur agressivité.

UNE ACTION EN CHAÎNE

Nombre de débroussaillants et d'herbicides systémiques sont des antimitotiques, c'est-à-dire qu'ils agissent en bloquant la multiplication cellulaire. Mais leur action ne se limite pas aux simples végétaux, lorsque les abeilles rapportent de l'eau contenant ces produits les bouillies larvaires en contenant stopperaient la multiplication cellulaire chez les larves, provoquant le dépérissement du couvain. Ce serait une des explications de certaines maladies du couvain qui ressemblent à de la loque européenne mais que les examens de laboratoire ne confirment pas.

Ronces et vivaces

Les ronces et autres vivaces se tondent au printemps et à chacune des repousses. Leur élimination se fait par tonte au mois d'août, en pleine sécheresse, ce qui évite les descentes de sève dans les racines et les condamne.

Herbes folles

La première mesure à prendre contre les herbes hautes consiste à placer des tapis de sol devant les ruches pour limiter l'envahissement devant les trous de vol. C'est particulièrement nécessaire lorsque les ruches se trouvent très près du sol.
Les herbes sont généralement tondues deux fois par an: fin mai, après la première grande pousse de l'herbe nouvelle, puis fin août ou début septembre. Tout dépend des pluies, de la chaleur, des particularités locales. La première tonte gère l'accès aux ruches, la seconde réduit la montée à graines et la prolifération future.

EN « BIO »

En apiculture biologique, l'usage des débroussaillants et des herbicides est absolument interdit. La lutte contre les ronces et nombre de vivaces sera le fait de tailles très rapprochées.

ES

HQ
HW
FU
HE

5 ACHETER UN ESSAIM

C'est par l'achat d'un premier essaim que l'amateur démarre généralement son activité apicole. Rarement disponibles avant les mois de mai ou juin, ces essaims vendus sur cadres ne produisent pas dans l'année.
Le prix d'un essaim se négocie au nombre de cadres occupés par les abeilles, c'est-à-dire au nombre de cadres de couvain et de cadres de miel.
Dès qu'il reçoit ses essaims, l'apiculteur se met au travail : il faut surveiller la ponte des reines, nourrir pour aider les constructions de cire, pousser le développement du couvain...
Ce travail permettra qu'en quelques mois toute la ruche soit construite de nouveaux rayons riches de miel et de couvain.
La colonie pourra ainsi passer la morte-saison et devenir une ruche de production l'année suivante.
De leur côté, les apiculteurs professionnels achètent des essaims nus, ou paquets d'abeilles, avec des reines sélectionnées.
Plus puissants, ces derniers permettent, selon le choix effectué, une première récolte dans l'année ou une division pour produire une seconde population.

Adapter le nombre d'essaims à son projet

Pour un amateur, une ruche suffit l'année du démarrage. Le temps de vous familiariser avec la visite de la ruche, le nourrissement de la colonie, les traitements antivarroa, l'année se sera écoulée avec ses réussites et ses échecs ! Tous les apiculteurs le savent : la qualité de l'apprentissage se mesure surtout à la survie de la colonie au terme du premier hiver. Peu à peu, vous pourrez monter en puissance en fonction de votre projet.

De une à dix ruches : le rucher familial

A minima, un rucher familial doit contenir trois ruches, de sorte que l'âge de la reine, les problèmes sanitaires ou les aléas climatiques ne rendent pas caduc le travail d'une année entière. Une ruche essaime ? La deuxième possède une reine de moindre qualité ? Il y a toutes les chances pour que la troisième ruche soit viable, avec une reine de l'année antérieure, et du miel sera au rendez-vous.

Petit rucher familial en lisière.

Vous souhaitez vous agrandir ? Sachez que six ruches ne demandent guère plus de temps que trois. On passe plus de temps à préparer la visite, allumer l'enfumoir et organiser les relevés de notes qu'au rucher lui-même. Deux visites par mois peuvent suffire en saison, c'est-à-dire d'avril à septembre, sauf en période d'essaimage, où une visite par semaine s'impose.

À partir de dix ruches, l'élevage des reines se conduit sans difficulté. Vous pouvez commencer à faire de la sélection et, si vous consacrez une ou deux colonies à cet exercice, rapidement le nombre des reines élevées dépassera les besoins annuels du rucher.

Attention malgré tout : dès lors que l'on fait de l'élevage, le temps consacré au rucher augmente significativement. Vous devrez effectuer au moins une visite par semaine aux moments cruciaux, c'est-à-dire d'avril à juin. En contrepartie, quand on fait de l'élevage, la perte d'une ou de plusieurs colonies n'est plus une catastrophe, le renouvellement du rucher restant toujours possible.

Ruches de bourdons pour la fécondation des tomates sous serre.

De 60 à 300 ruches : le rucher du pluriactif ou du professionnel

La plupart des pluriactifs possèdent entre 60 et 100 ruches. Cela suppose que l'apiculteur consacre à son rucher presque tous ses loisirs, y compris ses soirées en saison. Mais, comme leur nom l'indique, les pluriactifs mènent parallèlement plusieurs activités professionnelles. Pour pouvoir vivre de son activité apicole, le professionnel possède généralement au moins 300 ruches. Il doit porter la même attention à ses produits et à son circuit de vente qu'à rechercher de nouveaux lieux de transhumance et adapter constamment sa performance d'éleveur au fil des évolutions techniques, climatiques, environnementales, économiques...

UN CHOIX PERSONNEL

Au-delà des clivages entre amateur, pluriactif ou professionnel, l'importance du rucher est avant tout un choix personnel, qui dépend des objectifs de production que se fixera l'apiculteur selon ses disponibilités et... la distance qui le sépare de ses ruches.
Le nourrissement des essaims demande des fréquences bi- ou trihebdomadaires. Ce n'est possible que pour les ruchers jouxtant quasiment l'habitation.
Une fois les colonies au maximum de leur développement, la ronde de la transhumance commencera pour celui qui recherche une grande variété de miels. Plus les contraintes induites par l'activité apicole seront fortes, plus les résultats économiques devront être au rendez-vous.
Tous les apiculteurs parlent des abeilles avec la même passion, mais pas avec les mêmes objectifs en tête. Ainsi, convergences et affrontements sont le lot de l'apiculture moderne...

Le choix du fournisseur

Traditionnellement, un essaim s'achète chez un apiculteur local dont la qualité du travail garantit l'état sanitaire et l'origine des abeilles. En cas de problème, celui-ci sera à même d'apporter un regard d'expert. Cependant, certains éleveurs garantissant l'origine des abeilles issues de lignées de races « pures », nombre de fournisseurs s'adressent aujourd'hui à eux.

Favoriser la proximité pour l'achat de ses essaims s'avère souvent payant.

L'achat d'un essaim ou d'une reine en ponte repose sur la confiance. Aucun indicateur morphologique ne permet en effet de connaître l'exacte nature de l'achat. Abeilles locales ou race spécifique ? Race pure ou hybride F1, F2 ou F3 ? Essaim sur 3 ou 5 cadres ? Reine jeune ou âgée ? Hormis les éleveurs ou les importateurs réputés, la plupart des essaims sont des abeilles tout venant ou des hybrides de races connues, mais rarement, voire jamais de races pures ou d'hybrides bien contrôlées.
De plus, il n'est pas facile de connaître précisément l'état de santé et la vitalité de la colonie : il faut en effet de l'expérience pour réaliser un examen clinique approfondi. C'est à l'ouverture de la ruchette, puis au terme d'un bon mois de développement, que vous constaterez si les dires du vendeur sont à la hauteur des promesses, si vos nouvelles abeilles sont douces, amassent du miel, du pollen, de la propolis, si la reine est féconde, son couvain régulier et serré...

BON À SAVOIR

Visiter « sur pied »

On devrait toujours prendre le temps de visiter la colonie que l'on souhaite acheter avant de l'emporter chez soi. Malheureusement, nombre d'apiculteurs ne sont pas en situation de demander une visite de la colonie qu'ils vont acheter, ni de pouvoir en apprécier l'état sanitaire ; l'achat se fait par conséquent en confiance. La parole du vendeur est alors la seule qui vaille !

Le choix de l'essaim

Le choix de l'essaim se fait en fonction du nombre de cadres, celui-ci dépendant de la période d'achat. Le nombre de cadres de couvain présents sera en effet fonction du temps qu'il reste pour atteindre en septembre les 5 ou 6 cadres de couvain et de miel nécessaires à un bon hivernage de la colonie. On peut aller jusqu'aux dix cadres de la ruche, mais les 5 ou 6 cadres constituent un minimum pour un hivernage de qualité.

Si vous êtes un apiculteur amateur, vous ne devrez pas viser une production de miel dans l'année, mais seulement un développement de la colonie suffisant pour amener celle-ci en situation de résister à l'hiver et de démarrer l'année suivante, cette fois-ci comme ruche de production. Cette règle pourra vous servir de point de repère car il est important que l'essaim soit bien démarré, que la ponte de la reine soit dense et importante, et que le miel stocké soit de l'année[1].

ACHETER UN ESSAIM SUR CADRES

MOIS D'ACHAT	NOMBRE DE CADRES DE COUVAIN À L'ACHAT	REMARQUES
Avril	2 cadres de couvain	Bien conduit, cet essaim se sera développé sur 5 ou 6 cadres de miel et de couvain à l'entrée de l'hiver, ce qui lui permettra d'hiverner normalement.
Mai	3 cadres de couvain	
Juin	4 cadres de couvain	
Juillet	5 cadres de couvain	- À cette période, le nombre de couvain disponible doit être suffisant pour permettre à la colonie de passer l'hiver. - L'essaim doit comporter une reine de l'année, marquée comme telle. *Attention : nous recommandons de ne plus acheter d'essaim passé le 14 juillet.*

Une fois le nouvel essaim installé, votre objectif sera de le conduire pour qu'il possède, début octobre, au minimum deux cadres de couvain fermé et trois cadres de miel. Ces cinq cadres constituent le minimum vital pour qu'une colonie puisse hiverner. Cependant, un essaim régulièrement nourri peut tout à

1. On le repère généralement à la fraîcheur des opercules de cire, plutôt blanches, bien que sur les récoltes de tournesols les cires soient jaunes comme de la margarine.

fait occuper, au terme de la belle saison, les dix cadres de la ruche et les avoir construits. Dans ces conditions, bien traitée contre varroa, votre nouvelle colonie va hiverner avec de nombreuses jeunes abeilles, dont la longévité permettra un bon démarrage de la ponte de la reine en fin d'hiver.

En fin d'été, bel essaim artificiel de printemps apte pour un bon hivernage.

En mars, essaim sur 5 cadres ayant correctement hiverné.

PRODUIRE DES ABEILLES D'HIVER

N'ayant plus rien à récolter en fin d'été, l'espace pour le miel étant limité et la nature n'offrant plus guère de ressources alimentaires, les abeilles à naître resteront dans la ruche, ne deviendront pas des butineuses, elles n'évolueront pas, elles resteront jeunes. Leurs glandes nourricières, hypopharyngiennes, productrices de gelée royale, stoppent leur évolution. Bien souvent en janvier, dès la remontée du soleil dans le ciel en zones de plaine, ces jeunes abeilles relanceront la ponte de la reine.

Cet objectif de faire hiverner un gros volume d'abeilles jeunes à partir d'octobre est une condition pour assurer la survie des colonies en hiver. Les autres conditions étant la qualité des traitements antivarroa et la qualité de la nourriture donnée aux larves afin qu'elles disposent d'importants corps gras.

BON À SAVOIR

Hiverner un essaim fait sur trois cadres en juillet

Un essaim sur seulement trois cadres en juillet peut parfaitement hiverner, à la stricte condition de le nourrir tous les deux jours de 250 cm^3 à 1 litre de sirop 50/50. Le volume apporté évoluera en fonction de la taille de la population, du stockage, de la vitesse de construction des nouvelles cires[1] et de la ponte de la reine. Selon la durée de ce nourrissement, en septembre, la colonie sera sur 5, voire 6 cadres de couvain et de miel. Cette méthode appliquée en continu sur les essaims d'avril donne des colonies sur 10 cadres en fin de saison. Mais c'est un rythme de nourrissement que vous ne pourrez assurer que si vos ruches ne sont pas trop éloignées de votre domicile. C'est une technique de professionnel.

1. Un point de repère : pour étirer complètement une cire, il faut compter 2 l de sirop.

Le transvasement en ruche

Une fois l'achat conclu, le nouvel essaim est transporté dans une ruchette dite « de transport », avant d'être installé en bonne et due place sur l'emplacement choisi.

Le transport et l'arrivée au rucher

Pour un essaim livré en journée, transporté sur une longue distance, la veille au soir, le vendeur aura pris la précaution d'enfermer les abeilles dans la ruchette en écartant auparavant une partie des butineuses pour éviter l'étouffement durant le transport[1].

Pour un essaim acheté localement et bien pourvu en butineuses, le transport s'effectue de préférence une fois la nuit tombée.

Pendant le transport, une bonne aération de la ruchette sera requise, elle sera posée sur des tasseaux afin de ventiler le grillage de fond. Si elle possède un grillage sur le sommet, on veillera à ce qu'il soit bien dégagé. Dans une remorque la ventilation est bonne ; dans la voiture, les fenêtres seront ouvertes, le coffre entrouvert... Vous n'hésiterez pas à verser de l'eau au sommet à travers le grillage.

À l'arrivée, il est conseillé d'attendre un bon quart d'heure que la colonie se calme. Vous pourrez alors ouvrir l'entrée de la ruchette, en ayant pris soin auparavant de placer des obstacles devant l'entrée. Les abeilles vont se mettre à rôder sur la planche d'envol et la face avant. Le lendemain, elles tournoieront autour de la ruchette, puis les butineuses commenceront à rapporter du pollen, signe que tout est en ordre.

1. Les secousses du transport stressent les abeilles qui se gorgent de miel, s'agitent et dégagent une importante chaleur au risque de produire un étouffement, voire la fonte de certains rayons.

BON À SAVOIR

Petit truc

Un essaim sur cadre voyage bien si le fond de la ruchette de transport est totalement grillagé et un peu éloigné du sol par un tasseau qui en facilite l'aération[2].

Le transvasement et le suivi de l'essaim

C'est à vous qu'il revient de choisir le moment le plus opportun pour transvaser votre nouvel essaim. Tant que les 5 ou 6 cadres de la ruchette ne sont pas totalement construits et occupés, il n'y a aucune urgence à faire bouger l'essaim. Le moment venu, la ruche mise à la place de la ruchette, vous l'ouvrez et transvasez chaque cadre un à un dans la ruche équipée de 3 cadres cirés, en respectant bien l'ordre et le sens que les cadres avaient dans la ruchette. Commencez par le bord, en enlevant précautionneusement les cadres de couvain pour y trouver la reine et en profiter pour la marquer. Il est préférable de placer les cadres du côté le mieux exposé au soleil : la colonie aura chaud tôt le matin et la ponte de la reine n'en sera que plus abondante. Une cire gaufrée du côté le plus exposé au soleil contre les cadres de l'essaim puis de l'autre deux cires et une partition en polystyrène compléteront l'espace.

2. En cas de besoin, une ruchette bien ventilée peut être laissée jusqu'à 48 heures, dans le noir, dans une cave fraîche.

Visite de ruche.

Au fil du temps, la construction des cires vous conduira certainement à ajouter de nouveaux cadres, jusqu'au dixième et à décaler peu à peu le nid à couvain vers le centre de la ruche. Vous marquerez la reine à la couleur de l'année et la clipperez. Rares en effet sont les essaims vendus avec une reine marquée et clippée.
Mettez en place rapidement un traitement antivarroa (voir le chapitre 11 « Protéger ses abeilles ») qui durera jusqu'aux mois d'hiver, pour éviter une infestation massive qui mettrait en péril la colonie.
Enfin, vous devrez reporter sur le registre d'élevage toutes les indications utiles : références du vendeur, prix de l'essaim et date de l'achat, force de l'essaim, traitements effectués...

BON À SAVOIR

Faire son sirop

Pour faire du sirop 50/50, prendre une bouteille vide de 1,5 ou 2 l. Y verser 1 kg de sucre en poudre puis compléter avec de l'eau chaude jusqu'au ras du goulot. Le mélange ainsi réalisé sera de 1 kg de sucre et approximativement de 1 l d'eau.

CÔTÉ BUCKFAST

Les professionnels en Buckfast introduisent, le jour du transvasement, une cire au centre du nid à couvain et nourrissent de 2 l de sirop. Avec d'autres races, cette pratique est à risque d'échec, la partition en deux de la colonie pouvant conduire à des élevages de reines, un côté se sentant orphelin.

CONSEILS MÉTÉO

Selon le temps et l'état des miellées lorsque vous installez votre nouvel essaim, vous pourrez procéder comme suit :

- **Temps irrégulier, nuits froides :** les cadres cirés seront placés après le dernier cadre contenant du pollen. C'est la situation générale à la fin du mois de mars et en avril.
- **Temps régulièrement doux dans la journée, mais froid la nuit :** la cire sera introduite entre le cadre de pollen et le premier cadre de couvain ; une fois construit, ce cadre sera placé au centre du nid à couvain, la reine venant y pondre de suite. C'est généralement le cas après les saints de glace, en mai.
- **Temps régulièrement doux avec des nuits également douces :** un cadre ciré sera placé de chaque côté des cadres de pollen et un cadre ciré introduit ultérieurement au centre du nid à couvain. Une fois construit et pondu, le nectar et les larves y apparaissant, on peut en introduire un second. On se situe généralement en juin. Ces stratégies supposent un nourrissement régulier, rapproché, simulant une miellée constante.

QUAND S'INQUIÉTER ?

Une colonie qui refuse le sirop, des abeilles butineuses peu actives, une absence de couvain ouvert, des allées et venues sans pollen aux pattes alors que les autres colonies en ont, un pillage, une ponte toujours absente trois semaines plus tard... Autant de signes péjoratifs concernant la reine. Est-elle toujours en vie ? Ne pas la trouver doit vous inquiéter. Si la situation ne s'est pas rétablie au bout d'un mois, il convient de réunir le nouvel essaim avec une ruche faible.

TRANSFERT D'UNE RUCHETTE DANS UNE RUCHE DADANT 10 CADRES

1

Installation d'une ruche 10 cadres vides près de la ruchette.

2

Ajout de 2 cadres cirés et d'1 nourrisseur cadre.

3

Transfert des cadres de la ruchette dans la ruche.

4

Repérage de la reine pour éviter de l'écraser.

5

La ruchette est totalement transférée, les cadres sont bien mis dans le même ordre. Ajout de sirop.

6

La ruchette est choquée sur la ruche pour en faire tomber les dernières abeilles.

Le paquet d'abeilles ou essaim nu

L'essaim nu est généralement réservé aux professionnels et aux apiculteurs aguerris. C'est une pratique ancienne, abandonnée sauf par les éleveurs de reines qui utilisent la technique pour peupler leurs nucléis. Elle a cependant tendance à se développer de nouveau depuis quelques années avec des abeilles d'importation.

Début avril, vous achetez des paquets d'abeilles qui pèsent de 1 kg à 1,5 kg, issus de ruchers de pays méditerranéens, auxquels vous intégrez une reine fécondée. Bien conduites, ces ruches produisent dès le mois de juin[1]. Le paquet d'abeilles est en principe composé de jeunes abeilles enfermées dans une caissette aérée, regroupées autour d'une capsule de phéromones royales. Une boîte de conserve remplie de sirop et percée d'un trou permet au groupe de se désaltérer. Cet ensemble peut voyager une semaine. La reine venant d'un autre élevage est livrée en ponte dans une cagette à part, avec une dizaine d'abeilles et du candi.

L'installation d'un essaim nu

Dès réception de l'essaim nu, vous mettez la reine dans sa cagette avec ses abeilles et du candi. Vous mouillez[2] abondamment le paquet d'abeilles avec un pulvérisateur à travers le grillage d'aération de la caissette pour empêcher les abeilles de s'envoler[3], puis vous versez le paquet d'abeilles dans une ruchette avec deux cadres construits et un cadre ciré neuf, un nourrisseur cadre et une partition. Pour finir, vous retirez la capsule de phéromone que vous glissez dans votre poche (très important). Vous suspendez la cagette de la reine entre les deux cadres bâtis.

Un demi-litre de sirop sera mis dans le nourrisseur.

Pour éviter toute dérive, la ruchette sera placée une nuit en cave et installée dans le rucher le lendemain soir, à la tombée de la nuit. 48 heures plus tard, vous enlevez la languette de fermeture de la cagette, laissant le cadi accessible. La cagette sera transvasée dans une ruche 10 cadres dès le sixième cadre occupé. Vous nourrirez cette colonie avec 2 litres de sirop tous les 2 jours, jusqu'à la complète construction des 10 cadres. La reine se met à pondre dans la semaine qui suit son introduction.

Pour garantir son bon développement, ne pas hésiter à intervertir le nouvel essaim à la place d'une colonie forte ou d'un autre essaim plus dynamique. Les apports en nectar et surtout en pollen des butineuses permettent des développements plus rapides.

1. C'est une pratique très répandue en Amérique du Nord. Ce sont des colonies jetables. Mis en ruche en Floride, les paquets d'abeilles se développent en ruche suivant les miellées successives, remontant jusqu'au Canada. Arrivées au terme des miellées, les colonies sont détruites, les ruches stérilisées aux rayons gamma puis rapatriées en Floride pour être de nouveau repeuplées, la nouvelle saison s'amorçant. Techniques très rentables car il n'y a aucun traitement, aucun hivernage aucun nourrissement hivernal… C'est une forme de division du travail très poussée entre des éleveurs de reines, des fabricants de paquets d'abeilles et des apiculteurs itinérants.

2. Des abeilles sans ruche et sans reine ne réagissent plus à la fumée. Certains narcosent les abeilles au CO^2.

3. Certains trempent la caissette dans un seau d'eau le temps de mouiller toutes les abeilles.

TRANSFERT D'UN PAQUET D'ABEILLES DANS UNE RUCHETTE

1

Préparation des ruchettes devant accueillir un paquet d'abeilles, 3 cadres bâtis, 1 cadre ciré, ½ litre de sirop.

2

Attache d'un fil de fer et d'un clou pour suspendre la cagette avec la reine.

5

Retrait de la capsule de phéromones royales posée contre la boîte d'eau.

6

Capsule de phéromones au bout du fil vert.

9

Le paquet est dans la ruchette avec une reine en cage et du sirop, puis ajout d'un cadre ciré.

10

Fermeture de la ruchette puis mise en cave fraîche et obscure durant 48 heures.

3

Installation des cagettes avec les reines entre deux cadres bâtis.

4

Arrosage copieux des abeilles. La capsule de phéromones royales stabilise le paquet d'abeilles.

7

Retrait de la boîte d'eau.

8

Secouage du paquet d'abeilles dans la ruchette à travers un entonnoir.

11

Installation des ruchettes dans un rucher de fécondation, entrées alternées et points de couleur sur celles-ci.

12

Nourrir tous les 2 jours ; une semaine plus tard, le cadre ciré est construit, il est temps d'en ajouter un autre.

Pourquoi acheter des paquets d'abeilles ?

Les paquets d'abeilles présentent de nombreux avantages:
- ils sont en principe riches en jeunes abeilles et aussi dynamiques qu'un essaim naturel
- ils étirent leurs cires gaufrées très vite
- leur développement est plus rapide qu'un essaim fait sur cadres de couvain car ils contiennent davantage d'abeilles
- l'acceptation de reines en ponte ou de cellules de reine est bien meilleure qu'en présence de couvain
- il est possible de les produire soi-même pour peupler les nucléis d'élevage des reines
- une absence de couvain durant quelques jours + des cires neuves + un traitement antivarroa = le meilleur état sanitaire possible pour la colonie.

Comment faire des paquets d'abeilles soi-même ?

Le matériel :

Un pulvérisateur d'eau à pression
Deux hausses vides
Une grille à reine
Un toit en tôle

- Opérer par une belle journée calme.
- Poser une hausse dans le toit, placer la grille à reine et mettre la seconde hausse qui servira d'entonnoir.
- Pulvériser d'eau les abeilles sur ces cadres, secouez-les dans la hausse. Puis remettez les cadres en place dans leur ruche d'origine.
- Si vous trouvez la reine sur la grille à reine, veillez à la remettre dans sa colonie d'origine.
- Vous pouvez aussi supprimer la grille à reine entre les hausses, ce qui facilite la manipulation des abeilles prélevées. Dans ce cas, vous cherchez d'abord la reine et la placez dans une cage à reine le temps du prélèvement.
- Une fois la ponction opérée, remettez la reine dans sa ruche.

Pour saigner une ruche forte qui risque d'essaimer, vous devrez prélever des abeilles sur cinq cadres de couvain, et non sur un ou deux.

QUAND LA REINE S'ARRÊTE DE PONDRE

La reine ayant cessé sa ponte le temps du voyage, elle ne peut pondre rapidement ensuite. Les cirières se mettent alors à l'œuvre et construisent d'autant plus vite qu'il n'y a ni ponte, ni couvain, ni bourdons à entretenir et qu'il y a impossibilité de stocker le nectar qui rentre.
Ce dernier est alors consommé intégralement et transformé en cire.
Cette attente de ponte ne doit pas excéder une semaine.
L'apport de sirop est stratégique.
Le paquet d'abeille est en effet très pauvre en butineuses: omettre de le nourrir abondamment et régulièrement serait par conséquent une source d'échec.
Les paquets d'abeilles faits sur place avec des reines de l'apiculteur donnent les meilleurs résultats.

BON À SAVOIR

Trois écueils à éviter

Les paquets d'abeilles peuvent mal démarrer pour trois raisons principales:
- des reines ayant cessé leur ponte trop longtemps, dont celles conservées en banque à reine
- des paquets d'abeilles trop pourvus en vieilles abeilles
- une insuffisance d'apport de nourriture au démarrage.

MÉTHODE AVEC UN ENTONNOIR À ABEILLES

1

Entonnoir et seau de réception des abeilles.

2

L'entonnoir est placé sur le seau.

3

Pulvérisation à l'eau parfumée des abeilles présentes sur un beau cadre de couvain.

4

Secouage des abeilles au-dessus de l'entonnoir, on peut en prendre dans diverses ruches, le parfum et le stress annulent les agressions entre les abeilles.

5

Un petit paquet pour peupler un nucléi. Cette méthode suppose que les colonies aient des reines marquées et de les trouver pour éviter de les mettre dans le paquet d'abeilles.

6 CUEILLIR UN ESSAIM NATUREL

L'essaimage naturel est un événement spectaculaire qui marque à jamais lorsqu'on a la chance d'y assister. C'est aussi la promesse de beaux rayons rapidement construits ainsi qu'une bonne occasion de pouvoir traiter efficacement contre varroa.
À la différence de l'essaimage artificiel, conduit volontairement par l'apiculteur, l'essaimage « naturel » est un phénomène spontané qui résulte de la scission d'une colonie en deux populations égales lors de la naissance d'une nouvelle reine. C'est le mode normal de reproduction des colonies.
Ce phénomène naturel est dommageable à l'apiculteur lorsqu'il se produit, car il perd de fait tout espoir de récolte sur la colonie qui a essaimé : avec l'essaim s'est également envolé l'excédent d'abeilles nécessaire pour produire l'excédent de miel que prélève l'apiculteur. C'est pour éviter ce type de problème que celui-ci est amené à fabriquer de nouveaux essaims en prélevant peu d'abeilles à chaque fois, ce qui préserve la future récolte.

Les conditions de l'essaimage

L'essaimage se produit en période de grande ressource alimentaire, lorsque les abeilles peuvent produire beaucoup de cire, soit entre avril et juin essentiellement. C'est un phénomène complexe assez bien connu désormais, qui reste néanmoins toujours délicat à maîtriser par l'apiculteur[1].

Pourquoi la colonie essaime-t-elle ?

Causes principales

Plusieurs causes sont communément admises. L'essaimage naturel peut être entraîné par :
- un effondrement de la densité de phéromones royales par abeille, résultant soit de l'âge de la reine (une vieille reine produit moins de phéromones[2]), soit d'une surpopulation dans la ruche (les abeilles circulent mal, ce qui les empêche de transférer rapidement les phéromones royales) : dans les deux cas, le comportement d'élevage est libéré
- la taille insuffisante de la ruche qui favorise l'encombrement du nid à couvain par le nectar apporté par les butineuses qui le mettent partout où se libèrent des cellules de couvain, empêchant la reine de venir y pondre
- un caractère génétique qui favorise l'essaimage (certaines lignées sont plus essaimeuses que d'autres)
- une population trop riche en jeunes abeilles nourrices et cirières, due par exemple à un nourrissement spéculatif avec à la clé un excédent d'abeilles en l'absence de grande miellée ;

1. Mark et Winston font une présentation détaillée des hypothèses qui ont cours sur ce sujet dans leur ouvrage *La biologie de l'abeille*, Nauwelaerts / Frison Roche, 1993, p. 199-206.
2. Alors qu'une jeune reine produit beaucoup de phéromones au cours de ses deux premières années d'existence.

Autres facteurs

Les facteurs connexes favorisant l'essaimage naturel sont essentiellement climatiques. Un printemps où alternent des semaines de chaleur et de froid peut être à l'origine d'un blocage de la ponte de la reine, ce qui accroît la surface de couvain fermé. Ayant peu de larves à nourrir avec la gelée royale qu'elles produisent, les nourrices vont en suralimenter certaines, qui deviendront alors très naturellement des jeunes reines, prêtes à essaimer.

Des signes précurseurs

Certains signes peuvent vous alerter sur un possible risque d'essaimage. Vous constaterez en effet qu'il se produit souvent lorsque :
- l'élevage de faux-bourdon bat son plein ;
- des amorces de cellules royales à paroi fine apparaissent (leur épaississement marque la fin de la période d'essaimage) ;
- la surface de couvain fermé excède largement celle du couvain ouvert ;
- la ponte de la reine a cessé, alors qu'elle devrait à l'inverse battre son plein ;
- des cellules royales ouvertes et des larves au fond apparaissent ;
- la construction des cires et l'amassage de nectar sont pratiquement au point mort.

Au-delà de ces différents signes, l'apparition de cellules royales fermées est un indicateur certain de la mise en place de la fièvre d'essaimage. Si vous ne produisez pas rapidement d'essaim artificiel avec les cadres contenant ces cellules royales fermées, l'essaimage naturel se produira très certainement. En principe, si le temps le permet, l'essaim part lorsque la dernière cellule royale est operculée [1].

Pour prévenir cette situation, il est important de s'astreindre à visiter le nid à couvain des colonies au moins deux fois par mois, voire idéalement tous les dix jours, pendant la période où le risque d'essaimage est bien réel. Détruire toutes les cellules de reines qui apparaissent, poser immédiatement une hausse.

1. *Ibid.*, p. 192.

En ville, la mise en ruche d'un essaim naturel nécessite un savoir-faire spécifique, pour des questions de sécurité publique. Quand l'essaim est posé aussi bas, cela signifie que la reine est au sol, estropiée, elle se trouve au milieu d'un petit paquet d'abeilles.

CÔTÉ RECHERCHE

Des expériences ont montré que l'essaimage se produit en phase de croissance de la population, par exemple lorsque 12 000 nourrices sont présentes dans le nid à couvain, alors que la colonie possède seulement 20 000 individus [2]. Si intéressant soit-il, ce ratio est bien sûr impossible à contrôler par l'apiculteur.

L'ESSAIMAGE, UN CARACTÈRE FONDAMENTAL DE LA COLONIE

Tout l'art de l'apiculteur vise à sélectionner des lignées peu essaimeuses, ce qui semble en fait contre nature tant l'essaimage est un caractère fondamental de la colonie. C'est en effet le seul moyen qu'ont les populations d'abeilles pour se reproduire. Pour anticiper ce phénomène, l'apiculteur produit des essaims artificiels (voir chapitre 5 « Acheter un essaim »). Sauf cas particulier, une colonie qui essaime spontanément des ruches de l'apiculteur constitue d'une certaine façon une faille dans sa pratique apicole.

2. *Ibid.*, p. 201.

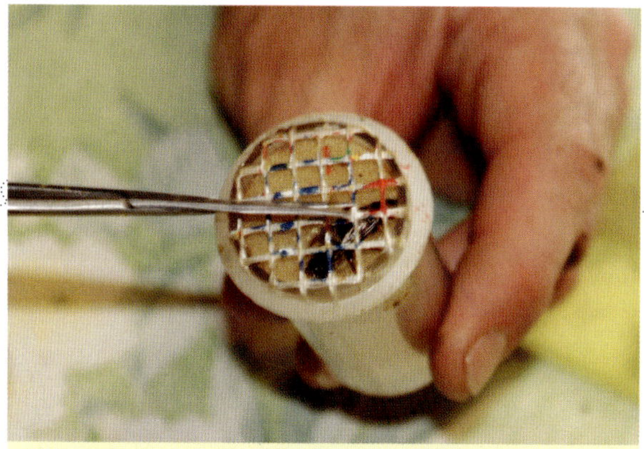

Clippage d'une reine. On lui coupe le tiers d'une aile, c'est une opération indolore.

BON À SAVOIR

Clipper les reines

En clippant les reines, les professionnels s'évitent une surveillance constante.
Au départ de la ruche, la reine ne peut voler, elle tombe au sol et sera détruite par les fourmis, lézards et autres consommateurs naturels des cadavres d'insectes. Ils parient sur un retour des plus fréquents de l'essaim à la souche. Lorsque naît une nouvelle reine, qui sera en ponte dans les deux semaines qui suivent, le retard de développement de la colonie sera à peine perceptible.
Les colonies, dans ces conditions, restent productrices de miel et le remplacement des reines s'effectue automatiquement.

Quand l'essaim prend son envol...

Quelques jours avant le départ de l'essaim, la reine cesse brusquement sa ponte. Ses ovaires se dégonflent, elle devient plus légère, apte à prendre son envol. Dans la colonie, on ne trouve plus que du couvain fermé. Une jeune reine s'apprête à naître... Cette naissance va entraîner le départ d'une moitié de la colonie autour de la plus âgée des deux reines, poussée par des abeilles gorgées de miel. L'essaim est composé essentiellement des nourrices et des cirières que le couvain fermé aura tôt fait de remplacer.

Observer un essaimage demeure toujours une émotion rare. Par une belle journée ensoleillée, quand le soleil atteint son zénith, dans un immense bourdonnement, des milliers d'abeilles prennent leur envol et tournoient de plus en plus haut. Progressivement, elles se rapprochent d'un support auquel elles s'accrochent: branche d'arbre, buisson, poteau... Quelques heures plus tard, elles repartiront, suivant les éclaireuses envoyées en reconnaissance et qui auront trouvé un habitacle pour s'y installer... À moins qu'un apiculteur, ayant repéré leur manège, ne se charge de récupérer l'essaim.

Essaim primaire, essaim secondaire

On parlera d'essaim primaire pour désigner l'essaim parti avec la vieille reine, d'essaim secondaire pour tout essaim partant par la suite avec une reine vierge.
Il peut y avoir plusieurs essaims secondaires à partir d'une même colonie, suivant le nombre de jeunes reines justes nées. Chaque fois, la jeune reine entraîne avec elle la moitié de la population restante, le bal pouvant ainsi continuer jusqu'à n'avoir pratiquement plus qu'une poignée d'abeilles dans la colonie souche!
En revanche, lorsque les abeilles tuent ou provoquent le massacre des autres reines pas encore nées, il n'y aura qu'un seul essaimage.

REINE MARQUÉE, REPÉRAGE FACILITÉ

On apprécie lors d'un essaimage d'avoir au préalable marqué les reines dans les colonies. Qui plus est avec un numéro. L'identification de la colonie qui a essaimé est en effet instantanée dès lors que l'on a récupéré un essaim primaire.

Une reine marquée permet de savoir que l'essaim est primaire.

L'essaim naturel : intérêt et limites

Malgré les problèmes qu'il entraîne, l'essaim naturel n'est pas une catastrophe en soi, c'est *a contrario* un spectacle magnifique et un moment jubilatoire pour l'apiculteur qui le récolte, avec la quasi-garantie d'une belle colonie à venir. Certains apiculteurs à la retraite ne renouvellent leurs ruches qu'avec des essaims naturels – encore faut-il pouvoir monter la garde auprès de ses abeilles.

Avantages de l'essaim naturel

L'essaim naturel présente certains avantages qui incitent les apiculteurs à en récupérer dans la nature.

- Le blocage de la ponte de la reine, qui conduit la colonie à ne plus élever de larves, interrompt durant quelques jours l'évolution des abeilles nourrices et cirières. Riches de toutes ces très jeunes abeilles, les essaims naturels sont en capacité de construire rapidement des cires neuves, de permettre une ponte élevée de la reine et l'élevage dans de bonnes conditions des larves naissantes. L'essaim naturel possède par conséquent une dynamique de population très forte. Le risque d'échec est faible.
- Autre avantage de l'essaim naturel : il est indemne des maladies du couvain ; il échappe notamment aux loques, et les rayons tout neufs de son nouvel habitacle sont indemnes de spores de maladies. Par ailleurs, dans la colonie d'origine, l'arrêt de la ponte de la reine durant quelques jours fait également chuter la pression du varroa.

Installation pour récupérer un essaim : toile au sol, échelle, seau, ruchette (ici une Warré), enfumoir, pulvérisateur.

Limites de l'essaim naturel

S'il présente de vrais avantages, l'essaim naturel a aussi des inconvénients qu'il faut connaître.

- Lorsque l'on récupère un essaim sauvage, il peut être issu d'une lignée agressive, peu féconde ou provenir d'une colonie malade. Méfiance, par conséquent !
- L'essaimage est une manière de lutter contre certaines maladies. Si l'essaim est indemne des maladies du couvain, il véhicule en revanche les parasitoses de l'abeille adulte.
- L'essaimage naturel fait une sélection inverse de celle que poursuit l'apiculteur. Ce sont évidemment les colonies les plus essaimeuses qui se reproduisent le plus rapidement, il faut s'en souvenir.

ESSAIM NATUREL ET VARROA

La dynamique de reproduction du varroa suit rigoureusement celle de l'essaim, le traitement contre ce parasite en cette brève période d'absence de couvain est donc particulièrement efficace. Dès l'enruchage de l'essaim naturel, vous devrez par conséquent le traiter contre le varroa. Un traitement de qualité contre le varroa s'accompagne d'effets bénéfiques contre l'acariose, parasitose du système respiratoire de l'abeille.

LE BON RÉFLEXE

1. **Tout essaim sera traité contre le varroa.**
2. **Si vous ignorez l'origine de l'essaim que vous avez récupéré, vous devrez introduire une reine sélectionnée pour éviter la perpétuation de lignées médiocres.**

BON À SAVOIR

Nourrir un essaim primaire

En nourrissant fréquemment un essaim primaire doté d'une jeune reine qui donne un couvain abondant, vous pourrez construire les dix cadres de votre ruche au cours de la saison et parfois même produire une hausse de miel avec un essaim surpuissant.
Mais la contrepartie peut être une moindre capacité de ponte de la reine l'année suivante, ce qui limitera la production du miel.

Nourrir un essaim naturel

- Pour profiter de la dynamique de reproduction des essaims naturels, on les nourrit tous les deux jours, durant au moins 20 jours, d'un litre de sirop 50/50.
  Les 10 cadres cirés seront construits et pondus pendant la saison, et le miel apparaîtra progressivement soit pour produire une hausse à récolter au milieu de l'été (pour les essaims précoces en saison et puissants), soit pour faire de belles colonies de production l'année suivante.
- Pour repérer les essaims et colonies à nourrir, poser sur le toit un signe distinctif : brique, magnet, ou faire une notation avec un feutre spécial pour écrire sur le métal ou avec le feutre de marquage des reines.
- Ou visser sur la face arrière un petit carré de bois possédant 4 couleurs, chacune ayant une signification, celle en position haute indiquant l'information à retenir.

Récupérer un essaim naturel

Après s'être posé, l'essaim naturel demeure souvent plusieurs heures en place, parfois plusieurs jours, tant que des éclaireuses font le repérage des lieux d'hébergement possibles. Il part ensuite vers celui qui pourra offrir un habitacle protecteur des rayons à venir. Doté d'une reine âgée, l'essaim ne va pas loin, il se pose généralement à proximité, dans le rucher et si les arbres ne sont pas très hauts, il reste à portée de main.

Repérer les essaims naturels

Les essaims sauvages affectionnent l'espace entre les volets et la fenêtre. À l'abri du froid, de la pluie, des courants d'air, c'est un lieu de choix lorsque, volets fermés en pleine journée, les éclaireuses découvrent cet abri chauffé par le soleil.
Les cheminées sont également des ruches naturelles de qualité. L'espace est étroit, les rayons très en longueur, les déchets tombent loin du lieu de vie... Les villes, où de nombreux conduits sont aujourd'hui désaffectés, possèdent beaucoup de ruches naturelles, invisibles depuis le sol. On l'ignore souvent mais, dans ces conditions, abeilles et urbains cohabitent sans gêne depuis toujours.

Les encoignures abritent régulièrement des essaims.

BON À SAVOIR

Observer l'essaim

- Un essaim qui se pose trop au soleil repartira assez vite, un essaim installé plus à l'ombre restera longtemps en place.
- Doté d'une jeune reine, il peut immédiatement partir loin, se poser en hauteur, se poser une première fois près du rucher et repartir assez rapidement, cette deuxième fois beaucoup plus loin.
- L'essaim reste en général un certain temps sur son perchoir, vous n'avez donc aucune raison de vous presser pour le récupérer, ce serait prendre des risques inutiles.
- Gorgées de miel, les abeilles sont peu agressives, au moins durant les premières heures. Bien préparée et bien menée, la cueillette ne sera une opération dangereuse ni pour vous ni pour le voisinage.
- Prévenir vaut mieux que guérir. Si l'essaim se révèle peu accessible, nous déconseillons fortement d'essayer de le récupérer. Aucun essaim ne vaut un accident ! Mais le mieux est encore d'éviter l'essaimage de ses colonies...

Cueillir et installer l'essaim

Le bon matériel

- ruchette ou ruche équipée de cadres cirés
- seau en plastique ou caisse en carton pour transvaser l'essaim

- pulvérisateur à eau
- sécateur, cisaille
- seau sur un grand manche pour les essaims trop en hauteur
- toile de bonne surface
- échelle de qualité, stable
- traitement antivarroa
- sirop
- enfumoir qui fume bien.

La cueillette de l'essaim, pas à pas

Avant de commencer

Prenez votre temps pour bien dégager l'essaim. Coupez les branches gênantes, installez l'échelle de façon à ce qu'elle soit bien stable. Posez les pieds avant et arrière sur des planches larges. Vous devez vous sentir confortable lorsque vous aurez à placer le seau ou la caisse en carton sous l'essaim.

- Étalez la toile sous l'essaim et posez la ruche ou la ruchette au sol.
- Installez l'échelle.
- Pulvérisez abondamment de l'eau sur l'essaim.
- Placez le seau ou la caisse en carton sous l'essaim.
- Tapez un coup sec sur la branche pour décrocher l'essaim.
- Versez le seau dans la ruchette.
- Refaites l'opération avec le reste de l'essaim encore accroché à la branche.
- Enfumez copieusement l'endroit où s'était posé l'essaim pour en chasser les abeilles qui y reviennent.

Dès que des abeilles battent le rappel sur le sommet des cadres, c'est bon signe: la reine est rentrée, l'essaim va se fixer dans la ruchette. Vous pouvez refermer le couvre-cadres aux trois quarts. Au bout d'un quart d'heure, si la population est rentrée et que peu d'abeilles virevoltent autour, la ruchette peut être déplacée.

Quand l'essaim est à portée de main, on se contente de poser une ruche à son contact ; une légère secousse ensuite fait entrer nombre d'abeilles.

L'essaim une fois entré dans sa nouvelle demeure, le couvre-cadres nourrisseur est remis à sa place.

L'essaim est à portée de main, on peut couper la branche et la déposer délicatement sur les cadres de la ruche, l'essaim s'installe sans difficulté.

BON À SAVOIR

Mise en cave

Tout essaim peut avoir des velléités de repartir de la ruchette. Pour éviter ce risque de désertion, fermez-la le plus rapidement possible (tant pis si vous perdez une poignée de butineuses) pour la mettre en cave. Fraîcheur et absence de lumière font se regrouper les abeilles qui se calment, se serrent autour de la reine qui les inonde de ses phéromones. Elles perdent alors leurs points de repère, la fièvre d'essaimage s'estompe, la colonie restera dans son nouvel habitacle.

Après une nuit et une journée, vous pouvez mettre en place la ruchette dans son nouveau lieu d'installation, de préférence à la nuit tombante. Vous pouvez aussi lui faire passer une seconde nuit en cave et la mettre en place le lendemain, dans la journée. Précaution utile : le plateau de sol doit être totalement grillagé.

Pour les très gros essaims, vous pourrez compléter cette opération en introduisant au centre de la ruchette un cadre tendu d'un grillage métallique sur ses deux faces : cela accroît l'aération de la grappe d'abeille durant sa claustration ; vous le remplacerez le lendemain par une cire lors de l'installation de la ruchette au rucher.

ATTENTION

La technique ancienne consistant à mettre un cadre de couvain ouvert pour fixer les nourrices, et donc l'essaim, est à proscrire absolument, car on introduit des varroas dans un peuple qui sera traité de manière très efficace à ce moment-là.

On perd par conséquent le bénéfice du ralentissement de l'infestation lié à l'absence temporaire de couvain porteur de varroas en reproduction.

Ruchette accueillant un petit essaim.

Transporter l'essaim

Si vous transportez votre nouvel essaim en voiture, fermez la ruchette sans attendre, même si vous perdez au passage quelques butineuses. Bouchez l'entrée avec du papier journal humidifié, de la mousse en plastique, une portière... Puis sanglez la ruchette et son couvre-cadres pour éviter les fuites d'abeilles dans la voiture.

Si le transport dure plus d'une demi-heure, il est conseillé d'utiliser une ruchette à fond grillagé. Si possible, le couvre-cadres sera également composé d'une plaque ajourée et grillagée. Vous transporterez la ruchette sans toit, pour garantir une ventilation maximum. Les secousses de la ruchette pendant le transport font en effet s'agiter les abeilles ; elles dégagent alors de la chaleur pouvant provoquer la fonte de la cire, voire les étouffer.

CÔTÉ SANTÉ

On conseille fréquemment de mettre les essaims d'origine inconnue en rucher dit « de quarantaine », c'est-à-dire éloigné de plus de 3 km du rucher principal, et cela afin d'observer leur état sanitaire. Encore faut-il être certain de l'absence de ruchers alentour ! Ne pas vouloir courir le risque d'infester son propre rucher ne donne pas la liberté d'infester celui des autres...

Élever des essaims naturels dans des hausses

Un essaim naturel peut se mettre dans n'importe quel habitacle. Son installation dans des hausses répond à des objectifs bien précis. On pose alors sur un plateau de sol une hausse avec des cadres à bâtir, voire sur deux hausses si l'essaim est gros. Puis on ferme avec un couvre-cadres et un toit. Il est important de bien rigidifier l'ensemble avec des fixations à tous les niveaux pour pouvoir transporter l'essaim sans encombre. Une sangle de surcroît améliore la sécurité.

On le fera pour trois raisons :
- quand on a besoin de cadres de couvain et d'abeilles pour faire des nucléis au format des cadres de hausse pour l'élevage de reines
- pour renforcer une ruche de production, par superposition d'une hausse, où s'est développée une colonie très active ; ce que l'on appelle également « réunion » d'un essaim et d'une ruche de production
- lorsque l'on souhaite tout simplement pratiquer une apiculture en « divisible » Dadant ou Voirnot.

Si l'essaim est de taille moyenne [1], il trouvera sa place sur une seule hausse ; plus gros [2], sur deux. Cette colonie sera nourrie d'environ un litre de sirop 50/50 durant 20 jours, à raison de deux fois par semaine, pour pousser la ponte de la reine et obtenir une très grosse colonie. Attention : il faut cesser tout nourrissement en cas de miellée importante. La surabondance de nourriture bloquerait la ponte par envahissement du nid à couvain de sirop et de nectar.

RENFORCER UNE COLONIE DE PRODUCTION

Après avoir vérifié la qualité de la reine ou l'avoir changée au besoin, si la colonie a été bien traitée et qu'elle s'est développée correctement, on peut envisager de la réunir avec une colonie de production un peu faible. Cette technique convient bien également pour les ruches transhumées sur les lavandins : ces fleurs, stériles, apportent en effet si peu de pollen que les jeunes abeilles sont carencées en protéines ; parfois même les reines cessent de pondre.

Comment procéder ?

Commencez par chercher la reine de la ruche de faible production et détruisez-la. Vingt-quatre à 48 heures plus tard, posez sur cette ruche sans reine deux feuilles de papier journal, quelques gouttes de pastis ou d'huile essentielle d'eucalyptus et, par-dessus, la hausse avec la colonie dynamique. La réunion entre les deux ruches aura lieu sans bagarre.

BON À SAVOIR

Un essaim primaire sur deux hausses

Nourri régulièrement, un essaim primaire de bonne taille conduit sur deux hausses doit en principe construire l'ensemble des cadres de ces deux hausses.
Deux mois plus tard, bien nourri, cet essaim produira les cadres de couvain et d'abeilles utiles pour des élevages des reines.

1. Taille d'un gros melon.
2. Taille d'un ballon de basket.

Essaim élevé sur deux hausses (ci-dessus).

Poser des ruchettes-pièges pour attirer les essaims naturels

Les abeilles éclaireuses cherchant un lieu hospitalier pour l'installation de la colonie, il est légitime de penser qu'en leur offrant un tel endroit, les essaims viendront s'y installer spontanément. L'idée est séduisante, la réussite plus aléatoire. Certains endroits sont des lieux de passage d'essaims, d'autres nullement. Certaines années sont exceptionnelles, d'autres inopérantes : on ne piège aucun essaim.

Où et quand poser vos ruchettes-pièges ?

La première condition pour réussir la pose de ruchettes-pièges est la proximité d'un rucher. Il existe aussi des lieux de passage d'essaims, comme il existe des lieux de passage d'oiseaux migrateurs. De manière générale, là où un essaim s'est posé, on a de fortes chances d'en trouver les années suivantes.
En terme de période, n'essayez pas de ramasser un essaim après le mois de juin, sauf exception, vous rentreriez bredouille. Ce point de repère est important : en laissant vos pièges au-delà des périodes normales de grand essaimage, vous obtiendrez parfois un résultat mais à coup sûr vos ruchettes récolteront de la teigne.

Comment opérer ?

Procurez-vous une ruchette qui a déjà abrité une colonie, tout en veillant à ce qu'elle soit propre. Attention, une ruche ou une ruchette qui a été visitée par les musaraignes fait fuir les abeilles : leur urine est un répulsif.
Chauffez rapidement l'intérieur de la ruchette au chalumeau pour dégager les odeurs laissées par les abeilles, au besoin y faire fondre un peu de propolis récoltée sur quelques têtes de cadres dans des ruches en activité. Puis installez en alternance des cadres bâtis anciens et des cadres cirés.
Enduisez de propolis la face avant de la ruchette et la tête des cadres. Donnez régulièrement un petit coup de chalumeau sur la propolis pour en faire dégager les odeurs.
Refermez la ruchette et placez-la un peu à l'écart du rucher, à mi-ombre, dans un endroit dégagé, à environ 1 mètre de hauteur. Votre piège à essaim est prêt !

De l'essaim à la colonie de production

L'essaim naturel ayant une dynamique de population très forte, vous en profiterez pour l'amener rapidement au niveau d'une colonie en plein développement dès la fin de la saison. Il est parfois même possible d'en faire une colonie de production.

Nourrir l'essaim naturel

Comme pour un essaim artificiel, vous nourrirez l'essaim naturel tous les deux jours[1], d'un litre de sirop 50/50. Cette colonie devrait connaître un développement constant et rapide. Transférée dans une ruche 10 cadres, en 6 à 8 semaines elle aura « étiré », pondu et garni de couvain et de miel la totalité des rayons.
Les essaims précoces en saison et puissants produisent une hausse à récolter au milieu de l'été. Dans les autres cas, ce seront de belles colonies de production pour l'année suivante.

BON À SAVOIR
Lisser les fluctuations météo
Dans le cas de l'essaim naturel, l'apport de nourriture vise uniquement à lisser les fluctuations météorologiques.
Les alternances de chaleur et de froid fractionnent les apports de nectar ; la ponte de la reine ainsi que les capacités cirières de la colonie s'en ressentent négativement.

L'essaim naturel doit aussi être nourri.

Traiter contre le varroa

Vous devrez également traiter votre nouvel essaim. On conseille de placer deux lanières dans le couvain, puis de les retirer au moment de la pose des hausses (ou 2 mois après leur pose). Ce traitement antivarroa sera suivi, en juillet ou en août, d'un traitement au thymol et si besoin, après contrôle de l'infestation, d'un traitement avant l'hiver. Bien traitée contre le varroa, votre nouvelle colonie sera apte à passer l'hiver, pour devenir l'année suivante une belle ruche de production.
Vous pouvez aussi choisir de renforcer une colonie trop petite pour en faire l'année suivante une bonne colonie de production. Cette opération se fait dès que l'essaim a construit et occupe 3 cadres de couvain et miel. On parle dans ce cas de « réunion de colonies », qui est l'une des techniques de base en apiculture, son contraire étant la « division de colonies »[2].

1. Sauf en cas de miellée conséquente.

2. Se reporter en fin du chapitre suivant.

7 VISITER SES RUCHES

Bien visiter une ruche, c'est tout d'abord savoir l'ouvrir sans provoquer « d'accident », mais c'est aussi et surtout savoir observer. À chaque visite, un bilan s'impose, nécessaire pour organiser les interventions. Ainsi, une colonie forte, à haut risque d'essaimage, fournira un ou plusieurs essaims artificiels; trop faible, elle sera réunie ou dispersée; malade, elle sera détruite ou transvasée suivant la nature de la pathologie.
Bien visiter ses ruches, c'est accompagner le développement printanier des populations, préparer les abeilles d'hiver, assurer les réserves pour la morte-saison par des nourrissements judicieux. Tout cela nécessitera, suivant les cas, une visite mensuelle, bimensuelle, hebdomadaire, ainsi que des nourrissements ponctuels ou réguliers plusieurs fois par semaine...
Points de repère: le suivi des ruches de production requiert une visite par semaine au cours des floraisons, le nourrissement des essaims trois fois par semaine.

Agir sur ses colonies

Si le nombre des visites dépend des possibilités de chacun, les multiplier permet de piloter le rythme de développement des colonies selon les fluctuations météo locales. Le rôle de l'apiculteur est en effet de conduire ses colonies en phase avec leur environnement floral, ce qui est important aussi bien pour la production de miel qu'il entend produire que pour la bonne santé de ses abeilles.

Objectif premier : disposer de colonies populeuses

Selon vos objectifs, mais aussi en fonction de la saison, vous chercherez à produire des nourrices, des jeunes abeilles, des butineuses... Tout dépend de vos besoins du moment : récolter du miel ou bien faire des essaims artificiels ou des nucléis d'élevage de reines, ou encore préparer l'hivernage.
Cela signifie suivant les cas :
- stimuler la ponte de la reine
- apporter des compléments alimentaires adaptés
- renforcer les colonies en butineuses ou en cadres de couvain pour accroître la population
- diviser les colonies pour faire des essaims artificiels et les empêcher d'essaimer
- ou les réunir si elles sont trop faibles
- les disperser si elles ne donnent rien
- les détruire en cas de maladie mortelle pour le rucher
- changer la reine qui se révélerait une mauvaise pondeuse ou la garder le plus longtemps possible si elle engendre des lignées de qualité.

Second objectif : produire des abeilles en bonne santé

La bonne santé du rucher est liée à la qualité alimentaire et à l'abondance de la population (voir chapitres 9 et 11), ainsi qu'à l'application stricte des règles d'hygiène et au traitement opportun des maladies.
Ce second objectif est très lié au premier. Des abeilles en bonne santé, ce sont aussi des abeilles en quantité suffisante par rapport à la taille de l'habitacle à entretenir, aux quantités de nourriture à rapporter : le nombre des butineuses doit assurer la nourriture des abeilles d'intérieur, qui ont en charge le couvain à nourrir et à chauffer. Le déséquilibre entre ces nombres conduit à des mortalités de couvain, à des abeilles à venir carencées en protéines, ou à des essaimages.

Ci-dessous : la ponte de la reine est ancienne ; on observe des alternances de cercles de couvain fermé et de couvain ouvert.

Troisième objectif : amener les colonies à leur développement optimal

Mais au-delà de la bonne santé des abeilles, l'apiculteur doit veiller à conduire ses colonies pour qu'elles soient au maximum de leur développement au moment des miellées principales, condition pour une production de miel à la hauteur de ses espérances.
Cet objectif sera d'autant plus important (et délicat) à atteindre que, dans les zones de grandes cultures (colza, tournesol, trèfle, arboriculture...), le nectar arrive en très grande quantité sur de très courtes périodes. Ainsi, dans certaines régions, la récolte de miel d'une année pour l'apiculteur peut se faire en quelques jours seulement !

Warré très populeuse.

Vous conduirez vos colonies pour qu'elles atteignent le maximum de leur développement au moment de la première grande miellée (variable suivant les régions, bien sûr). Par la suite, vous veillerez à maintenir une offre alimentaire de qualité et conséquente dans les périodes de faibles floraisons, afin d'éviter des carences préjudiciables à la dynamique de la population nécessaire aux miellées suivantes, puis à la qualité des abeilles de fin d'été destinées à passer l'hiver.
D'aucuns pourraient considérer cette démarche comme du prodictivisme, il n'en est rien. Il s'agit bien au contraire d'amener les colonies à leur plein développement au moment le plus adéquat par rapport à leur environnement floral. C'est une approche qui s'inscrit dans une apiculture respectueuse des abeilles.
L'environnement agrochimique et floral des abeilles a en effet totalement changé depuis les années 1990, l'esprit de la conduite des colonies suit par conséquent cette évolution.

RÈGLE D'OR

Une apiculture durable est respectueuse des colonies, de leur santé, de leur survie.

BON À SAVOIR

Une pour toutes, toutes pour une
La santé d'une abeille est liée à la santé de toute la colonie. Des butineuses en abondance fourniront les pollens nécessaires, tant en quantité qu'en diversité, en parallèle du nectar rapporté. La quantité et la diversité des pollens sont en effet à la base d'une alimentation de qualité pour les abeilles, ainsi qu'un facteur de bonne santé.
Les deux noms « variété et qualité » riment ensemble.

Comment conduire la visite de son rucher

Cette opération d'observation, « d'approche clinique » pour reprendre un terme médical, comporte un aspect technique : l'abord de la colonie et le démontage de la ruche, qui sont des opérations à risque pour les abeilles : en tuer un certain nombre dont la reine, refroidir le couvain, perturber les nourrices dans leurs activités sur plusieurs jours. Mais cette opération est nécessaire pour observer ce qui se passe et rapporter des informations indispensables. Apprendre à ouvrir, apprendre à observer.

Étape 1 : bien choisir le moment

L'ouverture de la ruche se fait par temps chaud, avec une température supérieure à 15 °C, par une journée sans vent, ensoleillée, avec une pression atmosphérique élevée. Procédez idéalement l'après-midi, sauf par grosses chaleurs où le milieu de la matinée est plus confortable, la population étant alors moins nombreuse dans la ruche : les butineuses sont aux champs et ce sont les plus agressives. Plus il fait chaud, moins on refroidira la colonie qui vit entre 25 °C et 35 °C. Après chacune des visites, les colonies passent un long moment à remonter la température du couvain operculé. C'est autant de temps que d'énergie perdus pour la récolte. La visite doit donc être courte.

LE MATÉRIEL

Vous prévoirez pour la visite :
- **plusieurs lève-cadres : un levier long et solide, un lève-cadres « américain » (excellent racloir), un lève-cadres pince pour certaines manipulations**
- **une pince à reine**
- **un enfumoir qui fume abondamment**
- **un porte-cadres ou une boîte à cadres**
- **un seau d'eau javellisée**
- **du sirop 50/50 (maxi 1 l par colonie).**

BON À SAVOIR

Haute pression, basse pression

En haute pression, le baromètre affiche beau temps, les abeilles sont calmes, bien disposées. En basse pression, le temps est à l'orage, elles sont agressives ; un peu comme les enfants sont grognons ces jours-là !

Allumage de l'enfumoir.

VISITER SON RUCHER

1

Enfumage au trou de vol.

2

Sortie de l'isolant sur le couvre-cadres nourrisseur.

3

Enlèvement du couvre-cadres.

4

Enfumage des cadres.

5

Déjà deux récoltes, la colonie fournit encore une population capable de remplir 2 hausses.

6

Examen des cadres.

Étape 2: l'observation au trou de vol

En principe, l'apiculteur se tient sur le côté ou derrière la ruche pendant l'opération. Il faut en effet laisser l'entrée bien dégagée pour que les butineuses puissent entrer et sortir sans être gênées.
Prévoir également d'avoir à portée de main un support où poser les éléments de la ruche, les lève-cadres, la pince à reine et les divers outils dont on a l'habitude de se servir.
Penchez-vous légèrement sur le côté pour observer le trou de vol.

Devant la ruche

Si vous avez pris la précaution de disposer des pierres plates ou des linoléums clairs devant la ruche, vous repérerez très vite les cadavres d'abeilles ou les abeilles incapables de voler: elles y sont bien visibles. C'est déjà un bon indicateur pour savoir si la colonie sera ou non à problème.

Au trou de vol

Le trou de vol est l'endroit stratégique pour démarrer la visite d'une colonie, on y recueille beaucoup d'informations sur ce qui se passe à l'intérieur de la colonie.
Voici la liste des questions à se poser:
- Y a-t-il beaucoup ou peu de va-et-vient? La colonie est-elle populeuse?
- Les conditions de miellées sont-elles favorables ou non (elles influent sur l'activité au trou de vol)?
- L'espace du trou de vol est-il totalement utilisé ou seulement en partie (ce qui renvoie à la question précédente)?
- Les butineuses rapportent-elles beaucoup de pollen? C'est également un indicateur précieux. Qui dit pollen dit en effet couvain et bonne santé de la colonie, son absence inquiète: est-ce la ressource qui est absente, dans ce cas nos apports de sirop sont à proscrire, sauf famine; ou la colonie qui est orpheline? ou qui vient d'essaimer?
- Des abeilles se battent, excluant les faux-bourdons: si c'est le temps de la famine, piller les ruches voisines devient la seule activité possible et les faux-bourdons sont des bouches inutiles; ou alors une maladie ou une intoxication fait rejeter les abeilles malades.
- Des abeilles au sol essaient de grimper aux herbes, elles ne peuvent voler, ou elles ont des ailes atrophiées, ou encore des déjections sont présentes sur la planche d'envol, sur la face avant voire partout, ou encore sur le toit uniquement... Autant de signes de maladies, de désordres alimentaires, de parasitoses importantes et anciennes.
- Des larves blanches jonchent le sol ou la planche d'envol: ce peut être dû à une maladie si certaines sont desséchées, noircies, ou non si elles sont claires. Dans ce cas, surtout au printemps lorsque les nuits sont froides, ce sont les larves mortes dans la nuit et que les abeilles ont sorties au matin: la grappe s'est resserrée sur le couvain fermé qu'elles privilégient, abandonnant le couvain ouvert, ne pouvant plus couvrir tout le couvain pour le chauffer.
- Soyez également attentif à l'odeur qui se dégage de la ruche: si c'est une odeur de propolis, de cire et de pollen mêlés, la ruche est en bonne santé; si c'est une odeur de colle de poisson, une odeur acide, de pourriture, la ruche est très certainement malade d'une

Reconnaissance au trou de vol.

maladie grave. Et plus certainement bonne à détruire.

- Des déjections partout sur le toit, sur le devant de la ruche, sur les planches d'envol? Deux solutions sont possibles. Soit la visite a lieu après une longue période de froid (en mars ou en avril, par exemple), la claustration des abeilles leur a interdit de déféquer pendant quelque temps et le soleil une fois revenu leur a permis de sortir en masse, elles se sont alors vidées des excréments accumulés. C'est une situation normale.

Soit ces déjections suivent un nourrissement liquide apporté par l'apiculteur, sans doute inopportun. Si la situation perdure, il faut craindre la nosémose. La destruction de la colonie est à envisager.

La visite commence toujours par les ruches en bonne santé et se termine par celles qui posent problème. Il faut en effet éviter les contaminations par le matériel (lève-cadres, gants...).

TÉMOIGNAGE

« Toute l'année, c'est par cette petite ouverture que bat la vie d'une colonie. C'est par là qu'elle respire et qu'elle rejette tout ce qu'elle ne supporte pas dans son domaine. C'est par là qu'elle transmet son message riche pour celui qui le comprend, car c'est là l'endroit où, par son attitude, elle nous fait connaître son état de santé, ses souffrances, si elle a besoin ou non de l'apiculteur.

Celui qui parvient à se rendre compte de la vigueur ou de la maladie de ses abeilles en observant leur attitude au trou de vol, n'a pas besoin d'ouvrir ses ruches ni de fureter continuellement dans leur sanctuaire: le nid à couvain. Cela ne donne jamais rien de bon. »

Henri Storch, ***Au trou de vol,***
Éditions européennes apicoles.
Écrit au milieu du siècle dernier,
cet ouvrage reste d'une totale actualité.

Étape 3: l'ouverture de la ruche

Avant d'ouvrir la ruche, regardez attentivement où rentrent en masse les abeilles, c'est là que se trouve la reine. Vous commencerez votre visite de la ruche à l'opposé.

Enfumer la colonie

- Posez sur le sol (ou sur un support *ad hoc*) le toit à l'envers, avec le couvre-cadres dessus. De cette manière, vous évitez le contact du couvre-cadres avec les déchets sur le sol, c'est une mesure prophylactique. Tout objet posé au sol est en effet potentiellement contaminé par les déchets qui s'y trouvent (déjections, abeilles mortes et possiblement bactéries, moisissures, formes résistantes de maladies...) avec le risque d'introduire ensuite dans la colonie des sources d'infection.
- L'enfumage commence toujours au trou de vol de façon à calmer les butineuses et les gardiennes, qui sont les plus agressives. Trois coups de soufflet d'une abondante fumée suffisent généralement.
- Entrebâillez le couvre-cadres et enfumez la ruche (5 ou 6 coups d'enfumoir conviennent généralement), reposez-le quelques secondes. Puis enlevez-le et enfumez-le de nouveau: les abeilles descendent entre les cadres, il n'y en a pratiquement plus sur les têtes des cadres.
- Maintenez cette situation en continuant à enfumer par un ou deux petits coups d'enfumoir à intervalles réguliers. Dirigez bien le bec de l'enfumoir entre les cadres et au plus près.

BON À SAVOIR

Ouvrir le couvre-cadres avec précaution

L'ouverture du couvre-cadres doit s'effectuer très doucement, de manière à éviter au maximum les craquements. Si les abeilles n'entendent pas les sons, en revanche elles ressentent les vibrations, auxquelles elles réagissent instantanément.

COMMENT ENFUMER

On compte trois grandes façons d'utiliser l'enfumoir, qui dépendent notamment de l'objectif poursuivi :

- **Enfumer le moins** possible au sommet (sachant que ne pas enfumer du tout s'avère généralement impossible) : cela permet de faire descendre les abeilles le long des rayons, les empêchant se mettre en position d'attaque sur la tête des cadres. Cette technique est préconisée pour une visite rapide de la ruche car elle réduit le dérangement de la colonie, par exemple lorsque vous recherchez la reine : enfumer peu évite qu'elle ne se sauve de son cadre pour aller se cacher dans un coin de la ruche car, fuyant la lumière, elle se réfugie au plus sombre de son habitacle.
- **Enfumer massivement et longtemps** par le trou de vol est la condition pour réussir à faire monter les abeilles à l'étage supérieur, dans une hausse, lors de la constitution de paquets d'abeilles ou lors de transvasements, par exemple... Dans ce cas, les abeilles se gorgent de miel, ce qui les alourdit et les rend beaucoup plus calmes.
- **Pour une visite complète,** vous vous situez entre ces deux extrêmes : beaucoup enfumer au trou de vol, puis peu mais régulièrement au sommet pour tenir les abeilles tranquilles.

Mais la méthode d'enfumage dépend aussi de la nature des abeilles.
Avec des abeilles très douces, l'enfumage est inutile dans certains cas : une ouverture rapide du couvre-cadres suffit pour surveiller le sommet des cadres seulement, pour y poser un pain de candi, pour remplir le nourrisseur de sirop ou visiter un nucléi par temps frais, par exemple...
En revanche, une colonie agressive nécessitera toujours un enfumage abondant, les visites seront courtes, voire écourtées, jamais complètes.
Dans ces colonies, les reines sont rarement trouvées.
Les interventions par temps orageux nécessitent toujours beaucoup de fumée.
Rappel : Un enfumoir qui marche bien fait tousser l'apiculteur !

L'ouverture et la sortie des cadres

Nettoyer les intercadres

Une fois le toit et le couvre-cadres enlevés, commencez par nettoyer avec la partie racloir du lève-cadres les inter-cadres au niveau de la tête des cadres : cela évite que des ponts de cire n'éraflent les rayons, ne fassent couler du miel, ne désoperculent des cellules de couvain...
À ce stade, l'enfumage sera de nouveau requis pour faire descendre les abeilles entre les cadres.

Surveillance sur la planche d'envol.

ÉLÉMENTS D'UNE VISITE

1

2

Enfumage sous le couvre-cadres. En fin d'hiver, le nettoyage des ponts de cire et de la tête des cadres s'impose avant toute visite. Les abeilles seront fortement agressées, la visite s'effectuera une autre fois, une fois les abeilles calmées.

3

Régulièrement visitée, la colonie n'a pas le temps de recomposer tous les ponts de cire, le nettoyage sera rapide.

4

Le porte-cadres évite les contaminations par le sol. Le premier cadre de rive enlevé, en décalant les autres cadres, leur nettoyage est facilité et plus rapide.

5

Le premier cadre enlevé est posé sur le porte-cadres, les suivants sont examinés puis reposés dans le corps de ruche.

Décoller les cadres

Vous pouvez à présent décoller les cadres.
Le premier sera celui qui se situe à l'opposé de l'endroit où se trouve potentiellement la reine. Placez le lève-cadres sous la tête du cadre, dans le miel s'il le faut, et en appui sur le bord de la ruche ; le placer sous l'épaulement reviendrait à le casser.
Si le cadre résiste, faites délicatement jouer le lève-cadres et le bois de chaque côté puis à chaque extrémité, alternativement, jusqu'à ce que le cadre monte sans difficulté. Le forcer d'un seul coup conduirait à désolidariser la tête du cadre de son montant vertical, et donc à fendre le rayon... le dit cadre n'étant alors plus bon qu'à jeter !
Une fois ce premier cadre de rive enlevé, examinez-le attentivement puis déposez-le sur le porte-cadres. Retirez un second cadre, examinez-le également et déposez-le hors de la ruche. Les cadres suivants seront en revanche déposés dans la ruche dans l'espace libéré.

BON À SAVOIR

Bien utiliser le lève-cadres

Le lève-cadres s'utilise en fait comme un couteau à huîtres : lorsque vous le manipulez, utilisez-le en appui et en levier, jamais comme un outil de choc.

Commencer l'inspection

Retirez chacun des cadres, en prenant soin de l'éloigner du cadre voisin. Attention : lors de cette opération, le principal risque est d'écraser des abeilles, roulées et enchevêtrées sur le haut des rayons de miel à l'épaisseur hypertrophiée. Si par malchance la reine s'y trouve et en meurt, la colonie est orpheline, et le travail d'une année perdu ! Si un cadre résiste, peut-être est-il voilé ou l'un de ses montants collé par de la propolis : vous utiliserez le long lève-cadres pour le décoller du bord du corps.
L'examen des cadres se fait toujours au-dessus de la ruche afin que les abeilles qui se détacheraient du rayon tombent dans leur ruche : c'est vital pour éviter à la reine de tomber au sol et de s'y perdre.
Dès que vous l'aurez repérée, placez-la dans une pince à reine ; vous la reposerez dans sa ruche une fois tous les cadres remis en place.

BON À SAVOIR

Éviter agressivité et mortalité

Si les deux cadres de rive du côté de l'ouverture sont vides, déplacez tous les cadres contre ce même côté, les cadres retirés étant alors mis sur l'autre rive.
Ainsi on ne déplace les cadres qu'une seule fois, et ce sont autant de risques d'agressivité et de mortalité d'abeilles évités.

AVEC DES CADRES HOFFMANN

La manipulation est différente : on se contente de faire glisser les cadres sur la bande lisse et on regarde, en biais, l'état du couvain et des provisions mais sans sortir les cadres. On ne les sort que pour un examen approfondi : mesure précise de la surface du couvain, recherche de la reine, examen sanitaire...

Terminer la visite

Remettez les cadres en place un par un, dans le même ordre et dans le même sens qu'au départ : c'est particulièrement important pour les cadres de couvain. Vous vous repérerez facilement, le couvain se trouvant proche de l'entrée et le miel plus sur l'arrière.
Désinfectez ensuite soigneusement tous vos outils en les trempant dans le seau d'eau javellisée. Rincez vos gants de la même manière. La dilution de la Javel est d'un berlingot pour 4,75 litres d'eau.

UNE TECHNIQUE ALTERNATIVE

Certains apiculteurs procèdent autrement : habitués à la recherche des reines, ils commencent à l'inverse par l'endroit où elle se trouve (là où entrent les butineuses en masse) et la capturent dès le début de la visite pour la mettre à l'abri immédiatement, dans une pince à reine ou un piston de marquage.
Ils travaillent ensuite en toute sérénité sans risque de la tuer par mégarde.

Les quatre visites stratégiques

Pour connaître l'état de ses colonies et les actions à mener, la visite des ruches est l'événement central. Elle donne des informations indispensables pour agir sur l'évolution des colonies et leur dynamique, c'est-à-dire sur la vitesse de croissance de la population d'abeilles en nourrices et en cirières, puis en butineuses. Au minimum, quatre visites dans l'année sont incontournables : une visite de fin d'hiver, une visite de printemps, une visite d'été et une visite d'automne. Plus un suivi hivernal sans ouverture de la ruche, sauf pour apporter du candi.

Chaque visite donne lieu à la tenue d'une fiche pour y noter ses observations et mesures à prendre. Vous transposerez ces fiches dans le registre d'élevage ou dans un cahier *ad hoc*, ou vous les déposerez sous le toit de la ruche, ce qui permet de faire sur place le bilan de la colonie par rapport aux précédentes visites... Les informations à recueillir sont données ici à titre indicatif, chaque apiculteur ayant sa propre façon de faire.

La visite peut se résumer à obtenir quatre informations centrales :

1. reine vue ou non, marquée ou non
2. nombre de cadres de couvain
3. nombre de cadres de miel, de pollen
4. force de la colonie

et décider en conséquence des actions à mener.

Pour un suivi plus technique, la collecte d'informations sera conséquente, ce que nous proposons ci-dessous. Elle est aujourd'hui souvent accompagnée de photos, compléments indispensables. Cette collecte servira au suivi des lignées, aux liens à faire avec les dates des miellées, la météo, l'environnement floral ou agricole, les races d'abeilles utilisées, les dates de nourrissements, les quantités et les types d'apports nutritionnels...

BON À SAVOIR

La paume de main comme mesure

Les petites quantités de miel sur les cadres se mesurent en paumes de la main.
Ceux qui sont pleins au moins sur la moitié de leur hauteur sont estimés en cm.
Une « main de miel » sur les deux faces d'un cadre représente près de 500 g de miel.

La visite de fin d'hiver

Quand ?

En fin d'hiver, entre fin janvier et début mars, sachant que cette notion est subjective et dépend grandement des régions et des climats [1]. Plus précisément lorsque sont butinés les pollens de noisetiers, ceux des saules Marsault, des peupliers, des violettes.

Pourquoi ?

Faire un état des lieux avant que la nature ne redémarre pour s'assurer notamment de l'état des colonies survivantes et voir comment les utiliser par la suite.
Cette visite de fin d'hiver aide aussi à classer les colonies suivant trois grands critères:
- faibles à puissantes
- risque d'essaimage ou production de miel
- en bonne santé ou malade.

Le contexte

À cette époque la colonie est en phase de démarrage. La ponte de la reine peut avoir repris dans la seconde quinzaine du mois de janvier, lorsque les jours commencent à rallonger de façon significative.
Dans la ruche, la consommation de miel s'accélère, le pollen stocké sert à la production des bouillies larvaires chez les abeilles nourrices, la surface de couvain s'étend.
Début mars environ, au trou de vol, on voit des abeilles qui ramènent du pollen (de saule Marsault, excellent), signe de couvain dans la ruche.
À l'ouverture, vous devez trouver entre 2 et 4 cadres de couvain operculé ou ouvert.
Même peu abondant, un couvain serré, dense, sans trous, fermé et entouré de couvain ouvert marque une reprise de la ponte depuis un mois. À l'inverse, l'alternance de zones de couvain ouvert et de couvain fermé marque une ponte beaucoup plus ancienne.
Le miel doit être présent dans la colonie (il en faut encore 7 à 8 kg, soit une quinzaine de surfaces de main), car les apports de nectar sont insuffisants compte tenu des périodes de froid encore possibles.
Les grandes miellées ne vont pas tarder.

La conduite à tenir

Opérer par une température extérieure d'au moins 16 °C et par temps très ensoleillé, sans vent qui refroidirait la colonie.
Dans un premier temps, recherchez la reine. Si elle n'est pas marquée, faites-le avec la couleur de l'an passé, en notant bien qu'il est possible qu'elle soit âgée de plus d'un an. Si les reines sont marquées tous les ans, une reine non marquée est obligatoirement née l'année précédente.
Si ce n'est déjà fait, réduisez la colonie sur 8 ou 9 cadres avec une partition.
Notez le nombre de cadres de couvain trouvés dans chaque ruche et calculez le nombre moyen de cadres de couvain par colonie.
Prévoyez d'apporter ultérieurement du sirop aux colonies qui n'ont pas de réserves alimentaires.
Après avoir refermé les ruches, donnez à toutes les colonies un litre de sirop 50/50, tiède de préférence pour leur permettre de produire la chaleur qui remontera à 35 °C la température du couvain et à 25 °C celle de l'air de la ruche, qui se sont fortement abaissées durant l'ouverture.

1. Rappelons que les auteurs habitent en plaine dans la région de Lyon, donc dans un climat non soumis aux influences maritimes océaniques. L'ouvrage réfère à des conditions où l'hiver peut être froid, l'été chaud, avec une reprise de la ponte de la reine courant janvier/février et des miellées susceptibles de s'achever en octobre seulement. En zones froides, cette première visite s'effectuera courant avril ; en zone atlantique sud ou méditerranéenne, ce sera dès la fin du mois de janvier ou en février.

Ma fiche de visite

Cette fiche est à remplir à chaque visite. Elle sera ensuite transposée dans le cahier d'élevage, mais aussi laissée à disposition sous le toit de la ruche, ce qui permet de faire sur place le bilan de la colonie par rapport aux précédentes visites.
La fiche de visite est aujourd'hui souvent accompagnée de photos, plus informatives qu'un long texte. Les informations à recueillir sont données ici à titre indicatif, chaque apiculteur ayant sa propre façon de faire.

RUCHER DATE N° DE RUCHE

Reine année :
Météo (température, ensoleillement, vent) :

ÉTAT DE LA TÊTE DES CADRES

Propre : oui/non
Couvert de ponts de cire ou de propolis : oui/non
Commentaires : Des têtes de cadres couverts de cires ou de propolis sont un signe de bonne santé, d'activité. La quantité de propolis dépend pour partie de la race, de la lignée.

NOMBRE D'INTERCADRES OCCUPÉS

Nombre de cadres vides :
Commentaires : Ces appréciations du volume d'abeilles renseignent sur la force de la colonie.

ODEUR DE LA RUCHE

Odeur de cire et propolis : oui/non
Odeur aigre ou de colle de poisson : oui/non
Commentaires : L'odeur de cire et de propolis confirme que la colonie est en bonne santé. L'odeur dite « de colle de poisson » est le signe de maladies graves.

PROPRETÉ DES TÊTES DES CADRES

Cire et propolis : oui/non
Asticots : oui/non
Filaments entre les cadres : oui/non
Commentaires : La présence de cires et de propolis sur la tête des cadres est normale. Des asticots ou des filaments de teigne indiquent à l'inverse que la colonie est en perdition, sinon déjà perdue.

PRÉSENCE DE LA REINE

Reine vue : oui/non
Reine marquée comme prévu : oui/non
Œufs ou couvain visibles : oui/non
Commentaires : Une reine (en principe marquée) qui n'est plus là indique un essaimage possible ou une supersédure. Ce changement de reine peut s'accompagner d'une absence temporaire de ponte. Une reine non trouvée ou une absence de ponte nécessitent une « contre-visite » quelques jours plus tard.

NOMBRE DE CADRES DE COUVAIN

Nombre de cadres de couvain ouvert : surface de CO (en mains)
Nombre de cadres de couvain fermé : surface de CF (en mains)
Commentaires : Cette mesure indique tôt en saison le nombre probable de cadres de miel qui seront récoltés en mai puis en juin, ainsi que les colonies à risque d'essaimage. Cette information est acquise au fil des années.

ÉTAT SANITAIRE DU COUVAIN

Couvain serré : oui/non
Couvain en mosaïque : oui/non
Couvain avec du nectar : oui/non
Commentaires : Un couvain serré est un couvain sain. Un couvain en mosaïque avec du nectar indique une très forte miellée, ce qui bloque la ponte de la reine. Des cellules vides au milieu de couvain fermé laissent supposer un problème sanitaire.

RÉSERVES DE MIEL ET DE POLLEN

Surface autour du couvain (en mains) :
Surface sur cadre seul (en mains) :
Hauteur du miel sur les cadreshors du couvain (en cm) :
Surface de pollen observée (en mains) :
Commentaires : Une abondance de miel tôt en saison attire l'attention sur la nécessité d'enlever des cadres trop pleins pour laisser la ponte de la reine s'étendre, pour ajouter une hausse, l'inverse conduisant à apporter éventuellement du sirop. Par exemple, en juin après la période des très grandes miellées, on a souvent une phase de famine. L'abondance de pollen permet d'envisager tout type de nourrissement si besoin, sans craindre de provoquer des carences protéiniques.

ÉTAT SANITAIRE DES ABEILLES

Ailes rongées : oui/non
Tremblements : oui/non
Abdomen gonflé : oui/non
Une aile repliée sur le dos en K : oui/non
Commentaires : Lorsqu'ils sont présents, ces différents signes témoignent soit d'une infestation de varroas, soit de la présence de maladies.

AGRESSIVITÉ DES ABEILLES

Abeilles calmes : oui/non
Abeilles agitées : oui/non
Commentaires : Au-delà de leur agressivité naturelle, des abeilles calmes témoignent du bon fonctionnement de la colonie et de la présence de la reine.

ACTIONS ENGAGÉES

Notez une à une les opérations effectuées au cours de la visite. Multipliez les photos et stockez l'ensemble dans un ordinateur. Mais l'utilisation de produits numériques n'empêche pas l'existence d'une fiche papier aisément manipulable au rucher malgré cire et propolis.

Toutes ces indications sont à interpréter par comparaison d'une ruche à l'autre. Seul un apiculteur aguerri saura interpréter une situation sans autre référence que son expérience.

BON À SAVOIR

Repérer les signes de mauvaise santé

Une ruche sans couvain, un couvain lacunaire ou avec cellules de bourdon, majoritairement ou exclusivement, est le signe d'une colonie malade, orpheline ou dont la reine est vieillissante. Vous la laisserez en l'état et reviendrez l'observer un mois plus tard.
Entre-temps vous lui donnerez un litre de sirop tiède, opération à répéter une ou deux fois les jours de soleil.
Une colonie malade, loques ou nosémose, devra être détruite.

L'ÉCHANGE DE COUVAIN

Lors de cette visite de fin d'hiver, les professionnels comptent le nombre des cadres de couvain dans chaque ruche. Puis ils les répartissent de façon équilibrée entre toutes les colonies saines afin que toutes les colonies aient par la suite la même dynamique de population, c'est-à-dire la même capacité de développement.
La première source de développement d'une colonie étant le nombre de ses nourrices, apporter des cadres de couvain, sans abeilles dessus, équilibre à terme le nombre des nourrices. En effet un cadre de couvain operculé fournit un volume de 2,5 cadres d'abeilles nourrices. Si, un mois plus tard, ces colonies ainsi renforcées présentent des différences en surface de couvain, c'est la qualité de la reine qui est en cause.
Cette opération n'est à faire qu'avec des colonies dont on est certain qu'elles ne souffrent d'aucune des maladies du couvain.

LES BALANCES DE PESÉE

Les professionnels disposent de balances sur lesquelles reposent des ruches « témoins ». Ces balances envoient par SMS des informations de poids, d'activité, d'humidité, de température... L'analyse de ces données leur permet d'apprécier au mieux l'évolution de leurs colonies et par là même les apports en nectar d'un site, d'effectuer les opérations au moment le plus propice, de limiter les déplacements infructueux.
Ce type d'outil devrait se généraliser, permettant à un plus grand nombre d'apiculteurs de mieux suivre la vie des colonies. Dans l'avenir, l'apiculture utilisera également les travaux de géo-localisation florale faite par satellites. Aujourd'hui déjà, des sociétés traitent ces données pour le compte de certains exploitants. Ce sont des outils d'aide à la décision.
Toutes ces évolutions majeures conduiront immanquablement les apiculteurs à réviser en profondeur leurs manières de travailler.

La visite de printemps

Quand ?

Mi-avril, au moment de la floraison des cerisiers, juste avant les grandes floraisons, notamment celles du colza ou des autres fruitiers. Le repère idéal pour ajouter des cires est la fin des floraisons des pommiers, des aubépines.

Pourquoi ?

Cette deuxième visite de l'année a pour but de suivre le risque d'essaimage, de décider du moment de la pose des hausses, d'opérer des regroupements entre colonies ou de disperser celles qui ne se développent pas et de rechercher d'éventuelles maladies.

Le contexte

Avril est un mois contrasté, où des périodes de froid sont encore possibles dans de nombreuses régions mais aussi de vraies belles chaleurs. Selon les années, ce mois peut être meilleur que mai ou pire que mars.
La colonie se développe rapidement mais les alternances de périodes chaudes et froides sont

Visite d'une Warré, le porte-cadres au format Dadant a été adapté.

sources d'essaimages, l'inversion du volume des nourrices par rapport à celui des butineuses mettant en place les conditions de l'essaimage. C'est un point à repérer prioritairement.
C'est le mois de la pose de la première hausse, celle-ci sera déjà bâtie, les cirières étant insuffisamment nombreuses pour le faire.

La conduite à tenir

Avant tout, vous devez surveiller l'état du couvain.
Enlevez les cadres vides les plus foncés ainsi que le cadre à mâles de l'année passée, et remplacez-les par des cadres cirés, au minimum trois, dont une cire à mâles.
Laissez les colonies sur 8 ou 9 cadres (ce qui pousse les abeilles à monter le miel dans la hausse) sauf si le développement est très fort (7 cadres de couvain, par exemple) ; dans ce cas enlevez les partitions et ajoutez des cires gaufrées.
Posez une grille à reine en plastique sur les corps et placez une hausse avec des cadres bâtis.
Si vous hésitez sur l'opportunité de mettre la hausse, placez deux feuilles de papier journal sur la grille à reine. Pour y faire monter le miel plus vite, agrandir le passage en mettant en rive un cadre vide de toute cire dans la hausse posée sur le corps.
Une colonie qui ne démarrerait pas malgré ces soins est à supprimer.
À l'inverse, sur les colonies très fortes, il convient de réaliser systématiquement un essaim artificiel.
Fin avril, les hausses se remplissent avec le colza, l'aubépine, les fruitiers. Vous ajouterez d'autres hausses sous la première et ferez la récolte immédiatement après que les hausses seront pleines, sous peine de voir le miel cristalliser en quelques jours.
Sur une première miellée très forte, posez immédiatement deux hausses bâties. Cela évite un engorgement du nid à couvain, un arrêt de ponte de la reine et, à terme, un essaimage.

NE PAS ENGORGER LE NID À COUVAIN QUAND LA COLONIE RESTE FAIBLE...

Si une colonie restait faible malgré l'opération précédente d'équilibrage du couvain (voir la visite de fin d'hiver), échangez les hausses en cours de remplissage en mettant sur la ruche faible une hausse bien pleine d'abeilles, issue d'une ruche forte, qui récupérera quant à elle la hausse de sa voisine. Les abeilles gorgées de miel dans les hausses ne se battent pas. Cette opération est à faire tout au long de la saison[1].
Le débutant hésite toujours sur le moment de mettre les premières hausses. Le risque majeur étant l'engorgement du nid à couvain et l'essaimage qui s'ensuit, une solution consiste à mettre la hausse bâtie sous le corps de ruche. Lorsque la reine descend y pondre, c'est le signe qu'on peut mettre cette hausse par-dessus.
Les professionnels ne procèdent pas ainsi, sauf dans des ruchers éloignés avec les Buckfast qui pondent tellement que leur suivi est sécurisé par cette pratique.

BON À SAVOIR
La proportion très élevée de glucose dans le miel de colza le fait cristalliser rapidement dans les rayons. Une fois extrait, ce miel doit être mis en pot immédiatement, faute de quoi il va cristalliser dans le maturateur en moins d'une semaine.

1. Une variante plus expéditive consiste à inverser les ruches fortes et les ruches faibles sur leurs emplacements. Seul le poids est dissuasif pour cette opération. La ruche faible est mise à la place d'une ruche forte et inversement, la plus faible récupérant les butineuses de la plus forte.

La visite d'été

Quand ?

Juste au moment de la dernière récolte, soit généralement mi-juillet.

Pourquoi ?

Trois grandes raisons motivent cette visite d'été:
- l'apiculteur a fini de prélever sur les réserves d'hiver de la colonie, il est temps par conséquent d'aider celle-ci à les reconstituer par des apports massifs de sirops concentrés
- c'est la période de développement maximum de la population des varroas, les traitements s'imposent par conséquent, et ce sur plusieurs mois
- il est temps de commencer à produire des abeilles d'hiver, jeunes et saines, sachant que deux mois sont nécessaires à cela. Une stimulation de la ponte de la reine sera conduite à cet effet.

Le contexte

En principe, le miel est présent en plus ou moins grande quantité selon les années et l'état des colonies. Les printemps sont plus ou moins favorables au développement des insectes et des abeilles en particulier.
La récolte faite, apprécier l'état des réserves, du volume du couvain, permet d'ajuster les apports de sirops. Ceux-ci seront concentrés et en grand volume pour faire les réserves d'hiver, à 50/50 et par 2 l tous les 2 ou 3 jours pour stimuler la ponte de la reine et faire des abeilles d'hiver.

BON À SAVOIR

Respecter les réserves de la colonie

Il faut toujours garder présent à l'esprit que la récolte effectuée par l'apiculteur est un prélèvement sur les réserves d'hiver des colonies. Notre attention doit se porter sur les réserves qui se constituent et se reconstituent au fil du temps et de nos prélèvements.

La conduite à tenir

Hormis la récolte de colza, qui est à faire rapidement si l'on est dans une zone où se pratique cette culture, les apiculteurs amateurs ajoutent des hausses au fil des miellées [1]. En effet, si celles-ci ne sont pas suffisantes, les abeilles consomment au fil du temps les réserves accumulées. Ainsi, pas de risque de voir ses colonies mourir de faim mais ce sera au détriment du volume de miel récolté.

Le professionnel récoltera au fil des miellées pour avoir des miels typés et nourrira entre deux si ses abeilles ont faim.

Arrive ensuite, mi-juillet, le temps de faire la dernière récolte [2]. Une fois celle-ci effectuée, contrôlez de nouveau les corps de ruche et l'état du couvain. Les colonies malades (loques, mycoses, nosémoses...) seront détruites.

Les colonies en bon état feront l'objet d'une visite approfondie pour compter le nombre de cadres de corps pleins de miel, et les cadres de couvain.

L'idéal serait d'avoir déjà la moitié des cadres de corps pleins de miel, miel et pollen, et le reste de couvain.

QUEL OBJECTIF POUR L'APICULTEUR ?

À la fin de l'été, courant octobre, la ruche doit atteindre 20 kg en pesée arrière avec une grosse population de jeunes abeilles nées en septembre et qui passeront l'hiver. C'est-à-dire qu'elles conserveront leurs capacités de nourrice durant la morte-saison jusqu'à la reprise de la ponte de la reine en janvier/février.

1re situation : peu de cadres de couvain et pas de miel

Si c'est le cas dans vos colonies, nourrissez durant trois semaines tous les deux jours avec un à deux litres d'un sirop 50/50. La ponte va repartir, la population sera en expansion dans un mois. Les excédents de sirop seront stockés en miel.

Fin août, donnez un sirop concentré à 2/3 de sucre pour 1/3 d'eau, par nourrisseurs entiers, jusqu'à ce que la colonie atteigne 20 kg environ en pesée arrière.

2e situation : les corps possèdent une forte quantité de miel sur 9 cadres et le volume de couvain est très restreint

Enlevez un ou deux cadres de miel et mettez des cadres bâtis de chaque côté du cadre où se trouve le couvain.

Nourrissez avec un sirop 50/50 tous les deux jours, durant trois semaines.

Surveillez le stockage ; s'il se poursuit, arrêtez le nourrissement. Si la ponte s'accroît, poursuivez le nourrissement.

Si les abeilles construisent des rayons en surnombre, remplacez un cadre (vide ou plein de miel, peu importe) par une cire mise dans le nid à couvain. Selon le volume d'abeilles et le nombre de cadres de couvain en septembre, vous enlèverez un cadre vide (ou pas vraiment plein) et remettrez un cadre plein que vous aurez retiré précédemment.

3e situation : les corps possèdent beaucoup de cadres de couvain et les cadres de miel sont peu remplis

Donnez du sirop concentré 2/3 sucre 1/3 eau par nourrisseurs couvre-cadres complets, jusqu'à 15 kg de sirop par colonie. Cet apport massif bloque la ponte de la reine.

Un mois plus tard, vérifiez l'état des lieux pour relancer la ponte de la reine en septembre si besoin et produire les abeilles d'hiver ; car, les corps étant bien pleins de miel, les abeilles n'ayant pas de place pour stocker le nectar, elles ne pourront amasser, donc elles ne deviendront pas butineuses et elles se contenteront de consommer des protéines en quantité, ce qui les fera rester jeunes.

1. Un professionnel récolte après chaque miellée significative, cela favorise l'obtention de miels typés.
2. Nous avons oublié qu'au XIXe siècle, dans les manuels d'agronomie, on fixait la récolte du miel en mai pour laisser aux abeilles le temps de faire leurs réserves d'hiver avec le seul nectar des fleurs.

POUR FAIRE UN MIEL TYPÉ

Lors d'une très forte miellée, de tilleul par exemple, retirez les hausses, extrayez-en le miel totalement, puis remettez-les à leur place. Si le corps contient peu de miel, les hausses se rempliront de tilleul. Si les corps sont riches en miel, retirez les cadres de miel, remplacez-les par des partitions ou des cires, puis remettez les cadres de miel une fois les hausses extraites. Ceci afin d'éviter un transfert du miel des corps vers les hausses, mouvement constant dans les colonies.

BON À SAVOIR

Traiter contre le varroa

Opération connexe fondamentale : le traitement contre le varroa qui démarre dès juillet et se poursuivra jusqu'en hiver. C'est à l'occasion de cette visite d'été que vous intégrerez dans votre planning de travail le contrôle de l'infestation par varroa pour appliquer le plus rigoureusement possible les méthodes préconisées par les GDSA [1].

La visite d'automne

Quand ?

Elle est à prévoir en septembre.

Pourquoi ?

Effectuer un bilan avant l'hiver, réduire le volume des ruches en prévision de la mauvaise saison, protéger les colonies contre leurs prédateurs. Leur poids sera l'indicateur de leurs réserves en miel et le top départ du suivi au cours de la morte-saison.

1. Dans presque tous les départements, il existe un Groupement de Défense Sanitaire Apicole (GDSA) qui réunit les apiculteurs pour organiser la lutte contre les maladies des abeilles. Ils sont une section des GDS multi-espèces mis en place dans les années 1950. Les réformes de l'État se traduisent par la mise en place de structures sanitaires régionales.

Le contexte

C'est la dernière visite complète. Le temps devient de plus en plus froid. Les ruches, bien garnies, seront surveillées mais leurs réserves devraient leur permettre de tenir jusqu'à la fin de l'hiver.

Certaines années cependant, la douceur entretient des floraisons et l'activité des colonies se poursuit, le couvain se renouvelle, les réserves sont consommées de manière excessive : une surveillance hivernale sera impérative.

La conduite à tenir

Passez en revue les cadres. Vous retirerez tous ceux qui sont vides, ou pleins sur seulement 10 cm de hauteur, et installerez des partitions pour réduire l'espace de la colonie en la resserrant sur ses cadres de miel et de couvain.

Repositionnez également les lanières de traitement dans le couvain, si les réserves de miel sont inférieures aux besoins, la colonie dès la fin du mois de décembre pourra faire l'objet d'un nourrissement avec un pain de candi.

Sauf raison particulière, toute colonie dont le développement n'aura pas été suffisant sera supprimée au plus tard en octobre. Le plus souvent, c'est le signe d'une reine peu féconde dont la valeur ne vaut pas les dépenses à engager pour la survie de la colonie.

La colonie sera dispersée dans le rucher ou réunie avec une autre colonie.

Cette dernière visite faite, les ruches ne seront plus ouvertes jusqu'en mars suivant, sauf pose du candi si besoin. Seul le suivi hivernal sera de rigueur.

BON À SAVOIR

Rappel

Toute l'année, après chacune des ouvertures avec sortie de cadres, donner environ un litre de sirop 50/50 pour permettre aux abeilles de remonter rapidement en température le couvain et la ruche. Ne pas le faire en présence de hausses.

Le suivi hivernal

Quand ?

Tous les mois, à partir de novembre. Durant toute cette période, il n'y aura plus d'ouverture des ruches, le contrôle s'effectuant par pesée mensuelle et surveillance du candi sous la bâche à bulles.

Pourquoi ?

Suivre au mieux la colonie pendant l'hiver, sachant que l'évolution du poids de la ruche et la vitesse à laquelle elle diminue donnent une indication sur l'activité de la colonie et ses besoins en nourriture. Les actions se limiteront à des apports de candi en cas de besoin.

Le contexte

Le froid conduit les abeilles à se resserrer en grappe sur les cadres de miel qu'elles consomment très lentement pour se nourrir et se tenir chaud. Il pourra faire jusqu'à moins 5 °C dans la ruche, au cœur de la grappe il fera toujours 30 à 35 °C, à la périphérie la température baissera jusqu'à une dizaine de degrés. D'un lent mouvement, les abeilles de la périphérie pénètrent la grappe pour aller se restaurer sur le miel, celles du centre repartant vers l'extérieur. Cette consommation de miel produit des rejets de gaz carbonique et d'eau qui seront évacués par le plateau de sol grillagé.

La grappe d'abeilles est fragile, un choc peut la disloquer facilement. Par très grand froid, les abeilles tombées sur le plateau de sol risquent d'être engourdies. Elles ne peuvent alors remonter sur leur rayon pour recomposer la grappe, et meurent.

Au premier rayon de soleil, la ruche chauffe, la grappe se disloque, les abeilles sortent pour des vols de « propreté ». À leur retour, elles se réinstallent sur des cadres pleins de miel.

La conduite à tenir

Chaque mois, vous allez peser vos colonies. Celles qui auront atteint 20 kg en pesée arrière n'auront besoin d'aucun nourrissement durant la morte-saison. Les autres nécessiteront un nourrissement. Vous les recouvrirez d'une bâche à bulles en plastique, le couvre-cadres nourrisseur étant retourné par-dessus. Lorsque vous posez un pain de candi, soulevez délicatement un pan de la bâche à bulles et glissez le pain de candi mis à nu jusque sur la tête des cadres, là où sont les abeilles. Le couvre-cadres emboîtera le candi et le tout sera bloqué par la pose du toit.

HYGIÈNE HIVERNALE DANS LA RUCHE

Il est impératif de retenir que, si on rend très étanche le sommet de la ruche, le plateau de sol devra laisser passer l'air pour assainir la ruche et évacuer l'humidité. Les abeilles craignent en effet davantage celle-ci que le froid. Le plateau de sol grillagé restera ouvert tout ou partie selon le vent, le froid, l'orientation du rucher.

Pour que ce suivi hivernal soit efficace, vous noterez soigneusement le poids des ruches et suivrez les variations de chacune au fil des mois. Le plus simple étant la pesée arrière avec un peson à ressort ou électronique.

Pesée arrière au peson électronique

BON À SAVOIR

Quand la ruche perd du poids

La perte d'1 kg par mois et par ruche est normale. Lorsque cette perte de poids s'accélère, c'est le signe que la ponte de la reine a repris: les abeilles consomment du miel pour produire la nourriture et la chaleur nécessaires à la vie des larves.
Les hivers exceptionnellement doux, avec certaines races, la reine ne cesse pas sa ponte tant que les butineuses ramènent du pollen. Les abeilles consomment beaucoup pour nourrir le couvain et maintenir la température.
Les réserves s'épuisent rapidement, et il est parfois nécessaire d'apporter du candi dès le mois de décembre.

Nourrissement

Réunir deux colonies

Il est très facile de réunir deux colonies. L'apiculteur ne se privera donc pas de le faire dans l'optique de toujours disposer de colonies fortes, capables de collecter en abondance une nourriture variée. Mais cette réunion doit se faire entre colonies en bonne santé, dont l'une dispose d'une jeune reine pour conserver le bénéfice des apports de couvain et d'abeilles. Sans quoi l'opération n'a pas d'effet bénéfique. En d'autres termes, celui qui réunit dans un même bâtiment des individus jeunes, en pleine forme et en nombre, construit une entreprise; s'il peuple son bâtiment de malades âgés, il crée un hospice... Deux aventures dont l'avenir n'est pas le même!

Principe de la réunion

Il s'agit de regrouper le couvain et les abeilles. Les cadres surnuméraires sont mis de côté: ce seront les cadres vides, trop vieux, peu pourvus en miel.

Normalement, deux colonies ne peuvent être réunies sans bagarre. Sauf si on prend soin de perturber les populations par de la fumée, les abeilles se gorgent de miel et sont plus calmes, échangeant entre elles du miel. Précaution supplémentaire, on brouille les odeurs en pulvérisant sur les abeilles une eau parfumée.

Deux manières d'opérer se présentent selon la présence ou l'absence de miellée:

- En pleine miellée, on alternera les cadres des deux ruches.
- En l'absence de miellée, la reine à protéger sera introduite avec tous les cadres de couvain de sa colonie.

La réunion, pas à pas, en pleine miellée

- Installez une ruche propre à la place de la colonie la plus forte.
- Rapprochez les deux colonies [1].
- Enlevez la reine de la colonie la plus faible, ou la reine la plus âgée, ou celle au couvain le moins régulier [2].
- Recomposez le nid à couvain en alternant les cadres de couvain des deux colonies avec leurs abeilles.
- Y mettre de chaque côté les cadres de pollen des deux colonies, complétez avec des cadres de miel.
- Versez les abeilles des deux colonies.
- Rangez les cadres vides surnuméraires, emportez rapidement le matériel vide pour le désinfecter.

1. Un rapprochement progressif jusqu'à 1 mètre par jour ne fait pas perdre les butineuses.
2. La ponte de la reine étant aussi fonction du nombre des nourrices, une reine dans une petite population s'apprécie à la compacité de son couvain et non à son seul volume.

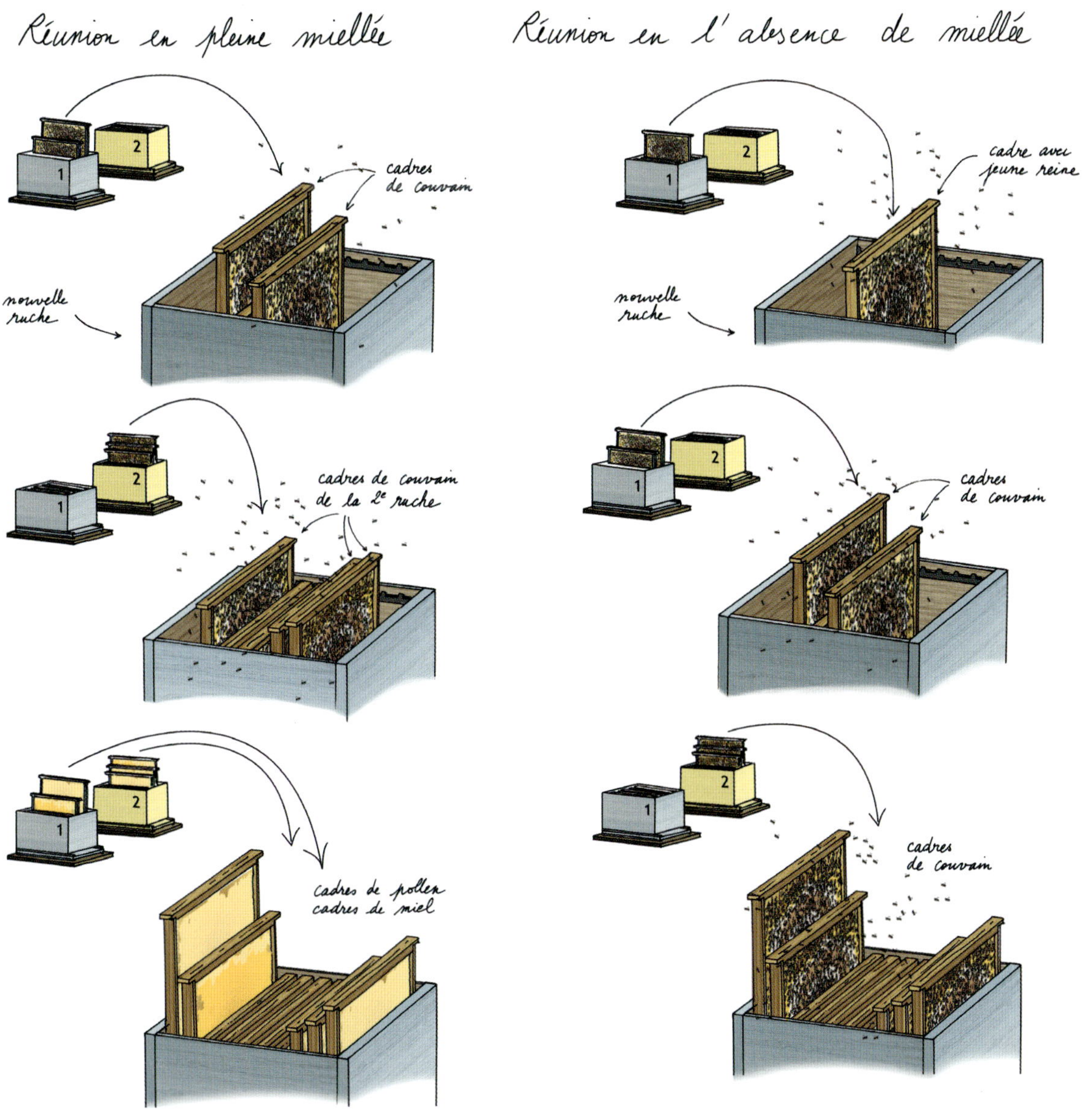

La réunion, pas à pas, en l'absence de miellée

Opérer comme précédemment sauf pour les deux actions suivantes :
- regrouper au centre les cadres de couvain de la ruche la plus forte, de la reine à protéger
- compléter de chaque côté avec les cadres de couvain et les abeilles de l'autre colonie.

Précautions. Parfumez au fur et à mesure les abeilles présentes sur chacun des cadres, soit au pulvérisateur, soit en mettant sur chacune des têtes des cadres quelques gouttes d'essence d'eucalyptus ou de pastis.

Quand réunir ?

- En fin d'hiver, avec des ruchettes de l'année précédente pour accroître les populations des ruches destinées à la production.
- En fin de saison pour n'hiverner que des colonies populeuses.
- À toute époque de l'année pour remérer des colonies devenues orphelines

Disperser une colonie

C'est de cette manière que l'on supprime une colonie saine mais qui n'a pas de couvain que l'on pourrait récupérer, qui n'aura pas le temps de préparer l'hivernage, dont la reine est trop âgée, qui est bourdonneuse… On souhaite dans ce cas seulement conserver les abeilles.

Comment procéder ?

- Enfumez la ruche copieusement, les abeilles se gorgeront de miel.
- Éloignez la ruche de son emplacement d'origine.
- Sortez les cadres un par un, secouez-les dans le rucher, faites s'envoler les abeilles.
- Videz la caisse de toutes ses abeilles.
- Rangez la ruche rapidement.

Ne retrouvant pas leur ruche, les abeilles vont peu à peu se présenter dans les autres ruches en donnant une goutte de miel, elles seront alors acceptées. La reine âgée se perd au sol.

On brûle les cadres et les rayons dans un trou en terre. Une fois l'opération terminée, les cendres sont recouvertes de terre.

ÉTOUFFER UNE COLONIE MALADE

N'ayant aucun moyen de traiter les maladies de l'abeille, il est nécessaire de détruire les colonies touchées (loques, nosémose, mycoses résistantes…) pour éviter une infestation généralisée du rucher et des ruchers voisins. C'est une mesure de santé publique.

Comment procéder ?

- **Opérez le soir à la nuit tombante.**
- **Fermez le plateau de sol s'il est grillagé ainsi que l'entrée de la ruche.**
- **Ôtez le couvre-cadres, placez une hausse vide et une boîte de conserve avec 1/2 mèche soufrée enflammée dedans.**
- **Fermez le toit.**
- **Environ 1/4 d'heure plus tard, retirez la ruche de son emplacement.**
- **Le soir même ou le lendemain, sortez tous les cadres, brûlez-les et enterrez les cendres, puis désinfectez soigneusement tous les éléments de la ruche.**

DISPERSION D'UNE COLONIE DANS LE RUCHER

Dans le cas d'une ruche bourdonneuse, faire la dispersion à une bonne dizaine de mètres pour que seules les butineuses soient récupérées et que les pondeuses inutiles ne puissent revenir vers une colonie.

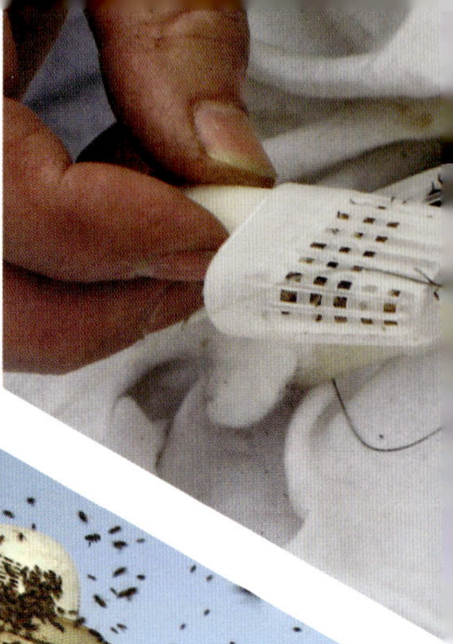

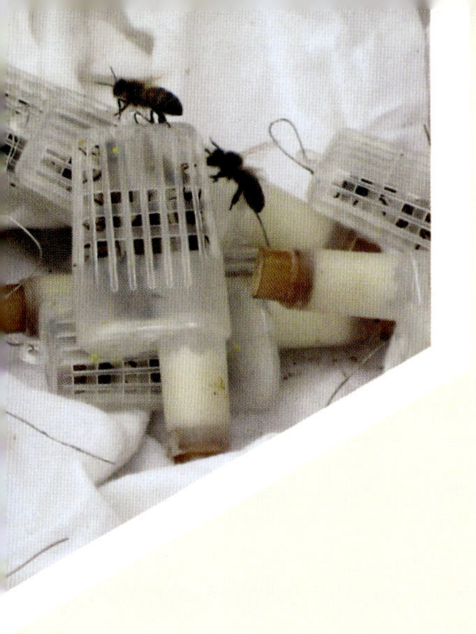

8 COMMENT CRÉER UN ESSAIM ARTIFICIEL ?

Le processus d'essaimage est engagé dès qu'apparaissent des cellules royales dans la colonie. C'est un phénomène naturel que l'apiculteur essaye toutefois de maîtriser, d'anticiper. En effet, lorsqu'elle essaime, la colonie emporte avec elle la moitié de la population. Certes, l'essaimage génère une nouvelle colonie, mais que l'apiculteur paye au prix fort puisqu'il signifie la perte de la récolte de l'année en cours pour la colonie existante.
Pour éviter cet événement, l'apiculteur réalisera des essaims artificiels qui n'obéreront pas la récolte. Les méthodes sont innombrables[1], nous en avons choisi quelques-unes, celles que nous pratiquons, chacun adoptant ensuite celle qui lui semble la plus en adéquation avec ses disponibilités en temps, ses objectifs de production, la race d'abeilles qu'il utilise, sa pratique du nourrissement...
Au fil des années, l'expérience aidant, vous préviendrez de mieux en mieux ce phénomène. Sachez toutefois qu'il n'est donné à personne de le contrôler complètement.

1. On se reportera à l'ouvrage de P. Jean-Prost, *op. cit.*, le plus complet en la matière.

Observer pour prévenir l'essaimage

Des cellules royales sont apparues dans la ruche. Pourquoi ? Quand doit-on intervenir ? Que seront ces reines ? Autant de questions qui guideront la conduite des colonies en situation d'essaimage et orienteront la sélection, indispensable dans ce type de situation.

Repérer les signes avant-coureurs

Comme mentionné en page 108, c'est surtout en début de saison que les colonies produisent des ébauches de cellules royales. Mais à tout moment du printemps, les conditions déjà évoquées peuvent conduire à la mise en place de la production de cellules royales. Une fois les cellules royales operculées, vous disposez au mieux de 6 jours avant que l'essaim ne prenne son envol. Le développement de la reine se fait en effet en 16 jours (plus ou moins 1 jour selon la température ambiante), dont 8 en cellule fermée.

Pourquoi des cellules royales sont-elles apparues ?

Les raisons sont multiples.
Un nourrissement spéculatif réalisé à l'aveugle, par exemple ? Ou, à l'inverse, un nourrissement spéculatif bien conduit, mais des conditions météo qui ont retardé la date de la première des grandes miellées, les populations ayant alors été trop nombreuses par rapport aux ressources florales à butiner ? Une année avec alternance de périodes très chaudes, favorables au butinage, et de forts coups de froid ? Des reines trop âgées ? Des lignées essaimeuses ? Ou bien la reine est morte au cours d'une visite ?

Autant de possibilités susceptibles d'expliquer l'apparition de cellules royales.
À l'apiculteur d'en tenir compte dans la conduite de ses colonies pour limiter au mieux les essaimages naturels.

Trois types de cellules royales

Vous trouverez potentiellement trois types de cellules royales :
- *des cellules de reines bien en cercle,* en pourtour du couvain, dans le bas ou en bordure des rayons : ce sont des cellules normales d'essaimage
- *des cellules réparties de manière anarchique sur les rayons,* au centre du couvain, collées les unes aux autres : elles sont le signe d'une disparition accidentelle de la reine. Les abeilles ont étiré des cellules royales à partir de larves en âge d'être élevées, c'est-à-dire de 1 à 3 jours. Ce sont des cellules dites « de sauveté ».
- *une cellule au centre d'un rayon, une par face et sur un ou deux rayons :* ce sont des remplacements de reine sans essaimage. C'est ce que l'on nomme la supersédure, événement que connaissent bien tous les apiculteurs, notamment en fin de saison lorsqu'ils remplacent leurs reines âgées par des reines de l'année. Pour des raisons mal connues, les abeilles changent parfois la reine, nouvellement introduite, en élevant le plus souvent une rem-

plaçante sur une de ses propres larves.
Pour faire des essaims artificiels, vous utiliserez les cellules des deux premiers types.
Les cellules naturelles (premier type) donnent des reines normalement fécondes.
Les larves des cellules de sauveté (deuxième type) peuvent avoir été nourries avec des gelées nourricières moins riches en hormones juvéniles, elles donnent en principe des reines moins fécondes.
Quant aux cellules issues du troisième type (supersédure), vous les laisserez aller à leur terme sans intervenir à ce stade. Il n'y aura pas d'essaimage.

Situation normale d'essaimage.

LA QUESTION DE LA SÉLECTION

Les reines nées dans ces conditions d'apparition spontanée seront à remplacer ultérieurement (voir chapitre 6). En effet, l'absence de sélection ne permet pas d'avoir une bonne homogénéité des ruches en termes de douceur, de résistance aux maladies, de production. L'agressivité, la sensibilité à certaines maladies, les lignées essaimeuses sont le lot des colonies qui se renouvellent sans maîtrise de l'apiculteur.
Dans un contexte environnemental devenu complexe pour la conduite des colonies, le travail de sélection est l'une des bases du savoir-faire apicole. À défaut, ces reines seront remplacées par des reines issues d'éleveurs réputés pour les sélections qu'ils opèrent.

Cellules de sauveté.

STOPPER L'ESSAIMAGE ?

Pour éviter l'essaimage sur une colonie qui produit des cellules de reines habitées, il faut durant toute la période de production de celles-ci, ouvrir le corps tous les 10 jours et détruire toutes les cellules de reine. Mettre une ou deux hausses sur le corps pour donner de l'espace tant à la ponte qu'à l'installation du miel.

Cellule de supersédure.

Faire un essaim artificiel : quelques méthodes possibles

Les cellules royales apparues naturellement vont servir à produire des essaims artificiels. Dans la nature, l'essaim qui part laisse en place une colonie apte à poursuivre son existence. La première manière de faire, proposée ci-dessous, imite la nature. Avec de l'expérience, vous pourrez choisir d'autres techniques qui économisent les ressources en abeilles et permettent de produire des essaims tout en assurant les récoltes de miel.

Cette méthode permet d'opérer une prévention de l'essaimage et d'éviter ainsi la perte d'un essaim qui s'envolerait faute de surveillance. Mais diviser une population en deux, c'est aussi, presque à coup sûr, perdre la récolte de l'année. L'expérience aidant, vous apprendrez à constituer des essaims à partir de deux cadres d'abeilles seulement. C'est la technique dite de « l'essaim sur cadres ».

La division simple, sans recherche de la reine

Cette méthode consiste à provoquer un essaimage artificiel en séparant la colonie en deux sans rechercher la reine au préalable. Elle est recommandée aux apiculteurs débutants, qui ont souvent du mal à la trouver.

Mode opératoire

Matériel : 1 ruche vide sans cadres, 2 partitions

À un autre moment que le jour de la visite de contrôle, vous diviserez la ruche identifiée comme devant essaimer : les abeilles auront retrouvé leur calme et resteront sur les cadres de couvain que vous allez prélever. Le but : que la nouvelle colonie soit bien pourvue en abeilles.

- Opérez par une très belle journée, ensoleillée et chaude.
- Enfumez sans excès pour ne pas désorganiser la colonie.
- Ouvrez sans heurts, retirer les cadres de rive.
- Répartissez à parts égales les cadres entre les deux ruches, en veillant à ce que les cellules royales soient bien présentes de part et d'autre.
- Recomposez un nid à couvain en mettant de chaque côté du dernier cadre de couvain un cadre de miel et de pollen, puis un cadre de miel, selon disponibilité.
- Ajoutez une partition dans chaque ruche pour éviter la dispersion de la chaleur dans l'espace vide.
- Mettez les deux ruches en position de V (presque en vis-à-vis) à l'emplacement de la souche (la colonie d'origine).
- Au bout de 2 heures, observez les deux colonies : la reine se trouve dans celle qui est la plus calme, mais aussi la plus active, avec de nombreux allers et retours de butineuses au trou de vol. L'autre ruche a beaucoup d'abeilles qui se promènent sur la face avant.
- Placez la colonie orpheline de reine à la place de la souche après avoir éloigné la souche un peu plus loin dans le rucher. Si vous observez un retour vers elle des butineuses en provenance du nouvel essaim, éloignez la souche

de plus de 3 km ou faites-lui passer deux nuits en cave.

- Nourrissez au sirop 50/50 la souche qui a perdu ses butineuses.

En plaçant le nouvel essaim à l'emplacement de l'ex-souche, celui-ci va bénéficier des butineuses revenues spontanément à leur emplacement d'origine. Par leur apport en nectar et en pollen, elles aideront la nouvelle colonie à attendre la naissance d'une reine, sa fécondation, puis sa mise en ponte. En effet, durant les trois semaines (a minima) qui suivent l'essaimage, la colonie orpheline ne peut se reproduire.

PARTAGE D'UNE COLONIE EN DEUX RUCHETTES

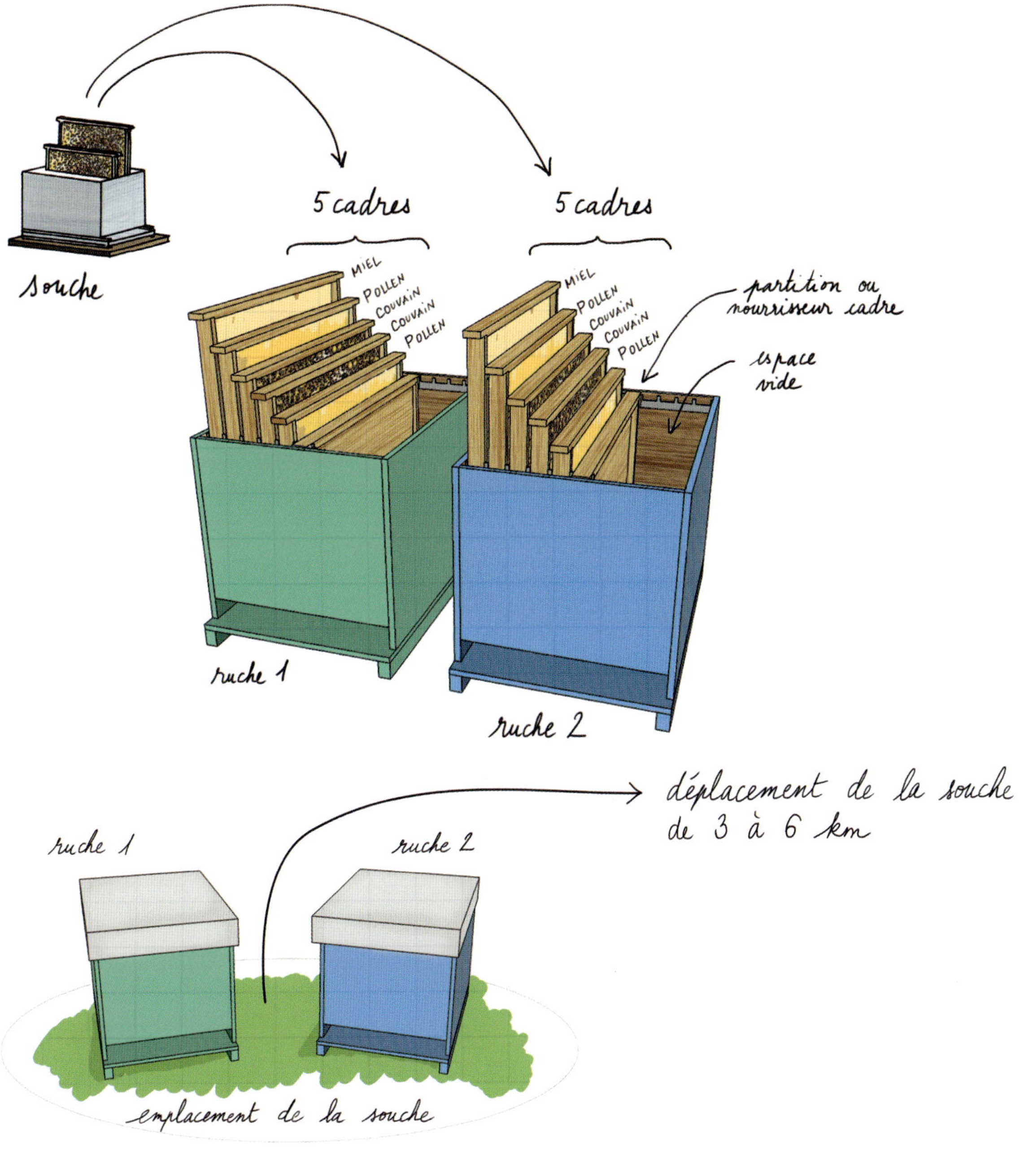

La méthode provençale applicable aux très fortes colonies

Sur des colonies très puissantes (6 cadres de couvain au moins), on peut également appliquer la méthode provençale, telle que l'a décrite Pierre Jean-Prost.
Au lieu de partager les cadres de moitié entre le nouvel essaim et la souche, on fait le nouvel essaim sur 3 cadres, en laissant 7 cadres dans la souche. Celle-ci devra être placée ensuite très loin du nouvel essaim (jusqu'à 6 km), pour éviter tout affaiblissement possible de l'essaim, laissé à la place de la souche, par un retour des butineuses vers leur reine.
Ainsi, le nouvel essaim sera renforcé en butineuses et la souche affaiblie temporairement ne risquera plus d'essaimer.
À la différence de la méthode provençale classique, en prélevant moins de cadres, celle-ci permet de préserver la récolte de miel.

Mode opératoire

Matériel: 1 ruchette, 1 partition, 5 cadres cirés
Opérez comme précédemment pour les premières étapes.
- Prélevez 2 cadres de couvain dont 1 porteur de cellules de reines et 1 cadre de miel avec toutes les abeilles dessus.
- Remplacez-les par 3 cadres cirés.
- Mettez les cadres prélevés dans une ruchette et ajoutez 2 cadres cirés, mettez une partition si la ruchette est sur 6 cadres.
- Secouez sur la ruchette les abeilles présentes sur les cadres de couvain de la souche (ce sont des nourrices essentiellement).

Mettre la ruchette à la place de la souche.
- Dans la souche, détruisez toutes les cellules de reines, sauf une ou deux parmi les plus belles. Si la reine s'y trouve, la colonie affaiblie les détruira. Sinon elles remèreront la colonie.
- Éloignez la souche de 3 à 6 km.
- Nourrissez-la.

Cette technique est très utilisée par les professionnels qui découvrent début avril des colonies très fortes mais sans cellules royales. Ils réalisent alors systématiquement des essaims artificiels sur 3 cadres. L'absence de cellules royales les conduit à mettre dans les deux colonies un cadre de couvain ouvert ayant des œufs, de manière à ce que la colonie orpheline élève une reine. Si le besoin s'en fait sentir, ils ajoutent des abeilles dans la ruchette, ou s'en abstiennent si les cadres prélevés sont bien restés couverts d'abeilles sur leurs deux faces. Ces essaims pauvres en abeilles seront nourris tous les 2 jours d'un demi-litre de sirop.
Cette manière de travailler s'avère extrêmement rapide et efficace, en phase avec des techniques de nourrissements spéculatifs. Toutefois, si la souche a été orphelinée accidentellement, la reine ayant échappé à la vigilance de l'apiculteur, la récolte sera modeste.

RÉALISATION D'UN ESSAIM SUR CADRE

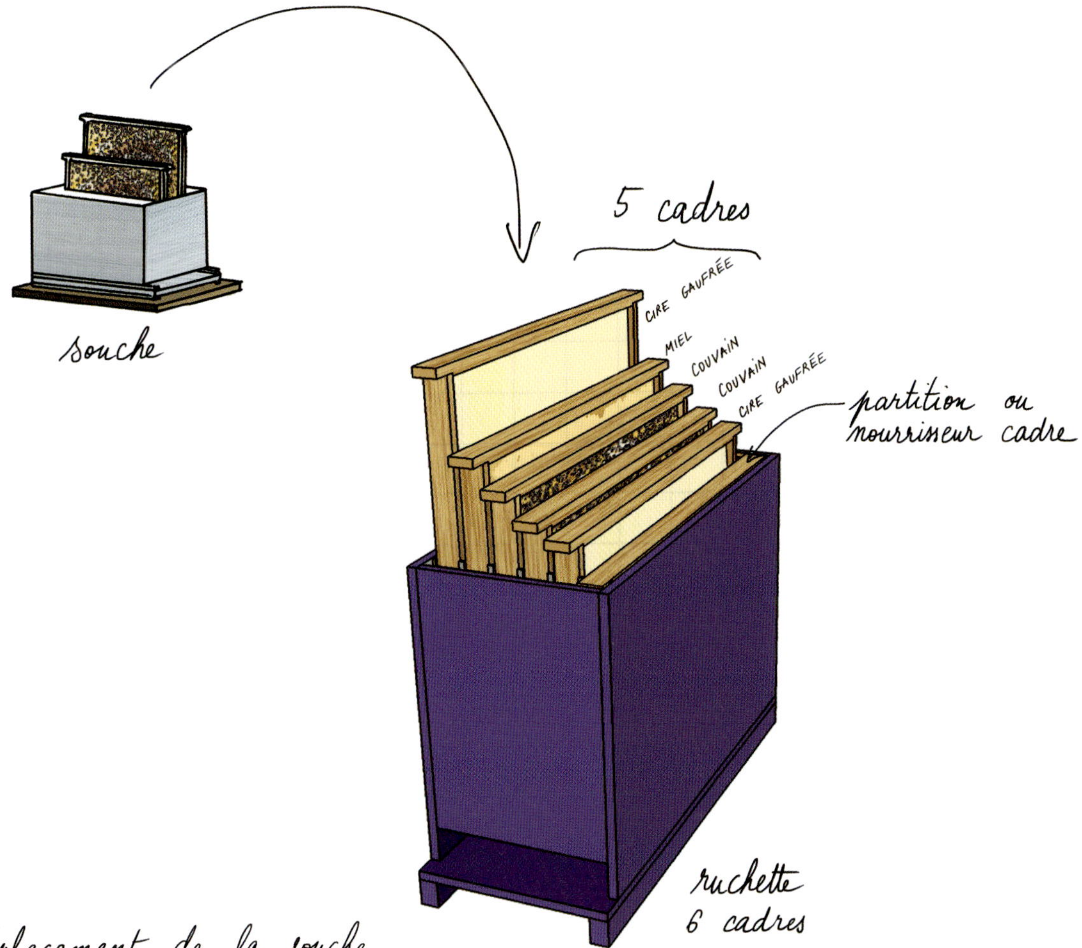

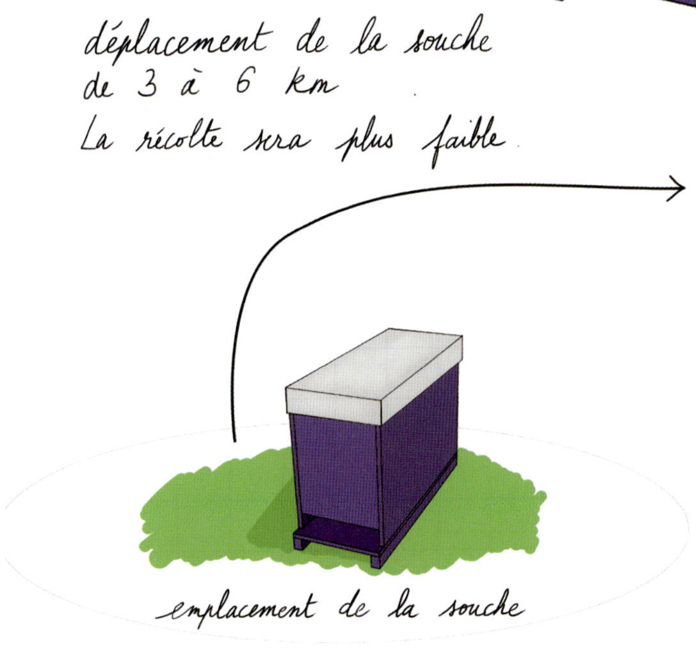

BON À SAVOIR

Variante sur ces méthodes

Dès que l'on maîtrise parfaitement la constitution et le développement des essaims artificiels, on laisse la souche à sa place, et c'est l'essaim qui est éloigné, son nourrissement est impératif. À cette condition, la constitution des essaims artificiels n'impacte pas la récolte attendue. C'est la manière de travailler des professionnels.

La division avec recherche de la reine

Cette méthode préserve la récolte de miel. *A contrario*, elle demande un peu plus de temps. La division se fait en prélevant 3 cadres de la souche : 2 cadres de couvain fermé avec leurs cellules de reines et 1 cadre de miel. La reine est maintenue dans la souche avec les 7 cadres restants dont on aura détruit au préalable toutes les cellules de reines présentes.

Mode opératoire

Matériel : 1 ruchette, 2 partitions, cadres cirés

Vous opérerez par temps beau et chaud, sans vent.

- En opérant doucement, sans heurts, et en enfumant peu, vous trouverez facilement la reine sur un cadre de couvain ouvert. Attention à ne pas choquer les cadres, elle se réfugierait dans un coin sombre de la ruche.
- Prélevez dans la souche 2 cadres de couvain comportant des cellules de reines et 1 cadre de miel. Mettre 1 cadre ciré.
- Récupérez la reine dans une cagette.
- Détruisez dans la souche toutes les cellules de reines.
- Si la souche est puissante, prélevez-lui une partie de ses nourrices par secouage dans la ruchette.
- Mettez dans la ruche et dans la ruchette une partition pour limiter le refroidissement.
- Replacez la reine dans sa ruche d'origine.
- Posez la ruchette à la place de la souche.
- Éloignez la souche dans le rucher ou plus de 3 km et jusqu'à 6 km si les butineuses reviennent vers leur reine.

Extension de cette méthode

Sur des colonies puissantes, comportant des cellules de reines sur chaque cadre de couvain, vous réaliserez autant de ruchettes que vous avez de cadres de couvain comportant des cellules. Ce ne sont plus les récoltes de miel qui sont visées mais la production d'essaims. Si les cadres de miel et de couvain nécessaires pour compléter les ruchettes n'étaient pas assez nombreux, prélevez dans d'autres colonies des cadres de couvain avec leurs abeilles. En pulvérisant sur elles une eau parfumée, vous éviterez les bagarres.

Placées en éventail à la place de la souche, ces ruchettes récupéreront les butineuses. La reine sur 2 cadres de couvain et 1 cadre de miel sera mise à l'écart, et ces ruchettes nourries tous les 2 jours.

En cas de désertion de l'une d'entre elles au profit d'une autre, inverser les ruchettes autant de fois que nécessaire pour que les populations soient bien équilibrées et stabilisées.

BON À SAVOIR

Anticiper la création d'essaims artificiels

- Bien avant l'apparition de cellules royales naturelles dans une colonie, il est possible d'appliquer toutes ces méthodes. La seule précaution consiste alors à laisser dans les ruches ou ruchettes orphelines un cadre de couvain ouvert contenant des œufs, pour donner à ces abeilles sans reine la possibilité de produire des cellules royales. Cette façon de procéder trouve sa pertinence dès l'apparition des faux-bourdons.
- On accélère également le processus de développement des essaims artificiels en leur apportant une reine fécondée et en ponte, ce que font les éleveurs dès la production artificielle de reines à partir du mois de mai.
- Il est possible également d'opérer de la même manière dès le mois de mars, en introduisant dans les essaims artificiels orphelins des reines fécondées conservées en mini-ruchettes tout l'hiver ou issues d'élevages de l'hémisphère Sud. Importations qui sont à haut risque malgré les contrôles.

CONSTITUER UN ESSAIM ARTIFICIEL

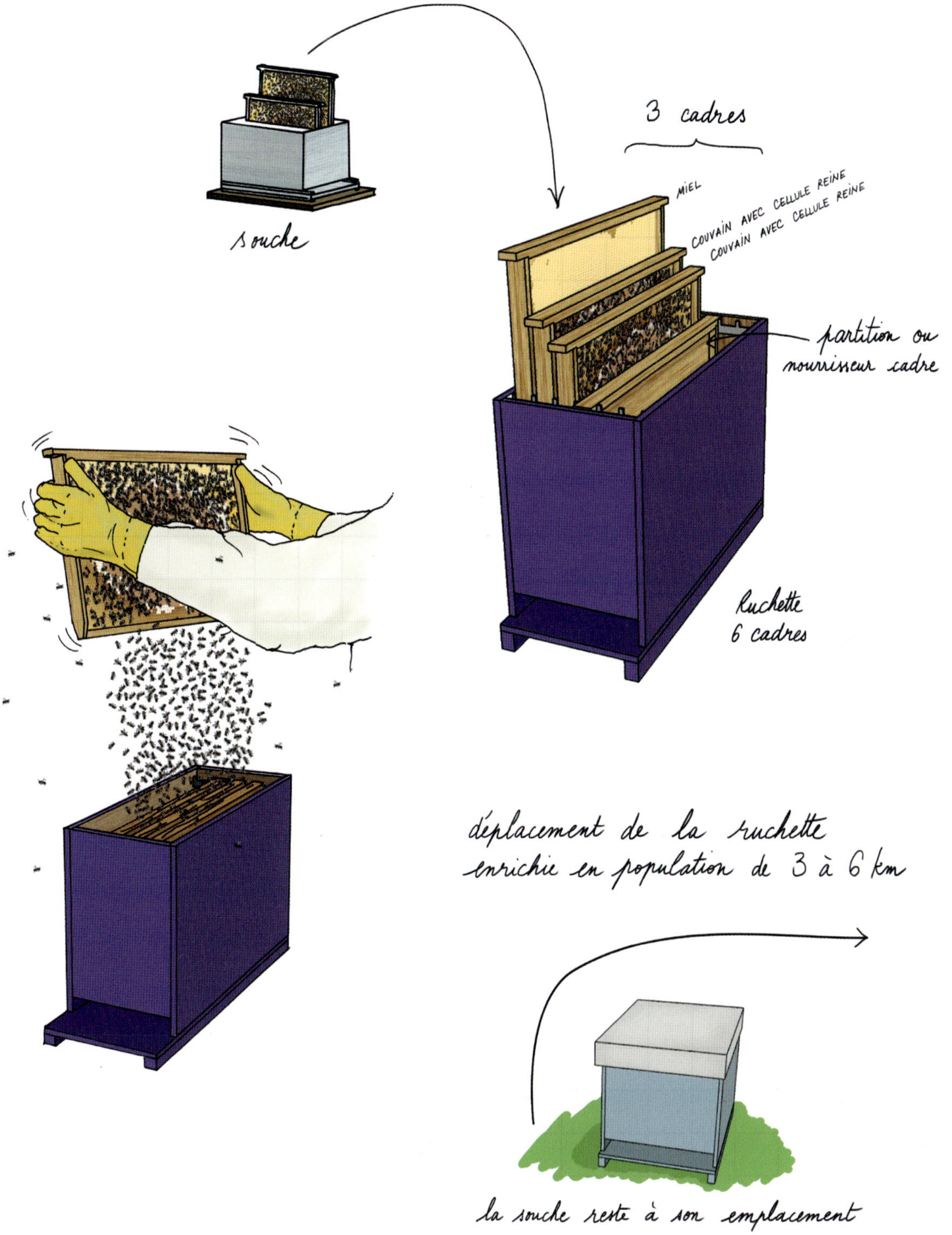

Faire un essaim nu

L'essaimage est provoqué, entre autres facteurs, par un déséquilibre entre le volume des abeilles butineuses et celui des abeilles nourrices. Pourquoi, dès lors, ne pas éviter l'essaimage tout simplement en retirant de la colonie l'essentiel des nourrices et des butineuses, avec la reine ? C'est la technique dite « de l'essaim nu », qui vise à produire un essaim comme il se fait spontanément dans la nature.

L'essaim nu se pratique lorsque les colonies sont au maximum de leur développement, au moment de la pose des hausses par exemple, et sur des colonies tellement peuplées que l'on est en droit de redouter un essaimage.

Pour que la colonie ainsi orphelinée ne disparaisse pas, il faut que dans le corps de la ruche il y ait des cellules royales, ou la présence de cadres possédant des œufs et des larves.

Cette technique préserve la récolte de miel, certes amoindrie, mais possible. Elle consiste à faire monter d'une ruche l'essentiel de la colonie dans un autre corps posé par-dessus.

MODE OPÉRATOIRE

Matériel : 1 corps de ruche équipé de 8 cadres cirés et bâtis + des partitions pour réduire le volume + 1 plateau de sol + 1 couvre-cadres + 1 toit.

Vous opérerez par temps beau et chaud, en pleine journée.

- Enlevez le couvre-cadres, posez le corps de ruche avec ses 8 cadres bâtis et cirés sur la ruche à prélever.
- Posez au sommet un couvre-cadres légèrement décalé en laissant une ouverture de 10 cm du côté de l'entrée.
- Enfumez fortement par l'entrée pendant au moins 1 minute.
- Tapotez fortement le bas de la ruche avec 2 bâtons en remontant doucement.
- Les abeilles vont se gorger de miel puis, avec la reine, elles vont peu à peu abandonner leurs rayons, fuyant devant la fumée et les chocs. Enfumez de nouveau et tapoter avec les bâtons.
- Lorsque vous estimez que toute la population d'abeilles est montée, soulevez délicatement le corps supérieur de la ruche et posez-le sans heurt sur un plateau de sol, où vous le fixerez.
- Déplacez l'essaim en le plaçant de manière un peu éloignée de la souche dans le rucher.
- Une heure après, soulevez le couvre-cadres.
- Si les abeilles fuient en masse, c'est le signe que la reine est restée dans la souche. Réunissez dans ce cas l'essaim à sa souche.
- Si elles restent dans la ruche, l'essaim nu avec la reine a réussi. Les butineuses entretiendront la souche avec les nourrices qui seraient restées, elles élèveront une nouvelle reine.
- Un mois plus tard, contrôlez la naissance et la ponte de la nouvelle reine dans la souche.
- Nourrissez régulièrement l'essaim pour qu'il puisse construire ses rayons. Soit environ 1/2 à 1 l de sirop 50/50 tous les deux jours jusqu'à la construction des 10 cadres.
- Lui faire passer une nuit et le jour suivant en cave ou à l'éloigner de 3 km.
- La souche aura perdu une bonne partie de ses nourrices et sa reine, mais gardera largement ses butineuses qui, pour certaines, reprendront du service de nourrices.
- Traitez également contre le varroa.
- Avec une reine marquée, la rechercher, la mettre à l'abri dans une cagette, puis la réintroduire dans l'essaim constitué.

LA RÉALISATION D'UN ESAIM NU, PAS À PAS

1. Poser sur la colonie la hausse, le corps de ruche ou l'élément, puis remettre le toit à l'envers en fermant la surface aux trois quarts et en laissant l'ouverture du côté de l'entrée.

2. Enfumer très fortement jusqu'à ce que la fumée apparaisse par le haut.

3. Transporter délicatement cet élément sur un plateau de sol à l'écart dans le rucher, mettre un couvre-cadres, puis le toit.

4. Environ une demi-heure après, ouvrir le sommet de l'essaim. Si les abeilles volent en masse, c'est que la reine n'y est pas, les réunir et recommencer un autre jour.

FAIRE UN PAQUET D'ABEILLES APRÈS UNE RÉCOLTE

1

Une hausse à lécher est posée sur le couvre-cadres dont le passage d'abeilles est ouvert, ou sur le corps avec une grille à reine.

2

Puis il est enlevé 24 h plus tard et posé délicatement sur un toit en tôle. Chaque cadre est sorti puis secoué dans un seau.

3

Ces abeilles sont bien mouillées pour les empêcher de voler, on en prélève 1,6 kg (mesure du peson).

4

Dans une ruchette, on met deux cadres cirés, une reine d'élevage en cagette est placée entre deux cadres bâtis.

5

Un entonnoir est posé sur la ruchette.

6

Les abeilles sont versées dans la ruchette, on ajoute un cadre nourrisseur et 1/2 l de sirop. La ruchette passera 24 h en cave.

Le paquet d'abeilles

Le paquet d'abeilles est un essaim nu, mais sans reine, que l'on réalise pour faire une nouvelle colonie en y introduisant une reine en ponte. Il est de taille variable, ce qui permet de faire des essaims artificiels plus ou moins gros. C'est aussi une manière de peupler les nucléis pour élever des reines.

À partir d'une ruche unique

Le paquet d'abeilles consiste à prélever des abeilles sur une seule ruche pour réaliser un essaim nu comme décrit précédemment. Ce qui peut sembler compliqué.
Une méthode plus simple consiste à faire un paquet d'abeilles sur une hausse, au moment d'une récolte, quand les colonies sont puissantes.

Mode opératoire

Matériel: 1 hausse venant d'être extraite, une grille à reine, un plateau de sol, un couvre-cadres nourrisseur, un toit, une reine d'élevage en ponte.

Vous réaliserez vos paquets d'abeilles le jour de l'extraction du miel, au terme d'une belle miellée, ou le lendemain. Opérez à la nuit tombante.

- Posez la grille à reine sur une très belle colonie, puis la hausse humide de miel.
- Le lendemain matin, la hausse sera pleine d'abeilles (d'où le terme de « paquet d'abeilles »); déplacez-la alors sur le plateau de sol.
- Introduisez dans ce paquet d'abeilles une reine en ponte dans une cagette.
- Placez l'ensemble en cave 1 nuit et la journée suivante, puis réintroduisez le paquet d'abeilles avec sa reine dans le rucher.
- Ajoutez une hausse supplémentaire dès que la ponte de la reine redémarre.
- Nourrissez 2 fois par semaine 1/2 à 1 l de sirop 50/50.

À partir de plusieurs ruches

Cette méthode consiste à travailler sur plusieurs colonies de front. On retire les reines des colonies et les nourrices sont prélevées sur plusieurs cadres de ces colonies.

Mode opératoire

Matériel: 1 caisse grillagée ou un seau de grande taille, si possible 1 entonnoir à large ouverture de la taille de 2 cadres, 1 pulvérisateur à pression préalable avec de l'eau, des cagettes à reine ou 1 ruchette close.

Vous opérerez par très beau temps, le matin, lorsque les butineuses sont aux champs.

- Repérez le cadre où se trouve la reine, prenez-la ou mettez le cadre dans la ruchette close.
- Secouez 2 à 5 cadres de couvain: vous obtenez des ouvrières et des mâles. Le nombre de cadres secoués dépend de la force de la colonie et du but recherché: simple prélèvement d'abeilles, affaiblissement pour éviter l'essaimage, saignée de la colonie pour stopper une fièvre d'essaimage (souvent redoutée dans les colonies trop fortes).
- Remettez la reine en place.
- Procédez de la même manière sur d'autres ruches, en mélangeant les abeilles. Pour limiter les envols, pulvérisez un peu d'eau sur le paquet d'abeilles en formation dans la caisse grillagée.
- Le volume recherché étant atteint, ces abeilles sont prêtes à l'usage, à savoir:
  . soit la constitution d'essaims avec des

reines vierges ou en ponte (il faut dans ce cas un paquet d'abeilles d'au moins 1,5 kg)
. soit la constitution de nucléis pour la naissance et la fécondation des reines d'élevage (il faut dans ce cas un paquet d'abeilles de 150 à 500 g d'abeilles selon la taille des nucléis).

BON À SAVOIR

Deux bons réflexes quand on fait un essaim artificiel

- Les essaims sont toujours des petites colonies à part entière, au sein desquelles la reine peut être facilement trouvée, puis marquée. Or, suivre l'âge des reines est l'un des points importants de la conduite des colonies. Vous devrez donc marquer systématiquement les reines des essaims artificiels que vous aurez constitués.
- Vous devez avoir constamment en ligne de mire la sélection. Celle-ci est en effet à la base d'une apiculture de qualité. Reproduire des non-valeurs est non seulement inutile mais à la source de la disparition des ruchers. Votre travail vise la production d'abeilles naturellement résistantes aux maladies. Ce que vous ferez assez rapidement, ce que la nature fait assez lentement.

COMBIEN DE CADRES DE COUVAIN POUR UN ESSAIM ARTIFICIEL ?

Précédemment, nous nous sommes situés en avril-mai pour la constitution des essaims. Un essaim sur 5 cadres de couvain et de miel en septembre passe normalement l'hiver. Pour atteindre ce chiffre, il faut constituer l'essaim avec :

- 1 ou 2 cadres de couvain en avril avec une cellule de reine
- 2 cadres de couvain en mai avec une cellule de reine
- 3 cadres de couvain en juin avec une cellule de reine
- 4 cadres de couvain en juillet avec une reine en ponte en comptant un nourrissement hebdomadaire jusqu'à la ponte de la reine.

Pour assurer la réussite tout en diminuant le travail de nourrissement, on ajoute un cadre de couvain sur la liste précédente. Toutefois, si on nourrit la colonie tous les 2 jours avec 1/2 à 1 l de sirop, il est possible de constituer des essaims sur 2 cadres jusqu'en août. Les abeilles construisent encore en septembre, la dynamique de la ponte de la reine est maintenue artificiellement sur toute la période.

RÉALISATION D'UN PAQUET D'ABEILLES

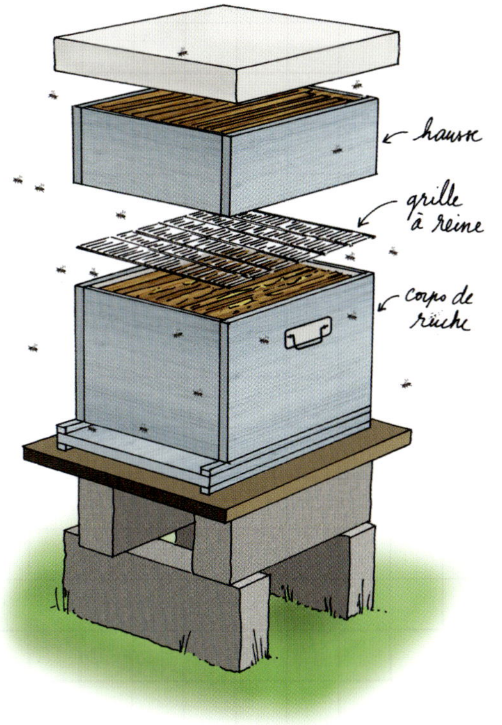

1. Placer entre la ruche et la hausse une grille à reine.

2. Poser le toit à l'envers sur le tout.

3. Tapoter fermement le bas de la ruche avec un bâton ou un lève-cadres.

4. Une fois que les abeilles sont dans la hausse, les secouer dans un toit en tôle, puis pulvériser de l'eau.

Marquer ses reines

Le marquage des reines est une opération indispensable pour en connaître l'exacte année de naissance. Les numéroter avec des pastilles de couleur permet d'en suivre la lignée. Cette information est à la base de la sélection.

On trouve les reines sans difficulté dans les petites populations :
- en début de saison pour les ruches de production
- toute l'année dans les nucléis d'élevage et les ruchettes.

Une fois marquées, les reines sont faciles à repérer en toutes circonstances. Le numéro est reporté au feutre sur le toit de la ruche et son année de naissance par une punaise à sa couleur sur le corps. Toutes ces informations seront retranscrites dans le registre d'élevage.

Le clippage limite les effets néfastes de l'essaimage. On coupe une aile de la reine aux 3/4, ce qui l'empêche de voler. Lors de l'essaimage, la reine à la sortie de la ruche prend son envol et tombe à terre, les fourmis et autres rampants auront tôt fait de la dévorer, l'essaim ne trouvant sa reine retourne le plus souvent à sa ruche. Parfois l'essaim se met sous le plateau de sol sans raison apparente ou parce que la reine clippée s'y est cachée.
- Le marquage se fait sur le thorax.
- La reine se prend par les ailes sur son cadre à main levée. Les inquiets se serviront d'une pince à reine, du tube d'un piston pour marquer les reines, d'une pipe allemande en verre...
- La tenir par le thorax, jamais par l'abdomen (on abîmerait ses ovaires).
- Poser une goutte de peinture sur la plaque dorsale du thorax et la mettre dans la pince à reine, attendre quelques minutes que la peinture sèche. Ou bien poser une goutte de colle (glu cyanolite), puis déposer la pastille (tenue par de la salive) à l'aide d'un clou limé.
- Lui couper aux 3/4 la paire d'ailes d'un côté : côté droit années paires, côté gauche années impaires.
- L'enfumer légèrement pour atténuer l'odeur de la peinture.
- Reposer la reine sur un rayon et surveiller son acceptation. En cas d'emballement par les abeilles, enfumer fortement pour disperser les agressives, tout rentre dans l'ordre. Ou encore, pour assurer son acceptation, refaire une introduction dans une cagette avec un peu de candi.
- Lors de la visite de printemps, les reines non marquées le seront à la couleur de l'année précédente.
- Pour les inquiets, introduire la reine dans un tube obturé par une fine maille, avec le piston en mousse coincer légèrement la reine sous une maille, la marquer à la peinture au travers, laisser sécher et la réintroduire dans sa colonie.

L'entraînement se fait sur des bourdons.

EN « BIO », CLIPPAGE INTERDIT

Le clippage, assimilé à une mutilation, est interdit en apiculture biologique. Ce point fait actuellement débat avec les autorités européennes, les professionnels ne pouvant perdre leurs récoltes en laissant partir les essaims.

BON À SAVOIR

À chaque année sa couleur

5 couleurs caractérisent les années de naissance.

Années se terminant par
0 ou 5 : bleu
1 ou 6 : blanc
2 ou 7 : jaune
3 ou 8 : rouge
4 ou 9 : vert

MARQUAGE CLIPPAGE D'UNE REINE

1

La reine en ponte est mise dans un piston.

2

Avec un ciseau, une aile est partiellement coupée.

3

Avec un stylet, une goutte de peinture est déposée sur le thorax.

4

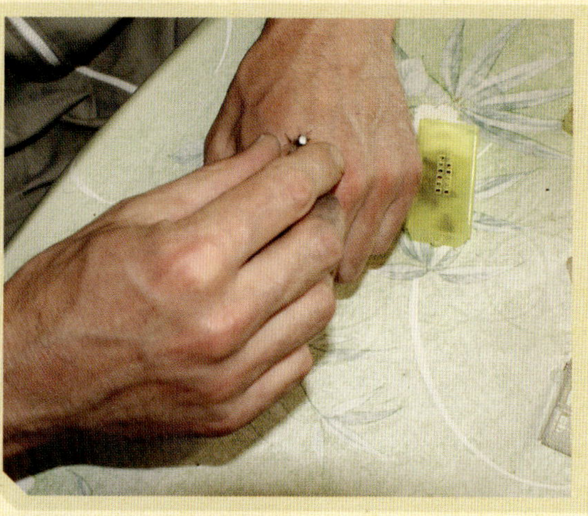

Une fois la peinture sèche, la reine est prise à pleine main.

5

Elle est ensuite placée dans une cagette de transport avec quelques abeilles.

9 NOURRIR SES ABEILLES

Le miel que nous récoltons correspond à un excédent produit par la colonie. Lorsque l'on souhaite obtenir un fort excédent de ses colonies, il devient nécessaire de les accompagner pour produire de très fortes populations. Nourrir ses abeilles, c'est disposer de colonies populeuses pour assurer la production de miel. C'est aussi maintenir ses colonies en bonne santé par des apports judicieux en sucre comme en protéines. Les abeilles connaîtront une durée de vie d'autant plus longue que leur alimentation larvaire et celle de leurs premiers jours auront été riches en protéines de qualité. Elles seront plus à même de lutter contre certains effets funestes des traitements chimiques environnants... Enfin, en de nombreux endroits, la ressource florale est insuffisante pour assurer un bon équilibre alimentaire. Les apports d'aliments supplémentés en protéines, en oligoéléments et en vitamines deviennent dès lors une pratique courante.
Cette pratique comporte des risques: l'essaimage en est le plus connu. On oublie que faire produire en septembre les réserves hivernales se réalise au détriment du volume et de la qualité des abeilles de fin d'été, les précieuses abeilles d'hiver! La production de miel peut aussi contenir des sucres apportés artificiellement. Ce sont autant de dangers à éviter. Nourrir ses abeilles fait désormais l'objet du savoir-faire de l'apiculteur.

Des nourrissements différents au fil des siècles

Nourrir semble paradoxal, les abeilles n'ayant pas attendu l'arrivée des apiculteurs pour se développer et survivre. Et pourtant, c'est l'un des rôles majeurs de l'apiculteur aujourd'hui...

Au début du XIXe siècle, les apiculteurs ne nourrissent pas leurs colonies, le sucre étant rare et cher. La récolte est alors très limitée et faite en mai.

Au début du XXe siècle, tous les manuels d'apiculture préconisent des nourrissements réduits aux compléments pour l'hiver et suggèrent des nourrissements spéculatifs également limités. On récolte alors jusqu'en septembre [1].

Au XXIe siècle, dans un contexte difficile tant sur le plan des floraisons que sur celui des risques associés aux pesticides et au varroa, on évitera les récoltes tardives. Un accompagnement alimentaire sur l'année s'impose, la bonne santé des abeilles en dépend désormais.

L'eau est essentielle aux abeilles.

1. C'est le siècle où apparaît le métier d'apiculteur, avec des professionnels qui en feront une activité exclusive.

BON À SAVOIR

Comment reconnaître une miellée faible ou forte ?

Au printemps, l'abondance des fleurs laisse penser à une miellée continue.
Or l'importance des rentrées de nectar se mesure en principe avec une balance.
On constate ainsi que, sur de très puissantes colonies, les rentrées évoluent de 500 g/jour début avril à 6 000 g/jour fin juin, sur les châtaigniers par exemple. Les fluctuations entre ces deux extrêmes sont importantes en fonction des miellées. Mais rares sont les apiculteurs qui possèdent ce type de matériel.
On se repérera par conséquent à l'œil, la vitesse des va-et-vient sur la planche d'envol indiquant l'état d'une miellée. Des abeilles qui rôdent, qui se chipotent à l'entrée, ralentissant du même coup le vol des butineuses, sont le signe d'une miellée faible ; dans ce cas, vous pouvez nourrir.
Un va-et-vient rapide, des abeilles qui se bousculent pour sortir, un échange de nourriture dès la planche d'envol : autant de signes que la miellée est forte ; dans ce cas, vous vous abstiendrez de nourrir la colonie.
Sauf famine dramatique ou population trop petite, en absence de rentrée de pollen et si le volume du pain des abeilles dans la ruche est faible, voire nul, s'abstenir absolument de nourrir.

Quels aliments pour mes abeilles ? Quoi apporter ?

Pour vivre, l'abeille a besoin de différentes ressources alimentaires. Il lui faut de l'eau, indispensable à sa survie. Mais aussi des pollens, qui lui apportent les protéines dont elle a besoin, des nectars... Selon les contextes, la météo et les circonstances, l'apiculteur devra nourrir ses colonies. Quoi apporter, quand et comment font partie d'un savoir-faire incontournable.

L'eau

Indispensable, c'est la première des ressources alimentaires. Les abeilles collectent de l'eau toute la belle saison, pour produire les gelées nourricières riches en eau mais aussi pour refroidir la colonie en cas de surchauffe.

Normalement, la nature leur offre ce dont elles ont besoin. Mais, si le rucher ne comporte pas un point d'eau proche et permanent à proximité, vous devrez placer un abreuvoir. Cela évitera que les abeilles n'aillent se fournir, sous les feuilles des cultures, de sécrétions ou de rosées toxiques .

À chacun son abreuvoir...

L'abreuvoir peut prendre différentes formes : un parpaing dans une cuvette d'eau fait bien l'affaire par exemple, ou encore une moquette dans un tonneau qui évitera les noyades, les abeilles suçant l'eau remontée par capillarité le long des supports, des bouteilles d'eau en plastique retournées sur un lit de gravier dans une cuvette, un bidon de 20 l qui goutte très doucement sur une planche...

Quand et où ?

Vous placerez l'abreuvoir hors du champ d'envol, pour qu'il ne soit pas souillé par les excréments des abeilles, et au soleil pour que l'eau soit chauffée. Celle-ci fera idéalement entre 20 et 27 °C. Les abeilles ne prennent pas l'eau quand elle est froide, ce qui les engourdit et les empêche de voler.

L'eau sera additionnée d'un peu d'anis, de sel de cuisine (2 g par litre[1]), et toujours propre, quitte à être régulièrement renouvelée.

L'abreuvoir se place tôt en saison, dès le mois de mars, pour que les pourvoyeuses d'eau se transmettent l'information de génération en génération. Souvent, un abreuvoir placé en mai ou en juin n'est pas visité.

Son volume dépendra du nombre de colonies à pourvoir, comptez environ 10 litres d'eau par an et par colonie[2].

ABREUVOIR CONTRE PISCINE

Mettre systématiquement un abreuvoir dans votre rucher évitera que vos abeilles n'aillent visiter les piscines de vos voisins ! Elles s'y rendent en effet pour prélever l'eau qui leur est nécessaire sur le gazon bordant les bassins (elle est alors chauffée par le soleil), avec le risque de voir les baigneurs leur marcher dessus et se faire piquer.

1. Attention : à 5 g par litre, l'eau salée devient toxique pour les abeilles.
2. P. Jean-Prost, *op. cit.*, p. 165.

Les pollens et les succédanés apportés par l'apiculteur

Les protéines, indispensables à l'abeille

Les pollens apportent aux abeilles les protéines qui leur sont indispensables. Leur importance tant pour la santé de l'abeille que pour activer ses diverses fonctions a déjà été évoquée. Celles-ci sont en effet centrales dans la vie de l'abeille, *a fortiori* lorsqu'elle est très jeune, son intestin étant alors capable de digérer facilement les pollens. Les pollens apportent les éléments nécessaires à la production de la gelée royale, de la cire et de la constitution des « corps gras », grands régulateurs de la longévité de l'abeille et de ses défenses immunitaires. Leur quantité, leur variété sont gages de bonne santé, chaque type de pollen apportant des protéines de composition différente.

CARENCES EN POLLEN

Au moment de l'operculation des cellules de couvain, lors d'importantes carences en pollen qui affectent la qualité des abeilles à naître, on observe un mécanisme de cannibalisme. Les nourrices, en manque de protéines, dévorent alors une partie du couvain ouvert, récupérant les protéines que contiennent œufs et larves, et réduisent d'autant les besoins de la colonie en gelées nourricières, grosses consommatrices de protéines pour être produites.

Des apports suffisants dans la nature

En théorie, les apports de la nature en protéines suffisent, dès lors que l'environnement floral est assez diversifié et abondant pour offrir des pollens variés aux abeilles. C'est d'ailleurs une expertise que l'apiculteur doit porter sur le lieu d'implantation de tout rucher. Mais il demeure des cas où l'apport protéiné est indispensable, notamment:

- en hiver, pour faire démarrer la ponte de la reine de façon précoce
- lors des élevages artificiels de reines
- en reprise de ponte, avant l'hivernage, pour produire des abeilles d'hiver si les colonies s'avèrent trop peu peuplées.

EN MARS

En mars, avant l'arrivée des pollens du saule Marsault, un bac au soleil et bien abrité de la pluie, contenant de la farine de soja déshuilée, sera vite envahi par les abeilles, puis déserté dès l'arrivée des premiers pollens.

Les compléments alimentaires

Le marché offre de nombreux compléments alimentaires pour les abeilles. Il peut s'agir soit d'apports protéinés, vitaminés et enrichis en oligo-éléments; soit de décoctions de plantes. Sous réserve de bien les choisir, leur efficacité semble avérée. Certains producteurs leur reconnaissent un effet positif contre la nosémose, maladie intestinale des abeilles adultes; d'autres se contentent de signaler l'amélioration de la situation intestinale des abeilles [1]. Quels qu'ils soient, vous les utiliserez dans des circonstances bien précises. Ils favorisent en effet des dynamiques de population qui peuvent conduire à l'essaimage, ou encore provoquent une telle appétence pour les sirops que le pillage est alors à redouter.

Le sucre

Il est à la base du nourrissement de l'abeille. La nature offre à celle-ci de quoi assurer sa survie, mais l'apiculteur devra lui fournir du sucre à certaines époques précises et dans les situations de famine qu'engendrent des floraisons massives et cycliques:

- **Le sucre blanc raffiné** est celui qu'on utilise en apiculture. Vous le proposerez sous forme de sirop, à divers degrés de concentration selon les

1. La combinaison du Protofil et de l'Apiherb donnerait d'excellents résultats contre la nosémose.

usages, ou de candi, pendant la morte-saison.

- **Le sucre de canne ou de betterave** est un saccharose très apprécié des abeilles. Son passage dans le jabot le mélange à des enzymes qui le transforment en glucose et en fructose, sucres simples directement assimilables.
- **Les sucres issus de déchets industriels** et certains sucres pour l'industrie sont à proscrire, ils peuvent contenir des sels minéraux ou des sucres (maltose, lactose...) peu digestes pour les abeilles.
- **Les sucres bon marché** sont issus des amidons de blé ou de maïs. Issus d'une réaction enzymatique, très concentrés, ils donnent des sirops riches en fructose et directement assimilables. Ils sont, en principe, garantis sans OGM et issus de cultures sans usage de pesticides systémiques.

En apiculture sous appellation biologique, seul le sucre classé bio est accepté.

Souvent préconisée, l'inversion du saccharose par l'acide tartrique lors de la fabrication des sirops ne semble pas avoir d'intérêt pour la survie des abeilles ; seul avantage pour les sirops, semble-t-il, une recristallisation dans les nourrisseurs plus lente, plus difficile.

BON À SAVOIR

Du sucre en morceaux

En hiver, si le candi vient à manquer, vous pouvez utiliser du sucre en morceaux. Les abeilles préfèrent cependant le candi, de granulation plus fine et plus riche en eau.

SIROP ET CANDI MAISON : LES RECETTES TRADITIONNELLES

Sirop léger ou de stimulation

C'est un sirop à 50/50, soit 1 kg de sucre blanc pour 1 l d'eau.

Petites quantités : dans des bouteilles de 1,5 l, mettre 1 kg de sucre cristallisé, compléter avec de l'eau chaude.

La dissolution est rapide. La proportion est approximativement de 50/50.

Grosses quantités : verser le sucre dans l'eau froide ; brasser avec un malaxeur (peinture, ragréage...) jusqu'à disparition des cristaux.

Butineuse en vol.

Candi protéiné sur nucléi en décembre.

Pollen naturel, levure de bière lyophilisée, spécialité apicole.

Fabrication du sirop à froid.

Sirop concentré de stockage pour l'hiver

Petites quantités: 2 kg de sucre blanc pour 1 l d'eau, sachant que 66 % de sucre est la limite de solubilité du saccharose dans l'eau, variable selon la température.

Grosses quantités: 3 l d'eau pour 5 kg de sucre (cette proportion évite les précipitations de sucre dans les nourrisseurs).

Les inversions d'amidon donnant du fructose et du glucose [1], la concentration des sirops apicoles du commerce atteint, voire dépasse 72 % de sucre.

Candi maison

Versez 1,4 l d'eau dans une lessiveuse (de type stérilisateur pour bocaux).
Portez à ébullition.
Versez 10 kg de sucre, brassez avec un malaxeur à peinture jusqu'à dissolution complète du sucre.
Portez à ébullition en brassant de temps en temps. Chauffez à feu moyen pour une bonne homogénéité de la température de cuisson et pour éviter que le sucre ne fasse masse.
Trempez régulièrement une clé [2] dans le mélange. Lorsque le sirop nappe la clé, la température *ad hoc* est atteinte; au thermomètre, on visera 112 à 120 °C selon la dureté recherchée.
Baissez le feu et poursuivez la cuisson 5 à 6 minutes.
Puis laissez refroidir en brassant de temps à autre.
À 50 °C (lorsque la lessiveuse peut être tenue à pleines mains), incorporez 2 kg de miel fondu et stérilisé, environ 375 g de levure de bière lyophilisée et autant de farine de soja déshuilée.
Brassez vigoureusement pour bien aérer le mélange. Dès que la prise commence, mouler dans des bacs (type charcuterie) d'une hauteur n'excédant pas celle des couvre-cadres nourrisseurs sous lesquels ils seront posés.

Sirop anti-nosémose

Pour renforcer l'action contre la nosémose, vous pouvez acidifier vos sirops en apportant 50 ml de vinaigre de cidre par litre de sirop [3], ou 5 ml d'une décoction à saturation de propolis dans de l'alcool à 60°.

BON À SAVOIR

L'eau qui sert à la fabrication des sirops doit être désinfectée avec 0,2 ml (4 gouttes) d'eau de Javel (concentration norme française) par litre d'eau.

1. Dans les sirops industriels le prix varie, outre des suppléments alimentaires, mais également selon la plus ou moins forte teneur en maltose, sucre beaucoup moins digeste pour les abeilles.

2. Boucle de fil de fer du diamètre d'un manche de gros tournevis.

3. Selon l'étude de J. Ph. Mottoul http://home.euphonynet.be/abeille/san/nourrissement.pdf Certains essais en cours testent des apports en acide acétique nettement plus conséquents contre *Nosema ceranae*.

RÉALISATION DU CANDI

1

Cuisson du candi.

2

Candi moulé dans un toit de ruchette.

3

Mise sous sachet du candi.

4

Candi découpé et empaqueté.

Quand nourrir au sirop ? Et qui nourrir ?

Le sirop (maison ou du commerce) est l'un des moyens de nourrissement utilisé par l'apiculteur. Il en existe de deux types : le sirop léger et le sirop concentré. Leur composition tout comme leurs usages diffèrent.

Le sirop léger (50/50) se donne toute l'année. Il a pour vocation de nourrir la colonie, on le prépare et on le distribue par petites quantités, de 1/2 l à 2 l maximum, pour éviter le stockage. Plus il est distribué fréquemment, plus la quantité apportée sera faible.
Le sirop concentré (2/3 sucre pour 1/3 eau) se donne comme réserve d'hiver, en juillet et en août, par nourrisseurs entiers de 3 à 6 litres selon les modèles.

Préparation du sirop à chaud, le réchaud est protégé du vent par un corps ou deux hausses.

Le nourrissement sur l'année

Objectif en fin de saison : En octobre, pour l'hivernage d'une colonie, il faut 7 cadres de miel dans le corps, les autres contenant miel, pollen et couvain. Cet idéal, pas toujours atteint, reste le point de repère pour décider des nourrissements futurs au candi.

NOURRISSEMENT SPÉCULATIF : LA RÈGLE DES 40 JOURS

- Chaque année, repérez la date de floraison du colza (première grande floraison industrielle, la méthode s'applique à toute première grande floraison).
- 40 jours avant la date prévisible, nourrissez au sirop léger tous les 3 jours pendant les 20 premiers jours.
- Cessez ensuite totalement de nourrir.
- 20 jours après l'arrêt du nourrissement, les colzas fleurissent, mettez alors deux hausses par ruche.
- Si un coup de froid venait à retarder la floraison, faites des essaims artificiels car les populations sont devenues trop fortes et sont sans activité.
- Puis récoltez les hausses en cours d'operculation immédiatement, sans quoi le miel cristalliserait et serait impossible à sortir.
- Nourrissez si besoin à raison d'1 l de sirop chaque semaine pour maintenir la ponte de la reine et le volume de population jusqu'à la miellée suivante.

Vinaigre

Bidons de transport

Mesurer les apports

SITUATIONS	QUAND ?	NATURE DU NOURRISSEMENT ET QUANTITÉS	DEGRÉ DE RISQUE	COMMENTAIRES
À chacune des ouvertures de ruche ayant donné lieu à des sorties de cadres.	Toute l'année.	Donnez systématiquement 1 l au plus de sirop léger, moins si la colonie est petite.	Aucun risque.	Le refroidissement étant important lors de la sortie des cadres, le nourrissement permet aux abeilles de récupérer la chaleur enfuie.
Tant que les colonies n'ont pas encore atteint leurs 10 cadres et de bonnes réserves hivernales.	Toute l'année.	Nourrissez vos essaims tous les 2 jours avec 1/2 l à 1 l de sirop léger selon leur développement.	Aucun risque.	Ainsi nourries, vos colonies feront d'excellentes colonies de production l'année suivante, prêtes à démarrer en cours d'hiver.
Entre les grosses miellées, après chaque récolte. Hors présence des hausses.	D'avril à juillet.	Donnez de 1 à 2 l par semaine selon les rentrées de nectar.	Risque : le stockage. Stoppez dès son apparition, repérable à l'extension des zones de nectar sur les rayons.	Veillez chaque fois à ce que le sirop soit consommé avant de nourrir de nouveau. Ne pas laisser les hausses sur les colonies dans ce cas.
En plein hiver, les très belles colonies bien pourvues en pollen en octobre. Ces colonies puissantes sont capables d'élever du couvain en plein hiver.	En janvier et février, plus tard dans les régions froides.	Donnez un à deux verres de sirop chaud à 50/50 sur le couvre-cadres, une seule fois.	Risque : famine en mars ou, à l'inverse, trop forte colonie dès mars, essaimage artificiel obligatoire tôt en avril pour préserver les récoltes.	Nourrir lorsque la main posée sur le couvre-cadres décèle une tiédeur, ou quand des abeilles se promènent sur le couvre-cadres.
En fin d'hiver, les grosses colonies que l'on veut booster pour les premières miellées des fruitiers, aubépines et colza.	Fin mars/début avril.	Appliquez la règle des 40 jours (voir encadré).	Risque : essaimage massif en avril ou mai.	Conséquence : essaims artificiels obligatoires (plusieurs essaims par colonie dans cette situation). De beaux essaims, mais pas de récolte.
En juillet, une fois la récolte faite.	Juillet-août-septembre.	Apportez du sirop concentré pour faire les réserves d'hiver. Remplissez des nourrisseurs entiers, donnez jusqu'à 15 kg de sirop par colonie.	Blocage de la ponte de la reine.	Refaire l'opération en septembre pour compléter les réserves.
Après le blocage de la ponte de la reine dû à l'action précédente, si sa ponte ne repart pas dans les 2 semaines.	Juillet-août-septembre.	Enlevez un des cadres de miel, introduisez dans le nid, un cadre bâti vide, et apportez 1 l de sirop léger tous les 2 ou 3 jours pour relancer la ponte de la reine.	Stockage de nouveau.	Surveiller la ponte de la reine, La pousser au maximum jusqu'à fin septembre, enlever les cadres vides et remettre le cadre de miel enlevé précédemment.

ATTENTION !

Ne pas apporter de sirop lorsque vous constatez que la colonie ne rentre aucun pollen sous peine de provoquer artificiellement une ponte de la reine au moment où les abeilles nourrices sont en peine de fournir des protéines. Les abeilles à naître auraient une durée de vie plus courte, seraient moins bonnes nourrices ou cirières, et plus sensibles aux maladies.

Ne pas faire produire des abeilles systématiquement à contre-courant, on pousse également la production du varroa.

Nourrir au candi

Le candi sert au nourrissement d'hiver, en début de printemps les années froides, et à la fabrication de pâtes protéinées pour les élevages artificiels de reines en pleine saison.

Nourrir au candi : quand et comment

À QUI DONNER ?	QUEL CANDI ?	QUAND NOURRIR ?	QUANTITÉS	COMMENTAIRES
Aux colonies menacées par la famine.	Pur sucre.	Dès le mois de novembre.	Par pains de 1 à 2 kg.	Entre 13 et 17 kg[1] : nourrir.
À toutes les colonies, pour accélérer la reprise de la ponte de la reine.	Protéiné ou supplémenté.	Début janvier.	Les pains seront de 1,5 à 2,5 kg selon le rythme des visites.	Cette stimulation de la ponte de la reine permet des récoltes sur le colza ou l'essaimage ultérieurement.
Aux nourrices lors des élevages de reines.	Protéiné au pollen frais ou additionné de produits spéciaux.	De mai à juillet.	Le candi sera donné par galettes plates.	Pour ce type de nourrissement, posez les galettes de candi sur les cadres où les abeilles élèvent les futures reines.

TROIS RECETTES DE PÂTES PROTÉINÉES PROPOSÉES PAR GILLES FERT[2]

Très protéinées

1. 10 à 20 % de pollen + 30 % de levure de bière + 45 % de farine de soja déshuilée + sirop de sucre pour obtenir une pâte souple

2. Ou 350 g de farine de soja déshuilée + 150 g de levure de bière + 200 g de poudre de jaune d'œuf + miel pour obtenir une pâte souple.

Peu protéinées

3. 1 volume de miel + 2 volumes de sucre glace (sans amidon) + 5 % de levure de bière.

Où placer le candi ?

- Avec les couvre-cadres plats : le candi repose sur le trou du nourrisseur.
- Avec les couvre-cadres nourrisseurs : le pain de candi débarrassé de son enveloppe est posé directement sur la tête des cadres, là où sont les abeilles. On recouvre ensuite la ruche d'un plastique à bulles transparent et un peu rigide puis on retourne le couvre-cadres nourrisseur par-dessus. Cette étanchéité est importante car elle permet de retenir l'humidité dont le candi s'imbibera en partie, l'excédent étant évacué par le plateau de sol grillagé, qui assure une ventilation efficace.

Cette méthode permet de remettre du candi même en cas de gel important, tout simplement en glissant le nouveau pain après avoir soulevé juste un bord du plastique. Des colonies très peu pourvues en réserves survivent parfaitement ainsi.

1. Poids de la ruche en pesée arrière pour une Dadant 10 cadres.
2. Apiculteur professionnel, Gilles Fert s'est notamment spécialisé dans l'élevage des reines.

NOURRIR AU CANDI

1

Pain de candi posé sur le trou du couvre-cadres.

2

Une forte colonie en janvier. Lui mettre un verre de sirop chaud.

3

Petite colonie début mars.

4

Fermeture avec le couvre-cadres renversé.

5

Bien pourvues en candi, les ruches peuvent supporter un mois de février sous la neige.

6

Très belle colonie début mars. Ajout du candi.

SB
LX
LM
PJ
PX
OB

MIEL de SAPIN
FAYOLLE
La Triandière
Miel d'Acacia
poids net 500 g
Ce miel est récolté en mai
Récolté le long de la vallée de l'Ozon, des balmes du Rhône et du plateau de Solaize.
Ce miel est extrait par centrifugation et décanté en fût durant un mois. Non filtré il contient des pollens, ceux des fleurs butinées et des microparticules de cire des alvéoles où les abeilles l'ont stocké.
Jean RIONDET apiculteur récoltant
46 rue du 8 mai 69360 Solaize
jean.riondet@gmail.com
Siret : 49934795300014
A consommer
de préférence avant janvier 2014

10 PRODUIRE ET RÉCOLTER SON MIEL

L'environnement floral est à la base de toute apiculture, et de toute récolte. C'est de lui que dépendent la qualité et la variété des miels et il doit être la priorité lorsque l'on veut poser des ruches dans son jardin ou sur un terrain de transhumance. Mais quel est-il vraiment ?
On sait que les floraisons importantes s'étalent de mars à juillet. Plus ou moins précocement selon l'altitude. Plus ou moins abondamment selon les mois, les pluies, les plantes disponibles. Dans chaque lieu, la flore est particulière et, selon l'importance respective de chaque floraison et les mois de l'année où arrivent des miellées, ce calendrier est sensiblement différent. Parallèlement, on comprend qu'il y a un temps pour les fleurs et un temps pour les fruits. Les notations de l'apiculteur constitueront sa connaissance de la phénologie locale.
Selon les régions, des ressources nectarifères exceptionnelles sont fournies par les cultures d'arbres fruitiers et d'oléagineux : colza en avril, tournesol en juillet[1].
Les abeilles butinent aussi les exsudats sucrés que produisent certains parasites des plantes et les sudations de sève aux endroits piqués par ces parasites.

1. Cultures souvent montrées du doigt car l'agriculture industrielle utilise des techniques de lutte chimique contre les prédateurs, dont certaines sont des cofacteurs de maladies décimant les colonies.

Connaître le cycle floral

L'observateur attentif constate généralement que les floraisons autour de son rucher sont stables : à quelques jours près, chaque année, les prunelliers, aubépines, amandiers, fruitiers, colzas, acacias, tilleuls, châtaigniers, lavandins, callunes, ronces, tournesols, lierre, miellats... se succèdent au même rythme, presque au jour près.

Certes, des fluctuations peuvent intervenir tôt en saison, avec des différences d'une à trois semaines suivant les années. Mais plus on avance dans la saison, plus les dates sont stables. De fait, plutôt qu'un découpage classique en quatre grandes saisons, peu pertinent en apiculture, mieux vaut distinguer :

- la fin de l'hiver
- le début du printemps
- le printemps
- la fin du printemps
- le début de l'été
- la fin de l'été
- le début de l'automne.

Ce sont les périodes où certaines floraisons dominent et fournissent les miellées caractéristiques dont les miels portent d'ailleurs les noms.

NOTER SES OBSERVATIONS

Pour pouvoir servir à l'apiculteur, le suivi des floraisons doit être rigoureux. Nous ne recommanderons jamais assez de noter chaque année le début, la durée et la fin de chaque floraison dominante. D'une année sur l'autre, vos notes vous serviront de points de repère pour le suivi des miellées et, par voie de conséquence, pour la conduite du rucher.

Quand poser les hausses ?

C'est le moment magique : la collecte du miel par les abeilles va commencer ! Cette réserve de miel que nous collecterons doit recueillir l'excédent dont la colonie pourrait en principe se passer. Mais quand mettre les hausses ? Et sur quelles ruches s'abstenir ?

Sentir le « bon » moment

Installer les hausses au bon moment est central pour le bien-être de la colonie et son bon développement.
Si vous les placez avant les grandes floraisons, la reine et les abeilles y monteront pour se trouver au plus haut dans la ruche (là où il fait le plus chaud) afin d'y installer le nid à couvain. Votre récolte en sera entravée.
Si vous attendez d'être certain que le nectar rentre à flot, les abeilles, manquant de place, poseront leur nectar partout où des cellules sont libres, y compris dans le nid à couvain. Faute d'endroits pour pondre, la reine cessera alors sa fonction génitrice, avec un risque d'essaimage à la clé.
C'est entre ces deux pôles de risques que vous devrez trancher.

Peser ses ruches

L'indicateur pour poser les hausses sera la montée en charge du poids des ruches. Les balances interrogeables à distance sont précieuses de ce point de vue : elles donnent plusieurs fois par jour le poids de la ruche témoin. À titre d'exemple, sur une colonie stimulée en mars, on a observé en avril une rentrée journalière de nectar de 500 g, qui évolue régulièrement jusqu'à 1000 g début mai, avant de s'accélérer brusquement mi-mai pour atteindre un pic de 6000 g mi-juin. La comparaison avec les abaques des années antérieures pour la même race d'abeilles et au même endroit a permis, dans le cas présent, d'identifier les moments où les rentrées de nectar s'accélèrent. Deux hausses ont ainsi été posées à ces moments précis.

Observer, encore et toujours...

Au-delà des pesées régulières, il est essentiel d'observer les colonies, mais aussi la nature environnante, de façon à repérer le moment propice à la pose des hausses. On observera :
- les floraisons, notamment celles qui sont caractéristiques d'un moment précis de grandes miellées, ou celles qui marquent les passages d'une période de l'année à une autre
- la météo et l'évolution du temps prévisible dans la semaine [1]
- les abeilles au trou de vol : des butineuses en nombre, qui ne rentrent pas dans la ruche, échangent sur la planche d'envol le nectar de leur jabot avec des consœurs, puis repartent, sont autant de signes d'une grande miellée en cours
- la colonie dans la ruche : si, en enlevant simplement le couvre-cadres, on trouve des abeilles en grand nombre, les 10 cadres occupés, les cadres de rives en cours de construction, des cellules en cire blanche en bordure

1. Les prévisions météo à 7 jours constituent désormais un outil décisionnel de choix.

Le calendrier de l'apiculteur

Mois par mois, voici les actions à mener et les floraisons principales. Vous le personnaliserez suivant vos objectifs et votre zone géographique

JANVIER / FÉVRIER

noisetier, crocus, hellébores

• cirer des cadres,
• débroussailler les ruchers,
• préparer des supports mettre du candi protéiné sur les colonies

noisetier

crocus

MARS

prunellier, saule marsault

• changement des plateaux de sol,
• première visite,
• pose des cadres à bourdons anti-varroa,
• stimulations au sirop supplémenté

prunellier

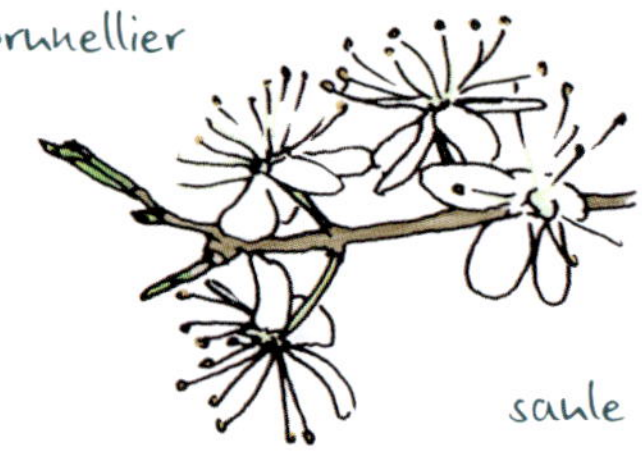

saule marsault

pissenlit

AVRIL

érable, pissenlit, fruitiers, colza

• marquage des reines,
• introduction des cires neuves,
• agrandissement du nid à couvain,
• équilibrage des colonies,
• contrôle de l'essaimage,
• pose des hausses sur le colza

colza

érable

MAI

acacia, aubépine, fruitiers

• début mai, première récolte pour vider les ruches du colza,
• fin mai après l'acacia, 2e récolte,
• essaims naturels, essaims artificiels,
• élevage des reines

fruitiers

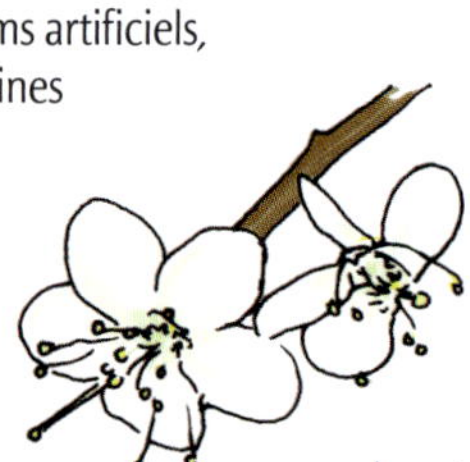

aubépine

acacia

JUIN

tilleul, chataignier

• Creux de floraison après l'acacia puis tilleul,
• fin juin châtaignier récolte,
• suite de l'élevage des reines,
• multiplication des nucléis et ruchettes de fécondation,
• nourrir plusieurs fois peu et d'un sirop léger dans les creux de floraisons

Tilleul

chataignier

JUILLET

tournesol, ronces, trèfles

• dernière récolte, mi-juillet,
• contrôle et 1er traitement anti-varroa,
• nourrissement massif pour les provisions d'hiver

tournesol

ronces

trèfles

AOÛT

épilobe, chardon, callune, vigne vierge

• surveillance de l'alimentation,
• apport de sirop léger
• poursuite des traitements varroa,
• suivi des essaims artificiels

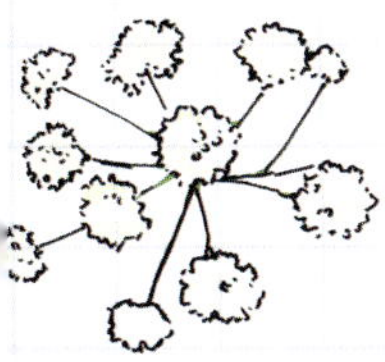

vigne vierge

épilobe

callune

chardon

SEPTEMBRE

moutarde, lierre

• contrôle de l'infestation varroa, traitements,
• poursuite des traitements anti-varroa,
• extraction des miellats,
• réunion des colonies faibles

lierre

moutarde

OCTOBRE

lierre

• resserrement des colonies,
• dernière visite sanitaire,
• changement des reines,
• contrôle du poids des colonies,
• identification des colonies à risque,
• dispersion des colonies faibles,
• retrait des lanières antivarroa

NOVEMBRE

• réparer,
• nettoyer, peindre le matériel,
• observation au trou de vol,
• surveillance des ruches,
• pesée des ruches,
• apport de candi pur sucre si besoin

DÉCEMBRE

• entretien des matériels et des ruchers
• observation au trou de vol,
• pesée,
• apport de candi pur sucre,
• traitement anti varroa d'hiver.

des têtes des cadres avec du nectar qui y brille : il y a suffisamment d'abeilles, la pose des hausses s'impose.

UN BON TRUC

Une hésitation ? des difficultés à fonctionner suivant ces critères ? Essayez l'astuce suivante : posez deux feuilles de papier journal entre le corps de la ruche et la hausse, faites quelques trous de la taille d'une pointe de vitrier aux angles : les abeilles enlèveront le papier journal progressivement.
Autre astuce, dans les zones de pissenlits, lorsque les abeilles les abandonnent, cela signifie qu'une autre très forte miellée est en cours. La pose des hausses est alors possible.

Pesée des ruches au peson à ressort.

Blanchiment des cadres de corps, signe d'une miellée.

Ne pas mettre de hausses ?

C'est le cas sur les colonies faibles, peu actives, qui n'occupent pas tous leurs cadres et dont le développement est très lent.
En l'absence de pathologies avérées, nourrir ce type de colonies tous les deux jours durant plusieurs semaines donnera une idée de leurs capacités. Si la ponte de la reine s'accélère, qu'elles se mettent à construire... c'est sans doute qu'elles souffraient d'un déficit de couvain en début de saison. Si leur état ne varie guère, c'est la reine qui est en cause, vous la supprimerez et la remplacerez, ou vous réunirez la colonie avec une ruche faible, mais néanmoins dynamique.

LES HAUSSES EN DIVISIBLES

On mettra un ou des éléments sur le dessus, car on considère que l'élément mis sous le nid à couvain constitue une sécurité en cas de besoin d'expansion pour la colonie. Attendre qu'il soit occupé pour que le nid à couvain libère l'espace du miel, c'est se condamner à ne pouvoir récolter sur les très fortes et trop brèves miellées.

L'usage de la grille à reine

En conduite sous appellation biologique, autant que pour des raisons d'hygiène des colonies, il est préconisé de mettre une grille à reine systématiquement entre le corps de la ruche et les hausses.

Avec cette méthode, vous risquez cependant de vous retrouver, face à un blocage de ponte dû à la présence trop importante de nectar dans le corps[1]. Pour éviter tout essaimage, retirez du corps les cadres pleins de miel et remplacez-les par des cires. Continuez la surveillance au moment des miellées. Cela vous permettra de retirer du corps les rayons de miel qui bloqueraient à nouveau la ponte de la reine, sachant que vous les remettrez après la récolte des premières hausses, pour passer une éventuelle période de creux alimentaire. Et en tout état de cause, au mois de juillet, lors de la dernière récolte, pour reconstituer les réserves d'hiver.

Ces rayons seront stockés avec précaution, pour éviter qu'ils ne soient griffés ou dévorés par les teignes. Leur transport se fera dans un corps vide avec des crampillons au fond, afin d'éviter les chocs entre les cadres. Leur rangement se fera dans un coffre, un vieux réfrigérateur vertical ou un congélateur horizontal, aménagés pour recevoir des cadres. Vous y ferez brûler une mèche soufrée deux fois à 10 jours d'intervalle, qui détruira les larves de teignes.

1. Avec des Buckfast, il est souvent indispensable de mettre à la disposition des reines un très vaste espace de ponte. Beaucoup de professionnels travaillent en 12 cadres. En 10 cadres, il est nécessaire de laisser ces reines pondre dans une hausse. Avant la pleine saison ainsi qu'en fin de saison, le volume de ces 12 cadres est réduit par l'introduction d'un nourrisseur cadre, pratique également pour maintenir le sirop tiède dans la colonie.

La pose des hausses

La pose des hausses n'est pas compliquée. Après un léger enfumage, vous les posez sur les corps de ruches, avec ou sans grille à reine, avec ou sans papier journal, le couvre-cadres au sommet, le toit coiffant le tout.

Dans les hausses, les rayons seront tous bâtis pour la première miellée[2], les cirières peu nombreuses ne pouvant pas tout construire. Dès la seconde miellée, vous alternerez un cadre bâti et un cadre ciré, en veillant à mettre en rive des cadres bâtis. Ne mettre que des cires est toujours possible, mais souvent les constructions et le stockage sont plus lents.

La pose d'une hausse supplémentaire se fait sous la précédente, lorsqu'elle est en cours d'operculation. Il s'agit moins de réduire le trajet de dépôt que de limiter les stockages de nectar dans le corps.

2. Sauf la première année d'exploitation où l'apiculteur n'a pas de rayons bâtis les années antérieures.

QUAND LA COLONIE EST PUISSANTE

Si la colonie est très forte et la miellée importante, n'hésitez pas à installer deux hausses, quitte à ce que la reine monte pondre dans les hausses. Dans le mois qui suit, vous surveillerez attentivement la concentration du nectar. Pour limiter la montée de la reine dans la deuxième hausse, mettez par précaution une grille à reine entre les deux.

Enfin, si l'une des deux hausses demeure vide, retirez-la.

Le retrait des hausses

Avec le retrait des hausses commence la récolte à proprement parler. Quand et comment procéder ? Les questions sont fréquentes, et nombreux sont les apiculteurs qui manquent de repères. Voici nos recommandations...

Après chacune des miellées

Dans *La Maison Rustique,* ouvrage d'agronomie du début du XIXe siècle, la récolte se fait en mai pour récupérer un peu de l'excédent de l'année antérieure ainsi que le début de la récolte du printemps. Mais ne pouvant pas nourrir les colonies (le sucre était un luxe à l'époque), on ne récoltait pas au-delà du printemps, les colonies ne survivant pas aisément à cette prédation de leurs réserves pour l'hiver.

Aujourd'hui, le but étant de récolter du miel en quantité, voire en très grande quantité, les conditions de la récolte ont considérablement changé. Le sucre est bien moins coûteux que le miel, le nourrissement est devenu un savoir-faire, le prélèvement d'un maximum de miel issu des nectars de fleurs est devenu pratiquement la règle. La récolte se fait en principe après chaque miellée significative, lorsque les hausses sont operculées totalement ou aux. trois quarts.

LE COLZA ET LA CRISTALLISATION

Le colza cristallise rapidement dans les hausses et il devient dans ce cas impossible à récolter; qui plus est, certaines années, les abeilles peinent à le consommer, sa cristallisation les empêchant de le sortir des alvéoles. Pour éviter ces différents écueils, vous extrairez le miel de colza de rayons peu, voire pas du tout operculés.

En principe, le miel des corps ne doit pas être récolté, il « appartient » aux abeilles. Nous recommandons cependant de faire une exception pour ce miel de colza, c'est-à-dire de le récolter directement dans les corps des ruches.

Le bon taux d'humidité

Le miel doit comporter un taux d'humidité égal ou inférieur à 20 %. Les bonnes pratiques lui préfèrent le taux de 18 %, limite au-delà de laquelle le risque de fermentation est important [1].

Si besoin, on le concentre par évaporation, les hausses de cadres non operculés étant alors placées « comme des tours » sur des claies, avec des ventilateurs en dessous, dans un local chauffé à 25 °C et équipé d'un déshumidificateur à moteur [2].

On parvient à extraire, du miel qui se trouve dans les cellules, jusqu'à 1 % d'eau par jour.

Réfractomètre optique

1. Fermentation due aux levures apportées davantage par les manipulations de l'apiculteur que par les abeilles. Situation très fréquente lors de l'extraction par pressage des rayons.
2. Taux porté à 23 % pour le miel de Callune et 25 % pour les miels destinés à l'industrie. Art. L. 214-1 Code de la consommation.

Un petit morceau de « gâteau de miel ».

La concentration du miel se mesure au réfractomètre[1] et on arrête d'extraire l'eau du miel dès que celui-ci ne contient plus que 18 % d'humidité.
Cette méthode est notamment utilisée pour concentrer les miels très liquides de début de printemps pour éviter leur mélange avec l'acacia, par exemple.

À NOTER

La maturation du miel en fût est une décantation, en aucun cas une déshydratation : la surface au contact de l'air est faible et, le miel étant hygroscopique, le risque est plutôt de le voir se charger en humidité.

Retirer les hausses : une seule fois ou plusieurs fois ?

Vous pouvez ne retirer les hausses qu'une seule fois en juillet, ou le faire après chaque miellée. Tout dépend du temps dont vous disposez et de vos objectifs.

Retirer les hausses après chaque miellée permet de récolter et de produire des miels typés liés aux floraisons dominantes qui les composent. Dans ce cas, il faut surveiller la colonie pendant les périodes inter-miellées, parfois pauvres en nourriture, et faire des apports complémentaires pour maintenir les abeilles en forme. Dans les régions de tournesols (cette floraison étant souvent la dernière des grandes miellées), si ces tournesols sont mellifères et dépourvus de produits toxiques pour les abeilles, le retrait des hausses s'effectuera en milieu de floraison. Les butineuses, occupées au butinage, ne seront pas dans la ruche pour défendre leur butin, et le nectar qu'elles rapporteront commencera à produire de nouvelles réserves pour l'hiver.
Retirer les hausses seulement en juillet permet de ne pas risquer d'affamer les colonies dans les périodes à risque de famine du printemps dans les inter-miellées. Elles consommeront leurs réserves autant que de besoin. Ceci évite de devoir faire une surveillance constante des colonies et des apports de sirop. Certes, le volume de la récolte s'en ressent, mais on suit le cycle de la nature. Le miel extrait est alors un subtil mélange de toutes les senteurs du printemps et de l'été...

1. Étalonnés pour les sirops en Brix de 58 à 90°, certains modèles sont directement étalonnés en % d'eau dans le miel.

La technique de récolte

La récolte est un moment bien particulier, c'est le fruit d'une année de travail, le miel qui coule, encore chaud, a un parfum puissant, la miellerie est enivrante... C'est l'occasion de faire la fête et d'inviter famille et amis.

Comment savoir quand récolter ? La date dépend avant tout du temps qu'il fait. Les données météo étant devenues fiables à 7 jours, une relative programmation devient possible. Le jour choisi doit être de très haute pression atmosphérique, les abeilles étant nettement moins agressives ces jours-là. En tout état de cause, la levée des hausses se fera avant la fin de la miellée, pour maintenir aux champs les butineuses, qui sont les plus agressives de la colonie.
Deux méthodes sont possibles. L'une où l'on repousse les abeilles des hausses vers les corps de la ruche en jouant sur leurs allées et venues incessants entre les deux ; l'autre par soufflage à l'aide d'un souffleur thermique.

DEUX PIÈGES À ÉVITER

- Dans la littérature apicole, on trouve de nombreux procédés pour chasser les abeilles des hausses, certains étant à base de produits chimiques, ce qui nous paraît contraire à l'image d'un miel « pur produit de la nature ». Soyez très vigilant sur ce plan !
- L'erreur de nombreux apiculteurs consiste à chasser les abeilles à l'aide de la fumée de l'enfumoir, ce qui donne un goût très désagréable au miel. Enfumer très peu est une règle.

LE MATÉRIEL DE LA RÉCOLTE

- des plateaux chasse-abeilles ou un souffleur thermique de forte puissance
- un lève-cadres solide
- une brosse
- un seau d'eau javellisée (1/4 de litre[1] par litre d'eau) pour se laver les mains et désinfecter lève-cadres et brosse entre chaque ruche
- deux ou trois hausses vides
- des toiles lestées et des toits, autant que de piles de hausses à prélever
- un moyen de transport (voiture, remorque, brouette...).

Pour l'amateur, une procédure en trois temps

- La veille, en milieu de journée, enfumez légèrement pour éviter l'attaque au trou de vol et dans les hausses. Décollez les hausses et faites-leur faire un demi-tour : cela va casser les ponts de cire contenant du miel, celui-ci va couler, les abeilles le lécheront.
- Quelques heures plus tard, posez des chasse-abeilles. Enfumez de nouveau légèrement.
- Le lendemain, procédez à la levée des hausses.

Le chasse-abeilles

C'est un entonnoir à plat avec un grand trou (diamètre 100 mm) du côté de la hausse et des petits tuyaux côté corps. Les abeilles montent et descendent continuellement entre le corps et les hausses, trouvant facilement le passage. Avec un chasse-abeilles, lorsqu'elles remontent, elles sont bloquées au niveau des trous d'aération et mettent 24 heures à re-

1. Solution à la dilution normale : 1 berlingot pour 750 cm^3 d'eau.

Matériel de levée des hausses.

Fermeture temporaire des hausses avec une toile lestée.

Préparation de la remorque pour le transport des hausses.

Désinfection des lève-cadres durant la récolte.

Hausses 8 cadres bien pleines, les rayons sont débordants, faciles à désoperculer.

trouver des passages en bout de tubes. Ne restent dans les hausses que les bourdons et les abeilles bloquées sur les cadres de couvain, s'il s'en trouvait.

Plateau chasse-abeilles, vu à l'envers.

On glisse le chasse-abeilles sous les hausses.

Chasse-abeilles en place pour 24 heures au plus.

Le plateau chasse-abeilles

C'est un bois mince de la surface de la ruche, sur lequel est fixé le chasse-abeilles. Il est bordé sur les deux faces d'un liteau de 15 mm d'épaisseur, les abeilles pouvant aisément circuler sur ce plateau sous les cadres de la hausse.

La pose du plateau chasse-abeilles se fait à deux. Si vous devez le poser seul, enfumez par le sommet sous le couvre-cadres et attendez 30 secondes. Sans enlever le toit ni le couvre-cadres, entrebâillez la hausse sur le bord avant ; enfumez, introduisez le plateau le plus loin possible (et dans le bon sens !), reposez la hausse et faites glisser l'ensemble pour tout mettre en place. Attention à ne laisser aucune ouverture, si petite soit-elle, le pillage ou l'inefficacité du chasse-abeilles serait au rendez-vous.

L'enfumage

Lors de la levée des hausses, l'enfumage au trou de vol se justifie à peine sauf si la colonie est agressive. À l'ouverture des hausses, peu d'abeilles sont en effet présentes, contrairement aux faux bourdons qui figurent en grand nombre. Il suffira, pour les éloigner, d'un peu de fumée sur chacun des cadres que l'on sort et de les brosser avant de les mettre dans une hausse vide.

Chaque hausse pleine sera recouverte d'une toile lestée, de manière à éviter poussière, débris végétaux et abeilles pillardes. Constituez ainsi des « tours » de 3 ou 4 hausses, que vous fermerez avec un toit étanche.

Une fois la récolte terminée, quittez les lieux rapidement sans avoir retiré les chasse-abeilles ; vous le ferez le lendemain.

ATTENTION AU PILLAGE !

L'odeur du miel attire toutes les abeilles du rucher. Au moment de la récolte, il y a toujours un risque de pillage, qui s'accroît si les miellées se font rares, les populations étant alors nombreuses et affamées.

RÉCOLTE ET HYGIÈNE

Soyez très vigilant sur l'hygiène lorsque vous récoltez le miel. Ne posez jamais

les hausses directement sur le sol mais toujours sur un support propre, si besoin de biais sur le bord d'un toit retourné. Dans le coffre de la voiture, le sol de la remorque ou dans la brouette, les hausses seront posées sur un toit en tôle réservé à cet effet et protégées au sommet d'un plastique, d'une toile, d'une plaque d'aggloméré, toujours propres et dépoussiérés.

Le soufflage directement sur la ruche est une technique de professionnel.

Pour les grosses productions

Le souffleur à air, de grosse puissance, équipé d'une buse étroite, suffit pour chasser les abeilles sans autre précaution.

Comment procéder ? Placez les hausses sur le champ à la verticale dans le sens des cadres et actionnez l'appareil, la violence de la soufflerie chasse les abeilles qui reviennent à la ruche, « shootées » par l'air pulsé, en s'agglutinant sur la face avant. Aucun pillage, aucun énervement. Ce procédé a une seule limite, la disparition des reines si vous travaillez sans grille à reines et que les reines se trouvent dans les hausses. Projetées dans l'herbe, elles sont souvent détruites avant de pouvoir revenir à la ruche.

Ce procédé entraîne moins de désordre dans le rucher. Pas de chasse-abeilles à poser la veille, pas de préparation spéciale des colonies. Un seul passage suffit.

ET LE MIEL DES CADRES DE COUVAIN ?

Vous ne devez jamais extraire le miel des cadres contenant du couvain. Réunissez ces cadres dans une hausse et remettez-les sur la colonie la moins populeuse pour la renforcer en jeunes abeilles.

Le couvain dans les hausses est fréquent en avril-mai, c'est un phénomène normal dans les colonies n'ayant pas atteint leur plein développement.

En juillet, c'est à l'inverse un signe négatif sauf météo défavorable et miellées contrariées, le plus souvent la reine est défaillante et doit être remplacée.

Soufflage des abeilles.

La miellerie

Une fois récoltées, les hausses sont transportées à la miellerie, local où l'on extrait le miel des rayons. Temporaire ou permanente, celle-ci doit être propre, lessivable à l'eau de Javel (au sol comme sur les murs), sans aspérités pour enlever facilement les traces de cire et de propolis. Enfin, elle doit être bien éclairée.

La miellerie permanente

Une miellerie permanente dispose d'un point d'eau chaude et froide, si possible équipé de robinets « mains libres » et d'un distributeur d'essuie-mains jetables.
Les fenêtres y sont de type fenêtre de toit pivotante, pour évacuer facilement les abeilles qui s'y agglutinent.
Les installations électriques y sont aux normes des locaux humides, notamment les prises d'alimentation électrique qui doivent être équipées de différentiels réglés sur la puissance des machines.
La miellerie doit se situer à l'écart du garage, de l'atelier de bricolage, de locaux d'élevage et de sources d'odeurs nauséabondes pouvant nuire à l'hygiène du miel. Il n'y a pas d'accès direct aux toilettes. La fumée de cigarettes y est proscrite.
Les évacuations d'eau au sol doivent être propres, désinfectées régulièrement à l'eau de Javel, tout comme le sol. Aucun animal ne doit y entrer, tout comme aucun produit chimique.
La miellerie pourra contenir un espace conçu pour maintenir une température de 25 °C et conserver le miel liquide, soit en pot soit en fûts. Un déshumidificateur à moteur est utile pour maintenir une faible humidité dans le local compte tenu de la capacité hygroscopique du miel.
Entrée, sortie des hausses et circuit du miel seront distincts afin d'organiser un trajet d'extraction de type « marche en avant », où le transport du miel « propre » ne saurait croiser le déplacement des hausses « sales ».

Machine à désoperculer.

La miellerie temporaire

Une miellerie temporaire est fréquemment une cuisine, une buanderie, une véranda. Écartez garage, hangar, abri de jardin... rarement propices à respecter les règles d'hygiène et souvent peu étanches aux abeilles (prises d'air, jointures des portes aléatoires...).
Attention, la miellerie temporaire doit pouvoir accueillir les hausses, le matériel d'extraction, le maturateur, celui-ci pouvant rester en place plusieurs semaines avant la mise en pots. Tenez compte de cette contrainte, bien réelle.

TRAVAUX DANS LA MIELLERIE

1

Extracteur dans une cuisine.

2

Désoperculation manuelle.

3

Transfert du miel de l'extracteur vers le maturateur.

4

Extracteur radiaire.

5

Désinfection du maturateur en plastique à l'aide d'une mèche soufrée.

6

Préfiltration sur la cuve de l'extracteur.

L'extraction

L'extracteur dispose d'une manivelle ou d'un moteur, selon le volume des hausses à extraire et... le nombre de bras pour tourner ! Plusieurs modèles sont disponibles dans le commerce, en fonction des volumes à traiter.

Le matériel d'extraction

Le nombre de cadres pouvant entrer dans l'extracteur varie selon les modèles. Les petits extracteurs cylindriques accueillent 3 cadres de hausse Dadant, les plus gros 54. Le modèle classique chez l'amateur est à 9 cadres de hausse Dadant, soit une hausse complète correspondant au modèle le plus courant des Dadant 10 cadres.

À partir de 15 ruches, la motorisation apporte un vrai confort ; elle s'impose au-delà de 20 ruches.

L'extracteur est équipé de « pieds de machine » ou *Silentblocs* en élastomère pour éviter de rayer le sol.

Les extracteurs sont généralement équipés de cages pour recevoir les cadres en position radiaire et de grilles d'accrochage qui permettent de les utiliser en position tangentielle pour l'extraction des miels visqueux. Mais il existe aussi des cages d'extraction en tangentiel.

Bac à désoperculer.

Votre choix dépendra des miels : ordinairement, la position radiaire permet d'extraire un grand nombre de cadres des deux côtés à la fois. En tangentiel, on arrive à extraire des miels visqueux (bruyère, callune...), mais cela suppose davantage de manipulation car il faut extraire un côté puis l'autre.

Le matériel de désoperculation

Le couteau utilisé pour la désoperculation des cadres est courbe au bout, ce qui permet d'atteindre les cellules protégées par le montant du cadre. Un peu longue, l'opération est facilitée lorsque les rayons débordent largement des cadres : nous recommandons d'utiliser des hausses de ruches 10 cadres, équipées de seulement 8 cadres, mais il faut dans ce cas disposer d'un bac à désoperculer de grand volume pour égoutter les opercules, ou d'une centrifugeuse pour séparer miel et opercules. Ce traitement sera fait moins d'une semaine après l'extraction et le miel ainsi retiré traité à part (risque de contamination puis de fermentation du miel).

Sur les rayons creux, une herse à désoperculer permet un travail minutieux.

Une fois extrait, le miel est transvasé dans un maturateur pour y décanter. Celui-ci est équipé en son sommet d'un tamis pour retenir les gros déchets de cire, les éclats de bois, les abeilles mortes et d'une étamine en nylon (maille de 0,2 à 0,5 mm) retenant les particules fines. L'ensemble du matériel est en acier inoxydable, seul matériau métallique autorisé, ou dans une matière plastique de qualité alimentaire.

Comment procéder ?

- Avant toute chose, prévoyez deux espaces distincts pour mettre d'une part les piles de hausses pleines, d'autre part les piles de hausses vides.
- Nettoyez les têtes des cadres des superstructures de cire qui s'y trouvent et décollez-les des hausses.
- Enlevez les cadres un à un et décapez-les des ponts de cire qui encombrent leur base.
- Enlevez les opercules au couteau.
- Posez le cadre sur la pointe de la traverse porte-cadres, vous le manipulerez plus facilement. Veillez à bien placer la main qui le tient au sommet en dehors du cadre en bois, de façon à éviter un coup de couteau malencontreux pouvant occasionner une blessure.
- Faites glisser le couteau sur les alvéoles du cadre : la cire et le miel coulent dans le bac à désoperculer.
- Placez le cadre immédiatement dans l'extracteur.
- Rincez régulièrement votre couteau et séchez-le soigneusement avant de recommencer l'opération.
- Faites tourner l'extracteur doucement au début, puis plus rapidement. Mieux vaut qu'il tourne longtemps et à vitesse réduite que rapidement, avec le risque de fragiliser les rayons.
- Une fois le miel sorti, remettez le cadre dans la hausse. Et ainsi de suite.
- Mettez de côté les cadres cassés et les rayons abîmés, vous les détruirez plus tard.
- Lorsque l'extracteur commence à être bien rempli, transvasez dans le maturateur le miel recueilli, puis poursuivez l'opération avec de nouveaux cadres.

HYGIÈNE DE L'APICULTEUR

Pour garantir une hygiène parfaite du miel récolté, il est recommandé de se laver très soigneusement les mains et de porter des gants de travail, une charlotte sur les cheveux, des bottes affectées spécifiquement à cette activité et un sarreau, qui sera passé à l'eau de Javel avant et après usage.

Herse à désoperculer pour les cadres creux.

Miels variés

HYGIÈNE DES COLONIES

Idéalement, les cadres extraits d'une hausse devraient y être remis, et la ou les hausses posées sur leur ruche d'origine pour léchage. Ceci afin d'éviter une transmission des maladies de colonie à colonie par le miel. Dans la pratique, on ne le fait pas… jusqu'au jour où on provoque une épidémie ! Prenez cette bonne habitude dès le départ, en repérant la provenance des cadres et des hausses pour les remettre ensuite facilement sur leur ruche d'origine.

La mise en pots

Phase finale de l'activité apicole, le conditionnement dépend du temps disponible et de la commercialisation qui suivra. Vendu en gros, le miel est stocké en tonneaux; commercialisé au détail, il sera mis en pot.

Vous êtes apiculteur professionnel

Au moment de la récolte, vous avez certainement peu de temps à consacrer à la mise en pots. N'hésitez pas à laisser votre miel « mûrir » dans vos maturateurs, puis stockez-le dans des tonneaux de 300 kg.
Le moment venu, il vous faudra toutefois défiger le miel cristallisé en le réchauffant. Cette opération est délicate car, à partir de 50 °C, le miel se décompose et le taux d'hydroxy-méthyl-furfural (HMF) augmente, rendant le miel impropre à la vente.
L'hydroxy-méthyl-furfural est issu de la dégradation du fructose [1]. Inexistant au moment de la récolte, sa concentration va en augmentant, à la fois au fil du temps et avec la température. La teneur en HMF reflète l'âge et les traitements thermiques subis par le miel. Un miel récolté sans chauffage particulier ne contient pas plus de 5 mg d'HMF par kg. Durant le stockage du miel (à température ambiante), la teneur en HMF peut augmenter de 5 à 10 mg/kg et par an, guère plus. Le réchauffage du miel développe quelques mg en plus. Mais il faut toujours éviter que la température du miel dépasse 40 °C sous peine d'augmenter sa teneur en HMF rapidement et de limiter par la même occasion sa durée de conservation.
Le défigeage en étuve est le procédé le plus respectueux du miel, mais c'est aussi le plus long. Attention: les défigeurs thermostatés possèdent des résistances qui atteignent des températures supérieures à 50 °C. Autre méthode, la conservation en fûts puis le broyage du miel cristallisé par divers procédés mécaniques qui fournissent un miel crémeux fort apprécié des consommateurs.

1. Se reporter aux conseils du Cari disponibles sur Internet. www.cari.be.

Vous êtes petit producteur

Vous avez intérêt à conditionner votre miel en pots le plus rapidement possible, à la fois pour des raisons de place et de matériel.
Le temps de décantation dépend de la température et de la viscosité du miel. Plus le miel est visqueux naturellement, ou rendu visqueux par la fraîcheur des températures, plus la remontée des bulles d'air et des microparticules de cire sera longue. En quelques jours de décantation, l'essentiel de ces particules devrait en principe être remonté [2]. Il n'est pas rare qu'une légère trace blanche puisse apparaître à la surface du miel dans les pots, cette « trace » étant composée de cire. Preuve que le miel n'a pas été filtré!

BIEN CHOISIR LES POTS

Le matériau: il doit être conforme à la législation sur les denrées alimentaires. Le verre est idéal: c'est le plus inerte et le plus étanche de tous les matériaux, mais son poids et son prix peuvent lui faire préférer les pots en plastique.
La forme: il existe toutes sortes de formes. Sachez toutefois que le consommateur apprécie les pots peu profonds, où la cuillère ne se noie pas.

2. Le miel contenant du colza se met en pot dans les 4 jours qui suivent son extraction, il cristallise en effet immédiatement.

Le lendemain de l'extraction

Le soir même ou le lendemain de chaque extraction, y compris partielle, il convient de retirer les plateaux chasse-abeilles et de replacer les hausses sur leurs ruches d'origine.

Ouvrir le passage d'abeilles.

Poser les hausses sur le couvre-cadres nourrisseur. Le léchage se fera sans pillage.

Lors de la dernière levée, vous replacez les hausses sur leurs ruches durant 24 heures tout au plus pour y être léchées. Puis vous les retirez et vous les rangez jusqu'à la saison prochaine. Profitez-en pour retirer par la même occasion les grilles à reine. La technique du léchage en plein air est à proscrire, car elle diffuse les maladies.

La conservation des hausses

La teigne est le prédateur redouté des rayons de cire. Il détruira tous les rayons si on ne prend d'extrêmes précautions. Vous pouvez conserver les hausses d'une année sur l'autre de deux manières.

La méthode naturelle

Posez-les en pile sous un hangar, sur un support assurant une bonne ventilation, une grille à reine au bas et une deuxième au sommet pour éviter les visites des rongeurs ; le courant d'air évitera l'installation et la destruction des rayons par les teignes.

Les méthodes chimiques

Dehors, posez au sol un corps vide. Mettez-y une mèche soufrée enflammée puis posez les hausses jusqu'à la hauteur maximale pour vous. Fermez la pile de hausses en haut. Quelques heures plus tard, remisez vos hausses et refaites cette opération une fois, 10 jours plus tard (temps d'éclosion des larves). Stockez les hausses dans un endroit bien sec.

HYGIÈNE DES HAUSSES ET DES RAYONS

Au cours de la morte-saison, désinfectez l'intérieur des hausses à l'aide d'un chalumeau, et traitez-les si besoin à l'extérieur pour les protéger.
En cas de soupçon de loques, laissez tremper les rayons 30 minutes[1] dans une solution d'eau de Javel : 1 berlingot de Javel moussante à 9,75 % + 1 l d'eau.
Désinfecter les rayons n'est pas une opération facile ni forcément couronnée de succès. Les formes résistantes des maladies pénètrent la cire, elles sont ainsi protégées des agents de désinfection qui n'atteignent au mieux que la surface de cette cire.
Aux USA, l'usage des rayons γ permet des désinfections au cœur même des cires. Cette technique, couramment utilisée en France dans l'industrie, y compris agroalimentaire, n'est pas encore ouverte aux apiculteurs[2].
La seule prophylaxie parfaitement efficace est la destruction des rayons. Ceux issus de ruches suspectées malades ou malades ou ayant contenu du couvain seront systématiquement brûlés, et ceux de miel issus de ruches saines conservés 5 ans au plus.

PENSEZ-Y !

Les congélateurs, coffres ou armoires font d'utiles caisses de rangement des cadres. Les menuisiers ou les bons bricoleurs feront des coffres au format.

Rayon attaqué par la teigne.

Larves de teigne.

Hausses séchées bien ventilées.

Coffre à cadres avec la boîte pour brûler la mèche soufrée.

1. C'est une solution à 2 % de chlore actif. En Belgique, mettre 1 volume d'eau de Javel moussante à 12 % ca + 3 volumes d'eau pour obtenir une solution à 1,5 % suffit.
2. www.cea.fr

Donner ou vendre son miel ?

Vous devrez soigner tout particulièrement l'étiquetage de vos pots. La réglementation est à respecter de manière stricte et les manquements à ces règles peuvent coûter fort cher aux apiculteurs qui vendraient leur miel dans des lieux publics.

Ce que dit la loi

Les règles d'étiquetage et de présentation du miel sont celles applicables aux denrées alimentaires et celles concernant les denrées préemballées prévues par le Code de la consommation.
Reportez-vous aux indications fournies par la DGCCRF sur le site Internet www.bercy.gouv. En résumé, il s'agit de fournir au consommateur une information sans ambiguïté sur le produit qu'il achète ; la traçabilité du circuit du producteur jusqu'au consommateur doit également être rendue possible par ces indications.
Attention : la date limite d'utilisation optimale (DLUO) doit être libellée sous la forme suivante : À consommer de préférence avant fin... en indiquant le mois et l'année lorsque la durabilité est comprise entre 3 et 18 mois, ou seulement l'année lorsque la durabilité est supérieure à 18 mois [1].
Le choix des étiquettes relève de la liberté de l'apiculteur et dépend de l'image que celui-ci veut donner à son produit. Les mentions autres que légales sont toujours possibles, mais ne doivent en aucun cas risquer d'introduire une confusion dans l'esprit du consommateur.

Gratuit ou payant ?

Vous pouvez céder votre miel à titre gracieux ou à titre onéreux. Si vous le cédez à votre « famille », l'administration considère qu'il est hors circuit commercial et votre identification passe dans ce cas par la voie du NUMAGRIT. Si vous le cédez à des tiers, vous devrez être enregistré au répertoire des entreprises et des établissements sous un numéro dit SIRET [2]. Cette déclaration, très importante pour les professionnels dans leurs relations avec les administrations, n'a qu'un intérêt anecdotique pour les petits producteurs. Sauf à y voir une volonté de faire disparaître les petits producteurs, on considérera que c'est un mal français.

BIEN CONSERVER LES POTS

Les pots seront stockés dans un local maintenu à 25°C si l'on souhaite éviter la cristallisation, ou à température ambiante, mais dans un lieu sombre. La cristallisation intervient plus ou moins rapidement selon la température, ou jamais, selon la nature des sucres et la durée de conservation.

1. La DLUO a pour objectif de faire connaître au consommateur la limite au-delà de laquelle un aliment est susceptible d'avoir perdu ses qualités organoleptiques, physiques, gustatives, sans atteinte de ses qualités microbiologiques, nutritives. C'est le cas de presque tous les produits secs.

2. Le NUMAGRIT est un faux SIRET donné par la DDPP pour entrer dans les cases du n° SIRET.

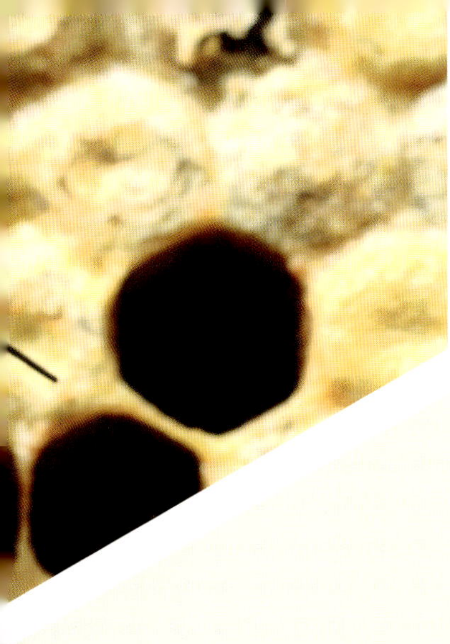

11 PROTÉGER SES ABEILLES

L'abeille est victime de maladies, de parasites, de prédateurs qui vivent soit directement à ses dépens soit aux dépens de ses productions (cire, miel, pollen). Elle a des moyens de défense qui varient d'un individu à l'autre, certaines abeilles étant plus sensibles ou plus résistantes que d'autres.
Par ailleurs, l'abeille n'a pas toujours les capacités suffisantes pour faire face aux nouvelles conditions environnementales et aux prédateurs qui apparaissent régulièrement. Entre autres pratiques, la mondialisation des échanges ou les importations de reines de l'hémisphère Sud, qui permettent un développement express des essaims, mondialise parallèlement parasites et prédateurs. Nous avons connu dans les années 80 l'arrivée du varroa, assisté plus récemment à l'apparition du frelon asiatique *Vespa velutina*, qu'en sera-t-il demain ? De nouveaux parasites sont d'ores et déjà connus et redoutés...
Il revient par conséquent à l'apiculteur d'accompagner au mieux ses colonies dans ces nouveaux contextes.
Dans ce chapitre, seules sont abordées les maladies pour lesquelles des actions sont possibles.

Prévenir vaut mieux que guérir

Les médicaments n'étant pas autorisés en apiculture, sauf contre certains acariens, la prévention demeure plus que jamais la seule vraie méthode de lutte contre les dangers qui guettent l'abeille.

Pour prévenir les maladies des abeilles, trois règles d'or s'imposent en apiculture durable:
- maintenir votre cheptel en bonne santé en appliquant les règles d'hygiène recommandées; si vous suspectez une maladie, n'attendez pas et faites immédiatement intervenir un technicien sanitaire de votre Groupement de défense sanitaire apicole (GDSA) ou un agent sanitaire apicole de la DDPP [1]. Les maladies des abeilles sont trop destructrices pour être traitées à la légère:
- recourir si besoin aux médicaments autorisés
- opérer une sélection pour multiplier des lignées résistantes aux maladies, des souches hygiéniques [2].

Contre les prédateurs, le piégeage sera votre principal moyen de lutte.

BON À SAVOIR

Rester vigilant!

Chacune de vos interventions au rucher peut avoir des conséquences à la fois sur l'environnement et sur la chaîne alimentaire, ce que prend en compte la réglementation. Pour mémoire, le miel est hygroscopique et stocke les produits chimiques solubles dans l'eau; de son côté, la cire est un matériau gras qui absorbe les produits chimiques solubles dans les graisses. Ainsi, suivant la nature des produits chimiques (ou de leurs métabolites) utilisés pour traiter les colonies, des traces peuvent être trouvées, soit dans le miel, soit dans la cire. C'est pourquoi il est essentiel de n'utiliser que des produits autorisés ou des médicaments vétérinaires dotés d'une AMM [3] pour l'abeille, et d'en respecter impérativement le mode d'emploi: périodes et doses auxquelles ils sont appliqués. Ceci est vrai pour les molécules de synthèse comme pour les produits dits « naturels ». Attention également aux préconisations plus ou moins fantaisistes qui fleurissent sur Internet!

COMMENT SE DÉCLARE UNE MALADIE

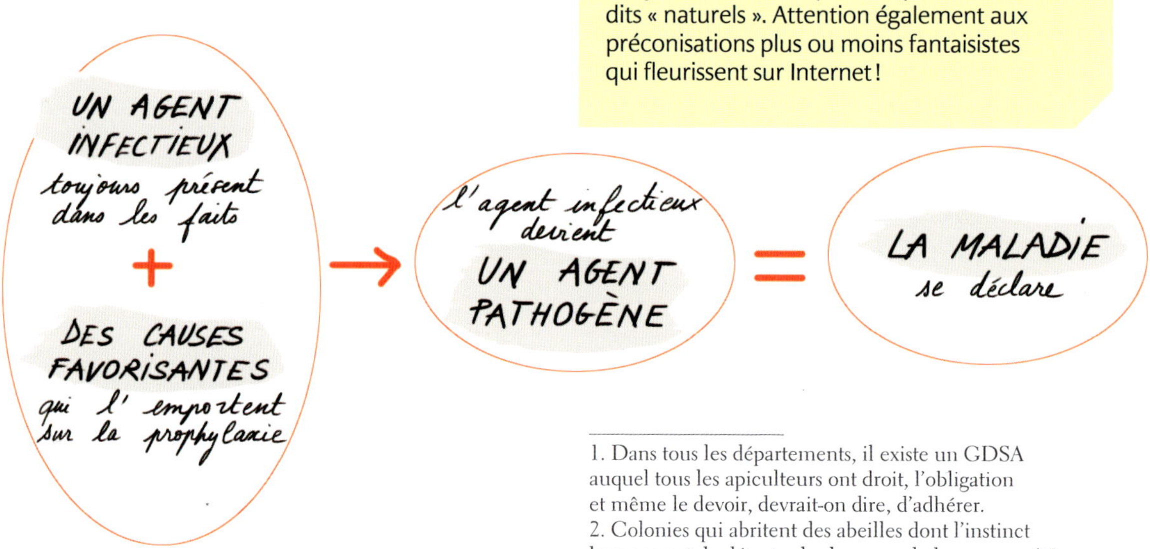

1. Dans tous les départements, il existe un GDSA auquel tous les apiculteurs ont droit, l'obligation et même le devoir, devrait-on dire, d'adhérer.
2. Colonies qui abritent des abeilles dont l'instinct leur permet de détecter les larves malades ou parasitées et de les évacuer hors de la ruche.
3. Autorisation de mise sur le marché.

Abeilles mortes sur la planche d'envol. La langue tirée témoigne probablement d'une intoxication.

Le matériel traité avec un biocide est séché au soleil.

Pulvérisateur de biocide.

Maintenir ses abeilles en bonne santé

Comme tout être vivant, l'abeille possède des mécanismes naturels de défense contre les maladies. Mais certaines actions de l'homme peuvent fragiliser ces mécanismes, voire les rendre inopérants. La prévention vise à restaurer autant que possible ces mécanismes naturels de défense.

Des carences en pollen

L'entretien des bordures de routes, les prairies artificielles de graminées, les tontes fourragères rapprochées, l'ensilage, les monocultures, la mode des gazons à l'anglaise... Autant de pratiques qui affaiblissent la quantité et la variété polliniques de l'environnement. Ces pratiques agricoles ou jardinières conduisent à produire des abeilles carencées en protéines [1]. Or on découvre aujourd'hui l'importance de celles-ci pour la longévité et la résistance de l'abeille.

Des intoxications en masse

L'utilisation massive de produits chimiques dans les cultures induit également des intoxications de colonies. Les intoxications aiguës des butineuses étaient dénoncées dès les années 50 par les apiculteurs lors de l'arrivée du DDT.

La situation est aujourd'hui plus préoccupante encore : avec les insecticides dits systémiques, on découvre les intoxications chroniques qui affectent également le couvain. Leur présence dans les pollens et les nectars perdure au-delà des cultures originellement porteuses de ces produits. Leur rémanence dans le sol leur permet d'être recyclés par les cultures suivantes.

Rester bien informé

Ces connaissances évoluent constamment et l'apiculteur doit faire un effort d'information pour comprendre les évolutions du domaine et les conséquences qui en découlent dans les soins pour ses abeilles.

Les protocoles de traitement changent en fonction des observations faites sur le déclin de l'efficacité des molécules chimiques naturelles comme de synthèse.

Mais si les techniques évoluent, certains principes demeurent pérennes, ils constitueront l'essentiel de ce chapitre.

Alimentation et hygiène

La plus élémentaire des préventions, la première action de l'apiculteur contre les risques de maladie, sera de veiller à une bonne alimentation de ses colonies (voir le chapitre 9, « Nourrir ses abeilles », entièrement consacré au sujet). Celle-ci dépend pour beaucoup de l'environnement floral, qui doit être riche et diversifié, d'où l'importance du choix du lieu pour l'implantation du rucher.

Des abeilles bien nourries seront en effet aptes

---

1. Autrefois, les blés étaient couverts de coquelicots avant les moissons. Cette ressource en pollen, nécessaire à ce moment de fin de floraisons, a largement disparu avec les herbicides sélectifs utilisés pour accroître les rendements.

à développer, comme il se doit, leurs mécanismes naturels de résistance aux bactéries, aux virus...

L'hygiène est également essentielle pour prévenir au mieux les problèmes sanitaires quels qu'ils soient. Parmi les causes favorisantes, le manque d'hygiène recouvre toutes les situations où la colonie se trouve confrontée à des apports extérieurs massifs d'éléments potentiellement pathogènes : introduction dans la ruche de cires gaufrées non stérilisées, matériel d'ouverture des ruches ayant été contaminé antérieurement, corps de ruche, plateau de sol, nourrisseurs, gants et mains non désinfectés, rayons non renouvelés...

L'hygiène est un atout majeur dans la prophylaxie des maladies. Les règles de désinfection ont été rappelées à maintes reprises dans cet ouvrage, notamment celles qui font intervenir la flamme d'un chalumeau doté d'une buse de bon diamètre ou l'utilisation de l'eau de Javel à la concentration d'un berlingot à 9,6° dilué dans 4,75 l d'eau. Si vous devez appliquer celle-ci sur des rayons de cire, nous vous recommandons d'utiliser des berlingots de Javel moussante, qui améliore le contact de l'eau à la cire.

Désinfectez ce qui doit l'être aussi souvent que possible. On sait par exemple que la loque américaine s'introduit très souvent dans la ruche par l'intermédiaire du lève-cadres de l'apiculteur, de ses gants ou de ses mains, voire (elle est alors plus violente encore) dans les nourrissements réalisés avec des miels tirés de ruches loqueuses. À un faible niveau d'infestation, la maladie ne s'exprime pas, mais l'introduction de nouvelles spores va l'entraîner.

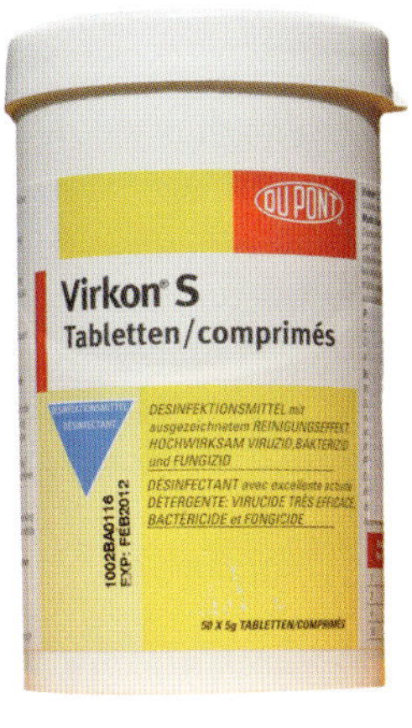

Désinfectant, virucide, bactéride, fongicide sans danger pour l'homme.

Pensez à visiter les ruches les plus fortes en premier, ce sont en principe celles qui courent le moins de risques ; terminez la visite par les moins vigoureuses.

Stérilisation par la flamme d'un chalumeau.

BON À SAVOIR
Certains apiculteurs tentent désormais de faire renouveler 5 cadres de corps chaque année, plus spécifiquement ceux qui ont contenu du couvain, ces cadres recélant particulièrement les formes résistantes des maladies du couvain.

ATTENTION AUX CONTAMINATIONS PAR LE MIEL !

Pour limiter au mieux les contaminations par le miel, il est désormais recommandé de séparer le nid à couvain des hausses à miel par une grille à reine. Obligatoire en appellation biologique. La conduite des colonies s'en trouve modifiée car il faut veiller à ne pas provoquer l'engorgement du nid à couvain au moment des très fortes miellées. On retire alors des cadres de corps pleins de miel que l'on remplace par des cadres bâtis ou des cires. On place une hausse vide sous le corps, l'expansion de la colonie est rendue possible par le bas.

Mieux connaître les maladies des abeilles

Les maladies des abeilles affectent soit le couvain, soit les abeilles adultes. Leur gravité n'est pas de même importance. Les maladies de l'abeille adulte se repèrent vite, elles n'engagent pas toujours l'avenir de la colonie. Les maladies du couvain sont plus difficiles à découvrir, on ne les repère qu'à l'occasion d'une visite. Elles sont graves puisqu'elles obèrent l'avenir de la colonie. Les parasites seront traités à part.

Repérer les signes cliniques et agir rapidement

Les maladies s'observent avant tout par des signes « cliniques », c'est-à-dire extérieurs. Il est toujours possible de les faire confirmer par des examens de laboratoire, mais c'est une pratique rare tant les coûts sont élevés, sauf à ce que cet examen soit pris en charge par le laboratoire vétérinaire départemental. Vous serez alerté par un ensemble de signes, à la fois au sol devant la ruche [1], au trou de vol, puis dans la ruche, une fois celle-ci ouverte.

- **Au sol,** des abeilles traînantes, tremblantes, des abeilles mortes avec une aile en K ou à l'horizontale, des abeilles à l'abdomen gonflé, des abeilles qui montent aux herbes sans pouvoir s'envoler, des abeilles mortes en masse devant ou dans le bas des ruches, des abeilles chassées par leurs congénères...
- **Au trou de vol,** une activité faible alors que les autres colonies sont actives, des déjections sur toute la ruche, des larves desséchées, blanches ou noires sous le grillage ou sur le plateau de sol...
- **À l'ouverture de la ruche,** une odeur de colle de poisson, un couvain en mosaïque, des larves blanches desséchées dans les alvéoles, des larves blanchâtres, brunes, noircies, visqueuses, des larves couvertes de poils de moisissures, des abeilles aux ailes atrophiées...

1. Des pierres plates devant les ruches, des toiles à talus, du linoleum... facilitent les observations.

Tous ces signes sont des indicateurs de maladies ou d'intoxications, certains sont communs à plusieurs pathologies et seul un examen en laboratoire pourrait confirmer la pathologie en cause. Mais au fond peu importe, en l'absence de médicaments, le seul remède consiste en effet à détruire rapidement la colonie malade. L'entretenir reviendrait à prendre le risque d'infester son rucher tout entier, ainsi que son voisinage apicole.

MALADIES ET LÉGISLATION

La législation distingue deux grands types de maladies:

- Les Maladies à Déclaration Obligatoire (Art. L223-4 du Code rural) auprès de la DDPP: varrose due à l'acarien varroa mais aucune mesure de police sanitaire n'en découle[2].

- Les Maladies Réputées Contagieuses (Art. L222-1 à 3 du Code rural)[3], qui doivent être déclarées à la DDPP, celle-ci imposant des mesures sanitaires: loque américaine (bactérie), *Nosema (apis et ceranae,* microsporidies*)* et certains parasites qui ne sont pas encore arrivés, font l'objet d'une surveillance attentive: *Aethina tumida* (insecte), *Tropilaelaps clareae* (acarien du couvain).

2. Tous les ruchers sont infestés; dans la pratique, personne ne déclare cette parasitose.
3. Les déclarations sont impératives pour obtenir de l'administration une surveillance des ruchers voisins qui peuvent être la source de l'infestation.

Déclarer les intoxications massives

Toutes ces maladies conduisent à des dépopulations, tout comme les intoxications. Il faut faire la part des choses entre ce qui est de l'ordre de la maladie et ce qui est de l'ordre de l'intoxication. Les intoxications massives doivent en effet donner lieu à des déclarations immédiates à la DDPP, à des dépôts de plaintes à la gendarmerie, à des déclarations aux assurances... de manière à déclencher les procédures administratives de recherche des causes, à faire opérer les prélèvements par des personnels compétents et assermentés[1], à permettre des indemnisations s'il y a lieu.
L'intoxication massive, ce sont des abeilles tremblantes, incapables de voler et une mortalité massive devant la ruche en quelques jours. Une intoxication massive avec absence de retour des abeilles à la ruche est difficile à observer, sauf visites très fréquentes des ruchers. Le couvain naissant redonnant rapidement des butineuses.
La question sanitaire est devenue d'autant plus complexe que les interactions entre intoxications latentes et développement des maladies vont de pair. Les travaux récents montrent la synergie entre nosémose et certains néonicotinoïdes[2], entre certains fongicides, herbicides et des mortalités larvaires...

Déjections sur l'extérieur du corps de la ruche.

Les maladies de l'abeille adulte

La nosémose

Deux nosémoses sont aujourd'hui reconnues: *Nosema apis*, la plus anciennement détectée, et *Nosema ceranae*, plus récemment découverte depuis l'analyse de leurs deux ADN.
Ce sont des microsporides (parasites intracellulaires de la famille des champignons) qui se développent dans la paroi de l'intestin, entraînant souvent des désordres intestinaux visibles par des diarrhées, mais pas toujours, ce qui rend le diagnostic particulièrement difficile. S'ensuit systématiquement la mort de l'abeille.
Autant il semble acquis que *Nosema apis* se développe assez facilement[3], autant il semblerait que *Nosema ceranae* soit une pathologie qui ne se retrouve que sur les abeilles fragilisées, affaiblies. Les recherches actuelles montrent que certains néonicotinoïdes fragilisent les défenses naturelles[4] de l'abeille, permettant à *Nosema* de s'y développer.

Les signes cliniques

Les signes d'une possible infection par *Nosema* sont essentiellement des diarrhées sur toute la ruche, notamment sur la planche d'envol et la tête des cadres. On observe de longues traînées d'excréments. Mais ce signe ne convient pas pour *Nosema ceranae*. Les dépopulations en fin d'hiver sont un signe, ainsi que la lenteur du démarrage de printemps.

1. Déclarations d'autant plus importantes qu'il existe un réseau national de surveillance des troubles de l'abeille en charge de détecter les sources d'intoxications. Cf. la note de service du 26 avril 2011 : http://agriculture.gouv.fr/IMG/pdf/DGALN20118101Z.pdf

2. Famille d'insecticides systémiques.
3. Les analyses de laboratoire montrent que l'on trouve plus ou moins de spores de *Nosema* dans presque toutes les abeilles, mais toutes ne développent pas la maladie.
4. Par réduction du glucose oxydase, enzyme qui permet le dégagement d'eau oxygénée agissant comme antiseptique dans les gelées larvaires et dans le miel.

La prévention
Elle portera sur l'ensoleillement du rucher, sa bonne exposition, un environnement alimentaire de qualité, des matériels désinfectés une fois par an (plateau de sol, couvre-cadres, caisse, hausses), mais aussi par des nourrissements protéinés. Même si sur *Nosema ceranae*, il semble qu'ils n'aient guère d'effets préventifs, n'hésitez pas à donner des compléments alimentaires avec des décoctions de plantes: de nombreuses spécialités françaises et étrangères sont disponibles. En prévention, l'ajout d'acide acétique [1] et d'une décoction de propolis [2] est aussi préconisé dans les sirops de nourrissement.

La dysenterie
Les souillures sur la planche d'envol ou sur le toit des colonies dans tout le rucher incitent à penser qu'une claustration trop longue des abeilles est la cause d'une dysenterie: elles sortent en masse pour vider leur ampoule rectale, mouchetant l'ensemble des ruches et de l'environnement [3]. Cet événement, qui ne dure pas, est sans vraie conséquence.
Parfois un nourrissement intempestif suivi d'une période de froid peut produire le même effet, il suffit alors d'arrêter le nourrissement.

Les autres maladies
Les autres maladies des abeilles adultes sont sans traitement possible ni autre prévention que ce qui est rappelé de manière constante sur l'hygiène et l'alimentation.

1. Selon P. Mottoul, déjà cité au chapitre 9, le vinaigre de cidre dans la proportion de 50 ml par litre de sirop apporterait en plus du potassium. Pour d'autres apiculteurs, du vinaigre blanc pourrait être incorporé jusqu'à 10 %.
2. À la dose de 2 ml de décoction alcoolique par litre de sirop.
3. Ce sont des petits points, ce qui les distingue des excréments de nosémose. Attention au linge qui sèche, aux carrosseries de voitures…

Les maladies du couvain

Ce sont des maladies graves et très contagieuses, qui mettent en jeu l'avenir du rucher. Le traitement le plus communément retenu est la destruction des colonies touchées.

La loque américaine
L'agent en cause est une bactérie, *Paenibacillus larvae,* dont la spore est introduite par la nourrice dans la gelée larvaire. Lors de l'évolution de la larve, la spore passe dans l'intestin de celle-ci, puis pénètre dans son hémolymphe, où se développe ensuite la bactérie.
Les spores de loque sont d'une extrême résistance, plusieurs dizaines d'années en milieu sec. L'eau bouillante ne les détruit qu'à partir de 130 °C, soit en étuve sous pression. L'eau de Javel est parfaitement efficace à la condition que les spores ne soient pas protégées par des concrétions de cire ou de propolis.
Identification de la loque américaine
La loque américaine engendre une décomposition de la larve caractérisée par:
- un effondrement de l'opercule et sa perforation
- la larve devient brunâtre, visqueuse
- piquée avec une allumette, elle produit un fil visqueux de quelques cm.
- une odeur caractéristique de colle de poisson se dégage de la ruche à l'ouverture.

Seul l'examen bactériologique en laboratoire donne une indication précise sur la pathologie. Trop coûteux, il est rarement réalisé sauf par les services vétérinaires. La détection de la loque américaine est difficile dans de nombreuses situations où les signes cli-

Test de l'allumette, larve filante = suspicion de LA.

niques ne sont pas certains, d'autant que l'analyse bactériologique montre que ces signes sont communs avec d'autres situations qui ne sont pas des loques. Il existe un test[1] de type ELISA[2] pour détecter avec certitude la présence de loques: une larve suspecte est rincée dans une solution spéciale dont quelques gouttes sont répandues sur un carton test, l'apparition d'une ligne colorée indique la présence de loque. Ce test, aisé de mise en œuvre, est hyper sensible et parfaitement spécifique. Toutefois, il détecte des spores de loques y compris dans des colonies où cet agent infectieux n'est pas devenu pathogène.

Actions

- Étouffer un soir avec une mèche soufrée enflammée les colonies infectées.
- Sortir tous les cadres, les brûler avec les abeilles mortes, enterrer les cendres.
- Désinfecter à la flamme du chalumeau toutes les parties en bois.
- Pour les parties en plastique, les décaper puis les traiter à la lessive de soude ou avec une lessive au carbonate de soude (par ex. lessive Saint Marc). Les doses à utiliser sont de 30 g /l, temps de trempage en ébullition 10 minutes. Les tremper ensuite dans une eau javellisée ou avec un biocide.

Cependant, pour les colonies très populeuses, détectées en début de maladie, un transvasement est possible pour garder les seules abeilles adultes (voir plus loin).

La prévention

- Désinfecter soigneusement mains ou gants et lève-cadres entre chaque ruche.
- Désinfecter régulièrement les vêtements de protection et impérativement en cas de détection de loque.
- Prévenir les risques de carence en protéines.
- Reproduire des colonies dites « hygiéniques ».
- Supprimer les colonies peu dynamiques, travailler avec des populations fortes.

1. De la société Vita Swarm, distribué par les vétérinaires ou les pharmacies.
2. Test de laboratoire basé sur le principe d'une enzyme libérée par la présence du produit recherché et qui provoque l'apparition d'une couleur sur un support sec adapté, ce qui en permet une mise en œuvre très simple.

BON À SAVOIR

Des signes qui ne trompent pas!

En ouvrant la ruche, vous sentez nettement une odeur de colle de poisson ? La ruche est certainement malade, touchée par la loque américaine.

Lorsque vous sortez les cadres de couvain pour les examiner, vous découvrez un couvain en mosaïque, des cellules operculées affaissées, trouées ? Autant de signes complémentaires... Le test de l'allumette va confirmer votre diagnostic. Piquez une larve avec une allumette ou un clou. Si c'est bien la loque américaine qui est en cause, cette larve laissera filer une longue morve de quelques centimètres lorsque vous retirerez l'allumette ou le clou. Ce test n'est cependant réalisable qu'à un stade moyennement avancé de la maladie, avant que les larves ne soient toutes desséchées et devenues porteuses de spores qui se disséminent ensuite dans la ruche et dans l'environnement par centaines de millions.

SAUVER LES ABEILLES ADULTES

Si vous découvrez le problème au printemps et que la colonie est forte, vous pouvez essayer de conserver les abeilles adultes, la loque étant une maladie du couvain. Pour ce faire, vous allez créer un essaim nu par la technique dite « de transvasement ». Connue depuis plus de cinq siècles, cette technique a été très pratiquée par les apiculteurs avant l'arrivée des antibiotiques.

- Par une belle journée ensoleillée et sans vent, en fin de journée de préférence, enfumez copieusement la ruche malade durant une minute pour obliger les abeilles à se gorger de miel.

- Avancez la ruche malade d'1 mètre environ, désinfectez soigneusement le sol et le support à l'aide d'un puissant chalumeau.

- Installez à sa place une ruche propre garnie de cires gaufrées.

- Déroulez une nappe en papier allant de la planche d'envol de cette nouvelle ruche jusqu'à celle de l'ancienne.

- Secouez sur cette nappe les abeilles de tous les cadres de la ruche malade.

- Placez-les ensuite dans un grand

sac poubelle que vous brûlerez avec la nappe et tous les déchets récoltés. Les cendres seront enfouies.
- Si vous trouvez la reine, introduisez-la dans la ruche d'accueil.
En retournant dans leur ruche, les abeilles se délesteront de leurs déchets. Une fois tout le monde rentré, refermez la ruche, mettez-la en cave deux nuits, les abeilles en se léchant absorberont les spores qui seront détruites dans leur tube digestif.
La remettre dans le rucher[1] à sa place ou à une autre, nourrir jusqu'à la construction des rayons, leur emplissage de miel et l'apparition d'un couvain sain.

La loque européenne

Longtemps considérée comme moins grave que la loque américaine, la loque européenne est aujourd'hui reconnue comme l'étant tout autant. Elle est provoquée principalement par une bactérie, *Melissococcus pluton,* associée souvent à d'autres bactéries. Elle ne sporule pas et se détruit assez facilement. Elle ne se maintient que 20 heures sous les rayons du soleil et se décompose en 25 heures à la température ambiante. Séchée, elle résiste un an.
La loque européenne trouve son origine essentiellement dans les carences protéiniques des abeilles. Elle peut par conséquent s'installer chaque fois que l'apport de pollen fait défaut ou lorsque le volume de couvain à nourrir excède les capacités des nourrices.
On observe également l'apparition de cette maladie lorsque les colonies sont atteintes du virus Sacbrood qui affecte les glandes hypopharyngiennes, les nourrices ne pouvant fournir de gelées nourricières ni en qualité ni en quantité.

Les signes cliniques

- Les larves meurent le plus souvent avant l'operculation.
- Certaines cellules présentent un opercule affaissé avec de petits trous.
- Le couvain est en mosaïque, les nettoyeuses sortant rapidement les larves mortes.
- Une odeur de pourriture ou une odeur acide, un peu comme celle du vinaigre, peut apparaître (en fonction des bactéries associées).
- Les larves paraissent aplaties, elles perdent leur couleur nacrée, deviennent blanchâtres, puis jaunes et brunes.
- Les écailles[2] n'adhèrent pas aux parois des cellules.

La colonie peut parfois s'en sortir seule si elle est forte et que les conditions florales sont favorables.

Actions

- Sortir et brûler les cadres atteints.
- Nourrir abondamment avec des sirops protéinés durant au moins 10 jours pour provoquer un blocage de ponte et un nettoyage de la colonie.
- Changer la reine au profit d'une lignée nettoyeuse.
- Si ces mesures demeurent inefficaces, détruire la colonie ou opérer un transvasement si c'est encore possible.

La prévention

- Contrer le pillage et la dérive.
- Chaque année, mettre 3 cires neuves dans les corps.
- Sélectionner des reines de lignée « hygiénique ».
- Nourrir dans les périodes de famine, apports protéinés conseillés.
- Désinfecter les corps, plateaux de sol, couvre-cadres au moins une fois par an.

La mycose

La mycose provoque rarement des mortalités de colonies, mais elle entraîne une perte de production. L'agent pathogène est *Ascosphaera apis,* un champignon à reproduction sexuée.
On détecte rapidement la mycose car on trouve des larves desséchées sur les plateaux de sol et devant la ruche.
Les causes possibles sont multiples :
- une baisse de température du couvain dans une colonie faible ou qui se développerait trop rapidement en fin d'hiver
- l'humidité

1. Le rucher de quarantaine, conseillé à une époque, conduit à polluer les ruchers voisins si la maladie persiste.

2. Terme désignant la larve séchée.

- l'affaiblissement par d'autres agents pathogènes : virus, varroa, loques
- des lignées peu nettoyeuses (peu hygiéniques)
- certaines actions sur les colonies qui diminuent le ratio (adultes-couvain) : essaims sur cadres avec trop peu d'abeilles, colonies sur lesquelles on aurait prélevé des abeilles pour faire des essaims nus lors d'une période météo devenant défavorable...
- l'usage des antibiotiques (interdits en France sur les abeilles, sauf situation particulière sur prescription vétérinaire).

Les spores sont particulièrement résistantes :
- dans les larves momifiées, les spores étant encore contaminantes au bout de 15 ans
- dans le miel et dans la cire recyclée
- dans des déchets, à l'abri, elles résistent 4 ans.

Les signes cliniques

- Les rayons présentent un couvain en mosaïque.
- Les larves, d'abord de couleur blanc-jaunâtre, deviennent jaunes puis durcissent. Ensuite, les larves se dessèchent, se momifient, blanchissent (le champignon forme un duvet blanc), d'où l'expression « couvain plâtré ». Elles se couvrent de moisissures.
- Si on ouvre des cellules operculées, on y trouve des larves momifiées, desséchées, porteuses de spores. Ces larves ne collent pas à la paroi, si on secoue le cadre on les entend cogner contre les cellules avant de tomber à terre.

Actions

Il n'y a pas de traitement à proprement parler pour la mycose. On réduit, semble-t-il, très notablement le risque d'apparition de cette maladie en ajoutant de l'huile essentielle de sarriette des montagnes (*Satureia montana*) dans le candi hivernal à la dose de 0,01 % en volume.

La prévention

La prévention consiste surtout à lutter contre les causes favorisant la venue de la mycose :
- désinfecter chaque année les plateaux de sol
- éloigner les ruches du sol pour éviter l'humidité, favoriser l'aération par des plateaux grillagés
- éviter les lieux humides et trop à l'ombre
- changer 3 à 5 rayons par an
- changer la reine et sélectionner des reines de lignée hygiénique.

Couvain suspect.

Test de loque européenne, la larve ne colle pas aux parois de l'alvéole, elle se détache avec le cure-dent.

Couvain mycosé, dit « couvain plâtré ».

Diverses étapes de transformation des larves mycosées.

Les parasitoses

Ce ne sont pas des maladies en tant que telles, mais des atteintes provoquées par des hôtes indésirables qui vivent sur ou avec les abeilles. Les acariens sont les parasites communs des abeilles européennes. Alors qu'aucun médicament n'est autorisé pour les maladies touchant les abeilles, ils le sont pour les acariens.

Le miel entrant dans la chaîne alimentaire, l'usage des médicaments pour soigner les abeilles est soumis au Code de la santé publique. Ils ne sont utilisables que s'ils disposent d'une AMM. Le respect des règles, que l'on soit amateur, petit producteur, pluriactif et *a fortiori* professionnel, est indispensable pour conserver l'image de la proximité avec la nature dont jouit l'apiculture.
Une apiculture durable est respectueuse de l'abeille, du consommateur... et de la santé de l'apiculteur !

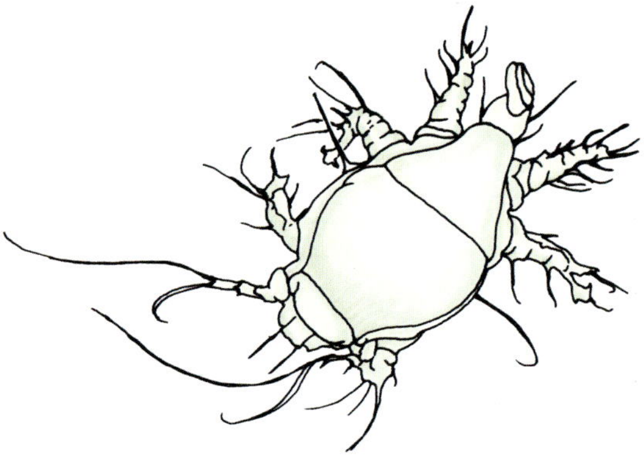

Acarapis woodi

Les acariens

Ces parasites vivent sur l'abeille et/ou sur la larve et ponctionnent leur hémolymphe et les protéines qui s'y trouvent.

L'acariose

Acarapis woodi se loge dans les tubes respiratoires de l'abeille situés de part en part du thorax et de l'abdomen. On subodore sa présence par une multiplicité de signes car aucun n'est vraiment spécifique : diarrhée sur la ruche, abeilles incapables de voler, abdomen gonflé, fortes mortalités d'hiver, ruches abandonnées où il reste des abeilles mortes, du couvain, du miel, abeilles vivantes avec des ailes asymétriques, peu de couvain au printemps, peu de miel. Seul un examen en laboratoire peut confirmer une suspicion d'acariose.
Les traitements spécifiques de l'acariose n'ont plus guère d'intérêt, les traitements contre le varroa étant efficaces contre ce parasite.

La varroose

Elle recouvre une série de maladies associées à la présence de *Varroa destructor*, acarien arrivé dans les années 80, hôte naturel d'*Apis cerana* en Asie. Si *Apis cerana* sait s'en épouiller, en revanche notre abeille n'a développé aucune défense naturelle contre cet acarien.

Abeille porteuse de varroa, aux ailes atrophiées.

Mieux connaître le varroa

Le varroa agit négativement en consommant l'hémolymphe de l'abeille et en lui subtilisant des protéines. Il vit 90 jours environ, bien au-delà de la vie des abeilles en pleine saison, et se reproduit au rythme de 2,25 fois par cycle d'élevage du couvain. Une colonie fortement parasitée meurt lorsque le nombre des varroas dépasse celui des abeilles : c'est l'explication de nombreuses disparitions de colonies en juillet-août, lorsque s'amorce la décroissance des populations.

Conséquences d'une varroose

- L'abeille devient mauvaise productrice de gelée royale et mauvaise cirière.
- Sa durée de vie est raccourcie, certains auteurs parlent de 50 % de longévité en moins.
- Sa résistance aux maladies est diminuée. Les trous faits par varroa, qui s'installe sur les membranes intersegmentaires des anneaux de l'abdomen, sont des portes d'entrée pour les maladies, dont des viroses inconnues jusque-là dans les ruchers.
- Sur les reines, *Varroa destructor* agit en réduisant leur capacité de vol et donc de fécondation. Les chercheurs estiment que les reines parasitées sont moitié moins fécondées que les reines non parasitées au moment de leur vol nuptial.

Varroas sur un linge, avec déchets de cire.

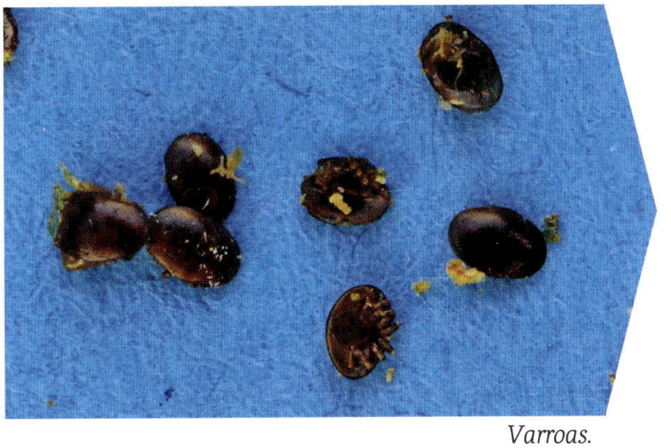

Varroas.

Abeilles aux ailes atrophiées porteuse d'un varroa.

BON À SAVOIR

Comment évaluer le niveau d'infestation

1. Au pinceau, graissez avec de l'huile de table, du saindoux ou de la graisse à traire des « langes » (plaques de tôle, de polypropylène alvéolé, de radiographies, de plastique mince et rigide... découpées au format de l'entrée du plateau de sol).
2. Sur ces langes graissés, versez 0,5 ml d'Amitraz®, mesuré à la seringue, que vous étalez au pinceau. Ces langes sont glissés sur les plateaux de sol (jamais en dessous, le produit agit beaucoup par contact), puis enlevés 24 heures plus tard.
3. Comptez le nombre de varroas tombés :
- Moins de 50 varroas : situation excellente qui devrait être celle du mois d'octobre.
- À moins de 100 varroas au printemps, le protocole standard décrit ci-dessous suffira.
- Au-delà, il vous faudra traiter une fois avant la pose des hausses, puis contrôler de nouveau le niveau de l'infestation et maintenir le traitement en cas d'échec.

Bien que l'AMM n'ait pas été donnée pour cet usage, la DGAL tolère l'utilisation des spécialités vétérinaires acaricides titrées à 12,5 % d'Amitraz®.

Lutter contre le varroa

Le traitement est très difficile lorsque la colonie est en pleine expansion, avec un fort couvain. Le varroa femelle se dissimule en effet sous les larves, qu'il va ensuite parasiter. Lorsque la larve est mature, le varroa femelle sort sur l'abeille. Au bout de quelques jours, lorsque celle-ci devient nourrice et qu'elle nourrit les larves, le parasite, attiré par certaines phéromones de la larve, plonge rapidement dans la gelée royale et s'installe de nouveau sous une larve près d'être operculée. En pleine phase d'expansion du couvain, les traitements ont par conséquent peu de chance de toucher les varroas en nombre, la plupart d'entre eux se trouvant dans les cellules de couvain en cours de reproduction.

En revanche, lorsque le couvain est absent ou en régression, les varroas restent sur les abeilles adultes, c'est le bon moment pour traiter.

La lutte contre le varroa se compose de trois mesures distinctes mais qui ont toutes leur importance. On parle de lutte intégrée.

Au printemps

Les hausses, que l'on s'apprête à poser sur les colonies, ne devront pas risquer d'entrer en contact avec des produits chimiques, que l'on pourrait trouver dans le miel par la suite. Donc, sauf infestation massive due le plus souvent à des couvains tardifs l'année antérieure, des pillages de ruches infestées, des traitements d'automne insuffisants, les traitements seront limités à une approche « biotechnique ». Pour faire baisser la densité des varroas dans la colonie, on détruit des rayons contenant des cellules de couvain operculé de mâles. En effet, les femelles varroas ont une prédilection pour les larves de bourdons, qui mettent plus de temps pour arriver à maturité et permettent ainsi une à deux pontes supplémentaires du parasite.

Mise en œuvre: Placez deux cadres de hausses bâtis en bordure du nid à couvain lors de la première visite de printemps. Lorsque les constructions de cire vont apparaître, les abeilles construiront sous ces cadres un rayon en demi-lune ; généralement, ce sont des cellules de bourdons. Une fois pondus et operculés, ces rayons seront découpés et détruits. On peut laisser ces cadres toute la saison et faire cette prédation toutes les 3 semaines. Ne pas omettre de repérer ces cadres à l'aide d'une punaise.

Les rayons des corps placés sur des hausses vides seront assez régulièrement construits d'un rayon surnuméraire en bourdon et détruits de la même manière.

En été

La récolte faite, appliquez un traitement à base de thymol et d'autres huiles essentielles combinées ou d'acide formique. On provoque ainsi une diminution importante du nombre des varroas à un moment où les grandes chaleurs rendent les évaporations de produits chimiques possibles.

Mise en œuvre: Coupez chaque plaquette en deux et posez-la sur la tête des cadres, à deux extrémités de la ruche. Un couvre-cadres un peu surélevé favorisera une bonne circulation de l'air. Dans l'idéal, ce traitement doit être poursuivi durant au moins 6 semaines juste après la récolte de juillet. Il est en effet très sensible aux conditions de température, d'hygrométrie, de pression atmosphérique.

L'acide formique sera utilisé avec un évaporateur *ad hoc*. Appliquez scrupuleusement le protocole proposé par les fournisseurs. C'est en effet un produit dangereux pour les abeilles comme pour l'apiculteur. Les dosages doivent être stricts et les gants de protection spécialement adaptés aux produits chimiques[1]. Les gants de ménage en caoutchouc sont poreux à l'acide formique.

En fin d'été

Mettez en œuvre un traitement de contact par des lanières à diffusion lente de Tau Fluvalinate® ou d'Amitraz®. Ce traitement se fera durant au minimum 3 mois et de préférence jusqu'à la disparition totale du couvain. L'AMM pour l'Apivar ne donne pas de limite maximale de durée de présence dans les ruches. 12 semaines semblent la limite de l'efficacité des lanières.

1. Gants estampillés 

Mise en œuvre: Placez ces lanières dans le nid à couvain, en les maintenant au fil du temps au contact des jeunes abeilles porteuses des varroas naissants. Pour ce faire, descendez ces lanières sous la tête des cadres afin que toute leur surface puisse être en contact avec les jeunes abeilles porteuses des varroas. Changez les lanières de place, en suivant le déplacement du couvain dans la ruche, et grattez-les pour enlever les concrétions de cires.

Au cours de l'hiver

Il est possible de faire un traitement à l'acide oxalique, en particulier par dégouttement, sur prescription et sous contrôle d'un vétérinaire. Classé substance vénéneuse, l'acide oxalique est soumis aux règles de la pharmacie vétérinaire[1].

BON À SAVOIR

Ne pas sous-estimer le danger!

La varroose est trop largement encore sous-estimée par les apiculteurs. Or elle modifie puissamment la conduite des colonies, tout comme obligent à le faire les pesticides dits systémiques. Les apiculteurs doivent acquérir de nouvelles compétences sur les traitements, les techniques de nourrissement, le renouvellement des reines et la sélection...

TRAITER AVEC MESURE

Tous les traitements, quels qu'ils soient, ont des effets délétères sur les abeilles, et sur les reines en particulier. Les acides attaquent en effet la chitine des abeilles, rendant leur « carrosserie » poreuse et perméable aux bactéries, virus... La fécondité des reines peut être affectée par ces traitements.

Attention également à bien utiliser des produits autorisés, selon des protocoles validés[2]. Les interactions entre médicaments sont parfois très toxiques. La « iatrogénie médicamenteuse » existe aussi chez l'abeille!

1. L'acide oxalique doit être de qualité officinale, c'est-à-dire acheté en pharmacie ou chez le vétérinaire.
2. C'est le rôle des GDS apicoles de diffuser les bonnes pratiques et d'organiser des formations sanitaires accessibles à tous.

DES TRAITEMENTS EN CONSTANTE ÉVOLUTION

Le traitement du varroa fait l'objet d'évolutions incessantes. L'usage des médicaments sélectionne des lignées de varroas résistants, peu à peu les molécules sont abandonnées au profit d'autres, la rotation des traitements est une préconisation du groupement de défense sanitaire; au niveau personnel, elle n'a guère d'effet.

La recherche de solutions pertinentes pour la conduite apicole sous appellation biologique est toujours en cours. Aucune solution satisfaisante n'est à ce jour au point. Les professionnels subissent de 40 à 60 % de pertes hivernales.

La sélection de lignées super-hygiéniques au sein desquelles des lignées d'abeilles détectent en plus les larves parasitées et les évacuent de la ruche est un axe de recherche. Pour l'instant les résultats ne sont pas encore probants, ces lignées se révélant plus agressives et moins productrices de miel[3].

La formation continue sur ce sujet est une priorité pour tout apiculteur.

Les acariens de demain

Les échanges internationaux de plantes et d'animaux mondialisent à grande vitesse les parasites et maladies présents sur tous les continents. Ainsi, on s'attend à l'arrivée de deux acariens originaires d'Asie, *Tropilaelaps clareae* et *Tropilaelaps koenigerum*, et d'un petit coléoptère présent en Afrique et aux États-Unis, *Aethina tumida*.

Ces parasitoses sont classées parmi les maladies réputées contagieuses, donc à déclaration obligatoire.

3. Il existe des lignées qui vivent en supportant varroa. Mais leur production de miel couvre leurs besoins, pas ceux de l'apiculteur.

Les Tropilaelaps

Tropilaelaps clareae est de forme ovale, rouge-brun ; il mesure près de 1 mm de longueur. Son comparse *Tropilaelaps koenigerum* est un peu plus petit, 0,7 mm. Ovoïdes, ces tropilaelaps se distinguent facilement de *Varroa destructor,* qui est arrondi. Ces acariens se reproduisent comme le varroa dans les cellules de couvain operculé. Ils ne peuvent ni se nourrir ni se reproduire hors du couvain. Leur survie sur les abeilles ne dépasserait pas 48 heures. La lutte sera orientée vers une approche mixte, biotechnique par l'organisation de périodes sans couvain pour détruire cet acarien et médicamenteuse par l'usage d'acaricides comme pour le varroa.

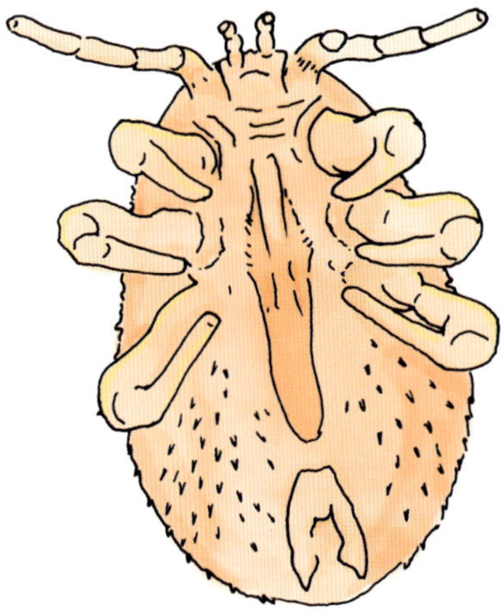

Tropilaelaps clareae

Aethina tumida

Surnommé « le petit coléoptère des ruches », il est de couleur noire et mesure de 5 à 7 mm. Après une ponte dans les anfractuosités de la ruche ou sous des alvéoles, naissent des larves qui pénètrent dans le miel, le pollen et le couvain, leurs galeries faisant s'effondrer les rayons et leurs excréments faisant fermenter le miel. Lorsqu'elles atteignent 12 mm de longueur, les larves quittent la ruche, leur nymphose se faisant en terre. À la naissance, les nouveaux coléoptères recherchent des ruches dans un rayon de plusieurs kilomètres pour y pondre à leur tour. La reproduction de ce parasite, en 4 phases distinctes, rend les tentatives de lutte pratiquement impossibles.

Il a été identifié en Afrique du Sud, se trouve actuellement en Afrique du Nord, en Amérique du Nord et en Australie.

Aethina tumida

« L'utilisation de produits chimiques est préjudiciable non seulement aux abeilles, mais aussi à l'environnement, et accentue les problèmes de résidus dans les produits de la ruche. Si l'on veut épargner ce fléau à l'Europe, il est indispensable d'interdire toute importation d'abeilles en provenance des régions infestées. Des projets de recherche sont en cours au niveau international, qui ont pour objectif la mise au point de stratégies de lutte. »

Office Vétérinaire Fédéral, Suisse.

Les prédateurs

L'abeille est une ressource alimentaire pour d'autres animaux qui vivent de ses déchets, de ses cadavres et parfois même des larves ou adultes vivants. Nettoyeurs de l'environnement du rucher, ces prédateurs vivent généralement en bonne intelligence avec les abeilles sauf...

Le lézard

Il est gênant lorsqu'à l'automne il tente de rentrer dans la ruche et s'installe au chaud sur le plateau de sol bien fermé, consommant régulièrement une abeille de la grappe en attendant des jours meilleurs... Une ruche peut être décimée en un hiver à cause d'un lézard. Les plateaux de sol grillagés sont très dissuasifs. Les grilles d'entrée sont aussi une limitation efficace pour les lézards de bonne taille.

Lézard

Les fourmis

On les trouve souvent sous les isolants des toits contre le couvre-cadres. Il fait chaud et humide à souhait pour l'éclosion de leurs œufs. En Europe, elles ne présentent aucun danger pour les colonies.

Fourmis

La musaraigne

Comme le lézard, la musaraigne vient prendre ses quartiers d'hiver dans la ruche. Pour éviter cette intrusion, il convient de réduire l'entrée de la ruche en automne.
De temps en temps, la musaraigne visite les colonies en été, inondant d'une urine parfois infectieuse les plateaux de sol et les trappes à pollen. Les colonies s'en défendent en principe, sauf si un coup de froid leur fait faire la grappe.

Musaraigne

Le pic-vert

L'hiver, les colonies au repos sont une ressource alimentaire de choix. Le pic-vert perfore les caisses pour faire sortir les abeilles par ces perforations. La seule méthode pour dissuader cet oiseau d'agir ainsi consiste à mettre du grillage tout autour des ruches pour éloigner les ruches de son bec.

Le frelon asiatique *Vespa velutina*

Originaire d'Asie du Sud-Est, ce frelon est arrivé en France dans le Sud-Ouest en 2005. Il a colonisé la façade Atlantique jusque dans les Côtes d'Armor. Il colonise le Sud, remonte la vallée du Rhône et s'étend progressivement sur l'ensemble de la France. On a ainsi pu l'observer aussi bien du côté d'Auxerre qu'en Île-et-Villaine, puis dans la région parisienne.
En vol stationnaire au-dessus des entrées des ruches, ce frelon attrape une abeille en vol, puis lui arrache la tête, lui déchire l'abdomen et emmène le thorax pour nourrir ses larves. Lorsqu'il le peut, il entre dans les ruches pour emporter des larves de couvain ouvert, ce qui est rare en période de grosse activité.
Vespa velutina inquiète les apiculteurs car c'est un prédateur redoutable: 5 frelons attaquant une ruche menace sa survie. L'abeille peut représenter 80 % de sa ressource alimentaire. Certains oiseaux pourraient être des prédateurs des nids de *Vespa velutina* au tout début de leur construction, ce qui ralentit un peu sa progression. On ne lui connaît pas de prédateur.
Un peu plus petit que *Vespa crabro,* notre frelon européen, *Vespa velutina* s'en distingue assez nettement par la couleur. Il est très noir du côté de la tête et du thorax, ses trois premiers anneaux de l'abdomen sont massivement noirs et une large bande jaune apparaît à partir du quatrième anneau. Ses pattes sont jaunes également.
Comme toutes les guêpes et frelons, des femelles *Vespa velutina* passent l'hiver dans des anfractuosités qui leur permettent de résister au froid. Puis, la belle saison venue, elles commencent à construire un nid à la cime des grands arbres. Peu à peu des ouvrières naissent, le nid se met à grossir rapidement et la reine s'y réfugie. Il atteindra un diamètre de 80 cm et pourra mesurer jusqu'à 1 m de hauteur. Invisible dans les grands arbres cachés par les feuilles, le nid n'est généralement découvert qu'à la chute de celles-ci. À plus de 5 m, *Vespa velutina* ne surveille plus son nid et se révèle de la sorte peu agressif. Silencieux, il est difficile à repérer. Si on s'en approche, l'attaque commence et devient virulente. Une douzaine de piqûres conduisent à l'hospitalisation.
En Europe, les abeilles ont peu de défenses naturelles contre *Vespa velutina*. En Asie, elles se précipitent en boule sur lui, puis dégagent de la chaleur avec leur thorax, la température monte au-delà de celle que supporte le frelon et il en meurt.
La destruction des nids relève d'organisations départementales sous l'autorité des DDPP avec l'aide des GDS apicoles. *Vespa velutina* n'appartenant pas à une espèce protégée, le classement administratif en insecte nuisible et espèce exotique invasive autorise une organisation officielle de destruction des nids et de piégeage de *Vespa velutina.*
Les syndicats et GDS apicoles fournissent les indications adaptées pour organiser les piégeages autour des ruchers.

BON À SAVOIR

Suivre les consignes locales

En matière de piégeage de *Vespa velutina,* nous recommandons de suivre les consignes données localement. Le but est certes d'éviter que les frelons ne consomment les abeilles, mais aussi qu'ils ne rapportent à leurs congénères l'information sur le lieu des ruchers.

Le frelon asiatique (Vespa velutina).

Pic-vert.

Le frelon européen (Vespa crabro).

12 PRODUIRE SES REINES, UNE NÉCESSITÉ

Lorsque son activité apicole se développe, l'apiculteur est tout naturellement porté à élever lui-même ses reines. Par goût de nouvelles expériences sans doute (l'élevage des reines imposant de maîtriser toujours mieux la conduite des colonies), mais le plus souvent pour maintenir ses populations dans une forte dynamique.
Cette dernière contrainte impose en effet de renouveler régulièrement les « mères » et de les sélectionner pour assurer la qualité des lignées.
Produire ses propres reines permet aussi de gagner du temps pour constituer des essaims rapidement opérationnels, remplacer les reines défectueuses ou celles qui disparaissent lors de manipulations malencontreuses. Mais l'objectif est aussi de conserver durablement un cheptel doux et robuste vis-à-vis des maladies.
La sélection est un savoir complexe, la plupart des éleveurs opérant *a minima* une sélection par élimination. Plus simplement, l'élevage se fait à partir de reines inséminées artificiellement, achetées chez un sélectionneur patenté.

Faire disparaître la reine pour qu'apparaisse une nouvelle « mère »

Le même ovule fécondé pouvant au départ donner naissance aussi bien à une ouvrière qu'à une reine (c'est une question de nourriture), il est aisé de faire élever de nouvelles reines par les abeilles nourrices dès lors que l'on crée artificiellement les conditions d'un élevage en supprimant la reine de la colonie. Pour ce faire, un simple orphelinage suffit.

Vous mènerez l'opération en pleine saison, sur des colonies populeuses, car ce sont de bonnes éleveuses. Dès que vous aurez retiré la reine[1], la colonie (progressivement dépourvue de phéromones royales) va développer en quelques heures un comportement d'élevage. S'ensuit alors rapidement l'apparition de cellules de reines. Vous prélèverez celles-ci 10 jours plus tard, avant la naissance des reines, pour les transférer dans des essaims artificiels ou dans des petites populations orphelines appelées nucléis, riches en nourrices.

Reine Buckfast d'élevage au milieu des abeilles de sa colonie d'accueil.

1. Que vous placerez dans une cage à reine, puis dans un essaim artificiel à constituer dans la foulée.

À leur naissance, ces jeunes reines vont être alimentées en gelée royale et réchauffées par leurs congénères. Elles seront ainsi aptes à de nombreux vols nuptiaux et à une fécondation de qualité. La ponte au sein du nucléi démarrera 2 à 3 semaines après leur naissance. Cette simplicité d'action a ses limites. On sacrifie en effet une colonie pour créer artificiellement un élevage. Qui plus est, on contrôle mal l'âge des larves (un paramètre important), ainsi que le nombre de larves (en théorie une dizaine tout au plus), qui seront élevées en tant que reines. L'art de l'éleveur revient à réaliser tout au long de la saison plusieurs « séquences d'élevage » de quelques dizaines de reines chacune, que celles-ci soient de qualité, tout en ne sacrifiant aucune colonie, le tout avec des taux de réussite élevés.

Larve étalon de J. Kemp.

Cellules apparues après un orphelinage.

ACTIVITÉ SECONDAIRE OU PRINCIPALE ?

Selon les volumes réalisés, l'élevage des reines s'avère soit une activité secondaire, parallèle à la production de miel, soit une activité principale.

L'apiculteur opère en effet au moment du plein développement des colonies, à la période des grandes miellées, de la transhumance, des récoltes, des productions d'essaims, autant d'activités qui l'occupent jusqu'à la fin de l'été.

Sachant qu'il est difficile d'être partout, on constate de fait une division du travail entre les producteurs de miel et les producteurs de reines.

Qui plus est, chez les éleveurs de reines eux-mêmes, certains se spécialisent, se déplaçant dans les exploitations afin de réaliser les inséminations de reines pour le compte de sélectionneurs de lignées bien spécifiques.

BON À SAVOIR

Les conditions pour produire des reines de qualité

Certaines conditions doivent être réunies pour garantir un élevage de qualité :

- une population éleveuse comportant à la fois des nourrices jeunes, capables de fournir des gelées royales riches en hormones juvéniles, et de nombreuses butineuses, pour garantir une nourriture abondante en nectars et pollens ;
- des larves âgées de 24 à 36 heures au plus ;
- des nucléis de naissance et de fécondation bien équilibrés en termes de population (rapport volume de l'habitacle/poids d'abeilles) pour garantir une température suffisante pour la reine : la migration des spermatozoïdes (contenus dans le mucus déposé par le mâle) vers la spermathèque requiert en effet une température élevée ;
- une belle météo durant une dizaine de jours, qui favorise les vols nuptiaux, sachant que la reine sera fécondée par une vingtaine de mâles environ.

Le matériel pour l'élevage des reines

Il faut relativement peu de matériel spécifique et il est bon marché. Vous privilégierez les nucléis standard, de type hausses de ruchettes. Mais, lorsque le volume des reines produites augmente, le planning du travail doit être repensé et le matériel choisi en conséquence.

Voici les différents éléments qui vous seront utiles pour élever des reines.

Les cupules: ce sont des cellules en plastique de 9 mm de diamètre, fixées sur un porte-cupules qui permet de saisir les cellules à pleines mains sans risque de les abîmer.

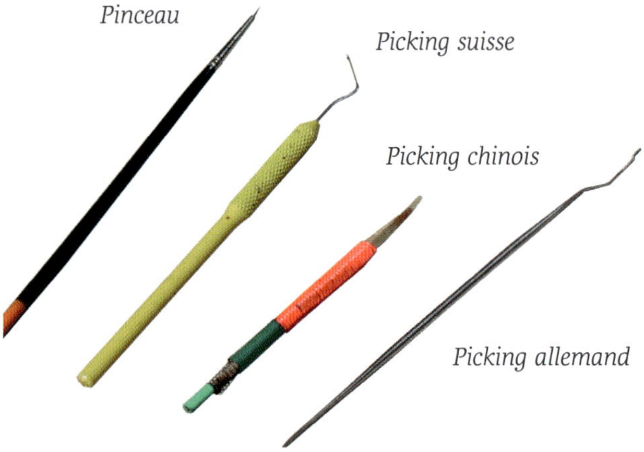

Pinceau

Picking suisse

Picking chinois

Picking allemand

Les porte-cupules: ils sont eux-mêmes enfichés sur des supports fixés à une latte de bois mise dans un cadre. Ce cadre supporte en son sommet une réserve de sirop, sinon elle sera dans un cadre nourrisseur.

Les protège-cellules: ce sont des tubes en plastique de la taille d'une cellule de reine, qui laissent apparaître l'extrémité de la cellule (lieu de la naissance) pour éviter la destruction de la cellule lors de son introduction dans une population qui contient du couvain.

La cage bigoudi: elle est introduite au moment de l'éclosion sur toutes les cellules en gestation pour éviter qu'une reine à sa naissance n'aille détruire les autres.

Le picking: sorte de spatule qui sert au transfert des larves, il passe sous la larve et permet de l'enlever avec un peu de gelée royale. Plus simplement, vous pourrez utiliser un pinceau en poil de martre noté 000 ou 3/0.

L'eau distillée stérile en ampoules en plastique sert à humidifier les cupules avec une seringue et à rincer le matériel.

L'alcool pharmaceutique entre 60° et 95° pour désinfecter le matériel, ainsi que des cotons-tiges.

Une seringue pour déposer une goutte d'eau dans les cupules.

Le starter : c'est la population d'abeilles (nourrices et butineuses), orpheline de reine et n'ayant aucun couvain ouvert ou fermé à chauffer ni à nourrir, qui va élever les jeunes reines de votre élevage artificiel. Les nourrices ne pourront s'occuper que des larves qu'on leur apportera.

L'éleveuse : c'est une colonie puissante abritant une reine, capable d'accueillir pour les élever une vingtaine de cellules amorcées, issues du starter.

Les nucléis : petites populations composées de 150 à 500 g d'abeilles selon le modèle et, par extension, leur habitation. Les modèles spécifiques sont en général en polystyrène extrudé de type Kieler, Miniplus, Kemp... Mais ce peut être également des haussettes 6 cadres partitionnées en 2, voire en 4 compartiments ; elles sont alors équipées de cadres de hausses ou de cadrons[1] mis dans la largeur dans une feuillure réalisée à cet effet. On trouve enfin des éléments Warré, Claer, Voirnot 4 x 4 partitionnés en 2, 3 ou 4 compartiments.

La couveuse[2] **:** étuve régulée à 35 °C + 0,5 °C et maintenue à une hygrométrie de 50 à 70 % au minimum, la couveuse accueille les cellules une fois operculées. On gagne ainsi 5 jours sur le temps d'immobilisation de l'éleveuse et le développement des nymphes est plus régulier. Il ne semble pas y avoir de différence avec des cellules élevées par les abeilles.

Des hausses vides, des grilles à reine, des ruches populeuses présentant des hausses pleines de miel (pour faire le starter).

1. Demi-cadre de hausse.
2. Il existe de nombreux modèles pour les œufs de poules adaptables pour l'apiculture, la fabrication maison est facile et peu onéreuse depuis la mode des terrariums ; les régulateurs de température, les instruments de mesure sont financièrement très accessibles.

Nucléis faits de cadres de hausses Dadant.

Fermeture de Miniplus pour le transport.

Warré transformée en 2 nucléis d'élevage.

Couveuse avec régulation du chauffage, ventilation interne, hygromètre ; les éponges colorées diffusent l'humidité.

Mise en œuvre d'une séquence d'élevage

Élever des reines impose un calendrier bien précis, gage de réussite. Mais l'apiculteur doit également prendre en compte le contexte, notamment météo.

Quel calendrier adopter ?

J - 45	Sélection et nourrissement stimulant des colonies à mâles du rucher de fécondation. Introduction des cires à mâles dans ces colonies, traitement antivarroa systématique (lanières).
J - 30	Sélection et nourrissement stimulant des colonies pourvoyeuses du ou des starters et des éleveuses.
J - 5	Introduction dans la ruche à reproduire d'un cadre bâti.
J - 2	Préparation des ruches éleveuses, installation du couvain ouvert avec nourrices.
J - 1	Familiarisation avec les cupules, les porte-cupules…
J 0	Préparation du starter, greffage.
J + 1	Vérifier l'absence de cellules de reines dans les cadres de couvain mis à J – 2. Dans les éleveuses, introduire un lot de 24 cupules amorcées par éleveuse. Nourrir.
J + 5	Transfert des cellules operculées en couveuse selon les cas.
J + 9	Préparer les essaims sur cadre, 2 cadres de couvain operculé, 1 cadre de miel, 1 cadre ciré. Nourrir. Mettre à 3 km ou en cave.
J + 10	Faire un paquet d'abeilles, le répartir dans les nucléis. Distribuer les cellules royales entre les essaims sur cadre remis dans le rucher. Idem pour les nucléis, mais les nourrir et les mettre en cave.
J + 11	Le soir, mettre les nucléis dans le rucher de fécondation.
J + 12	Début des naissances.
J + 25	Contrôle de la ponte, marquage, clippage des reines, utilisation des reines si besoin.
J + 26	Si la reine est retirée à J + 25, introduction d'une nouvelle cellule royale prête à naître avec une protection.

Quand procéder ?

Certaines conditions doivent être réunies pour mettre toutes les chances de votre côté. Procédez de préférence :
- à la période de la saison la plus favorable pour la régularité des températures nocturnes, c'est-à-dire le plus souvent dans la seconde moitié de mai
- tant que la dynamique des populations est forte, c'est-à-dire jusqu'en juillet environ
- tant que les faux-bourdons sont présents
- en situation de miellée ; si celle-ci est absente, nourrissez à la nuit tombante les colonies avec un sirop fait de 20 % de miel.

En nourrissant continûment ses colonies, il est possible de réaliser des élevages jusqu'en fin d'été, les nourrices tout comme les bourdons restant nombreux.

BIEN PLANIFIER

Une séquence d'élevage dure 1 mois environ.
Selon la production visée, les séquences d'élevage peuvent se succéder à un rythme rapproché. Le nombre de colonies consacrées à la mise en œuvre des starters et des éleveuses sera calculé en conséquence.

La familiarisation (J-1)

Vous améliorerez l'acceptation du matériel d'élevage par la future colonie en lui faisant passer quelques heures dans une colonie quelconque, afin qu'il prenne l'odeur des abeilles. Enduit de sirop miellé, le matériel (barrettes, cupules, porte-cupules...) sera déposé sur la tête des cadres d'une colonie, et le couvre-cadres nourrisseur retourné par-dessus.
Cette opération est impérative avec la race noire, mauvaise éleveuse.

Le starter (J)

C'est une population « provisoire », sans reine, constituée pour 48 heures au plus et destinée à démarrer un nombre important de cellules royales. Elle doit être très riche en nourrices et en butineuses. Pour ce faire, on la constitue artificiellement sans couvain ouvert (à nourrir) ni fermé (à chauffer). Le travail des nourrices est donc exclusivement consacré à l'amorçage des cellules de reines.
L'usage d'un starter n'excédera pas 2 jours (soit la mise en route de deux séries de cupules).
En une journée, les cellules royales sont démarrées, elles sont alors transférées dans une éleveuse.
Le starter sera constitué le jour du picking à partir d'une colonie puissante conduite avec une seule hausse à miel.
- Placez un support de ruche 1 à 2 m en arrière de la souche, posez-y un plateau de sol avec l'entrée orientée en sens inverse de celui de la souche.
- Décollez la ruche de son plateau et posez-la sur le nouveau plateau.
- Enlevez la hausse et posez-la sur le plateau de sol d'origine, elle récupérera toutes les butineuses. Si la colonie est forte, la hausse ne contient que des cadres de miel operculés ou en cours d'operculation et aucun cadre de couvain : c'est très important pour que les nourrices ne puissent se consacrer qu'aux cupules qui leur seront dévolues.
- Posez dessus une grille à reine à tiges arrondies

Starter type Guth.

CONSTITUER UN STARTER

1

Déplacer la colonie sur un autre plateau de sol à 1 mètre en arrière.

2

Dépose des hausses de la ruche sur le plateau de sol originel.

5

Sortie de la souche de 5 cadres de couvain et tentative de repérage de la reine.

6

Secouage des nourrices de ces cadres sur le starter.

9

Retrait de la hausse entonnoir et de la grille à reine, le starter est refermé.

10

Lorsqu'ils sont prêts, installation des cadres d'élevage, fermeture avec un couvre-cadres nourrisseur et ajout de 250 g de miel cristallisé dans le nourrisseur couvre-cadres.

3

Pose d'une grille à reine.

4

Pose d'une hausse vide pour servir d'entonnoir.

7

Recherche de la reine sur la grille.

8

Remise dans la souche de la reine.

11

Cupules amorcées 24 h après leur mise en starter.

Arasement des cellules d'un morceau de rayon porteur de larves d'un jour.

Prélèvement des larves.

(métal ou plastique) et une hausse vide, pour faire entonnoir.

- Sortez les cadres de la souche et secouez sur la hausse une partie des abeilles présentes sur tous les cadres de couvain: les nourrices tomberont sur la grille à reine. Au passage, récupérez la reine pour ne pas l'abîmer. Il est important que les abeilles se sentent à l'étroit.
- Une fois le starter constitué de toutes ces nourrices, faites descendre les abeilles, enlevez la hausse entonnoir et la grille à reine, et posez un couvre-cadres nourrisseur.
- Remettez la reine dans la souche, refermer la ruche, nourrir.

Le starter est opérationnel pour recevoir les cadres de cupules deux heures plus tard.

Le choix des larves (J)

Les larves qui vont être élevées en reines doivent être âgées de 1 à 3 jours. Au-delà, leur devenir en reine est impossible. Les meilleures reines sont issues de larves de 1 jour au plus. Nourries exclusivement avec des gelées fortement pourvues en hormones juvéniles et royales, leurs ovaires connaissent le plus fort développement. Pour obtenir des larves de 1 jour, il suffit de placer au centre du nid à couvain, 5 jours avant la date du greffage (notée J 0), un cadre bâti, le plus neuf possible. À défaut, mettre 8 jours avant une cire à bâtir. Mais il faut nourrir tous les deux jours d'un litre de sirop protéiné pour faire cirer, pousser la ponte de la reine et faire produire de la gelée royale pour les larves à naître.

ASTUCE

Pour connaître précisément l'âge des larves et vous assurer de la ponte de la reine, vous pouvez enfermer celle-ci sur un cadre bâti vide, dans une cage faite de 2 grilles à reine. Prélevez des nourrices sur un cadre de couvain ouvert voisin, et secouez-les dans cette cage. Ce montage occupe l'espace de 3 cadres et suppose que les crampillons dans le bas de la ruche soient enlevés. Vous libérerez la reine 24 h plus tard, après avoir vérifié sa ponte. Si la ponte est bien là, au jour J choisi pour le greffage, les larves auront au plus 1 jour d'âge.

Le picking

C'est l'opération de transfert d'une larve entre la cellule où elle est née et la cupule en plastique où elle va être élevée.

Pour ce faire, descendez le pinceau dans la cellule en le tournant, la larve s'y accroche, déposez-la ensuite dans la cupule, toujours en tournant.

Les larves craignent moins le froid que la dessiccation, c'est pourquoi il convient d'humecter au préalable d'eau stérile ou d'eau de source

(très peu minéralisée) le fond des cupules avec un coton-tige ou mieux une seringue. Entourez également les cadres et leurs cupules d'un linge mouillé une fois le transfert des larves effectué. Et installez les cadres porte-cupules dans le starter le plus vite possible.
Vous veillerez bien sûr à nettoyer soigneusement tout le matériel et à le désinfecter à l'alcool, les larves craignant les infections, même si cet événement est rare.

BON À SAVOIR

Lunettes loupes et lampe frontale

Des lunettes loupes facilitent l'opération de picking, un peu délicate compte tenu notamment de la taille des larves. On en trouve facilement chez les opticiens, qui en vendent de bonne qualité à des prix raisonnables.
Pour bien voir les larves, utilisez également une lampe frontale à LED et installez-vous dans un endroit sombre. C'est une lumière froide bon marché.

Trépied de peintre pour picking au rucher.

Lampe à led, lunettes loupes, picking.

Installation des cupules dans le starter

Poursuivez l'opération en retirant deux cadres de miel de la hausse. Remplacez-les par deux cadres équipés de 24 cellules sur deux barrettes. Placez les cupules garnies de larves tout le long de ces deux cadres : un tel starter accepte jusqu'à 60 cupules. Ajoutez dans le couvre-cadres nourrisseur 250 g de miel cristallisé. Le lendemain, retirez les cupules, elles sont amorcées.
Si vous souhaitez procéder à une deuxième fournée, procédez comme précédemment.
Le surlendemain, replacez la hausse sur le corps et le corps à son emplacement d'origine. La colonie reprend le cours normal de son existence. Dix jours plus tard, elle peut servir de nouveau à produire un starter.
La colonie doit amorcer chaque fois 40 à 50 cupules au moins. En dessous, on considère que la colonie est une mauvaise éleveuse, il convient par conséquent d'en changer.

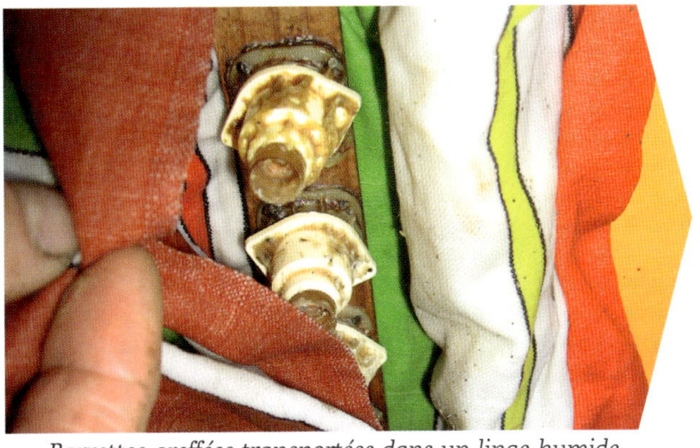
Barrettes greffées transportées dans un linge humide.

BON À SAVOIR

Deux bons gestes

- En cas de sécheresse, remplacez un cadre de miel par un cadre bâti vide, rempli d'eau tiède.
- Lors de faibles rentrées de pollen, ajouter 250 g d'une pâte protéinée sur le sommet des cadres porte-cupules.

L'éleveuse (J + 1)

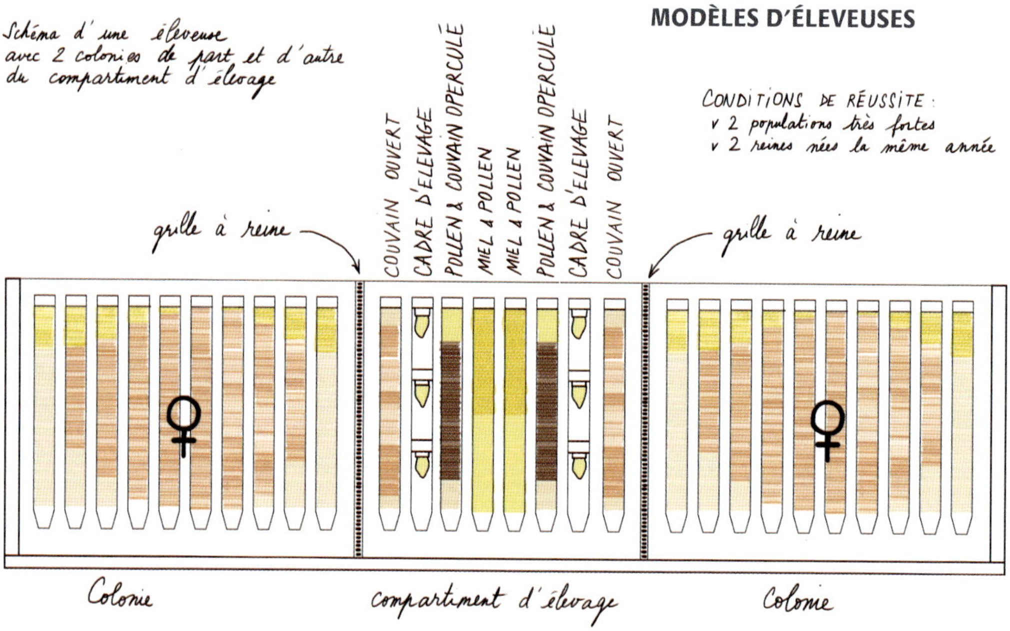

C'est une colonie très puissante, avec une reine. On lui confie, le lendemain du passage en starter, une vingtaine de cellules royales à nourrir jusqu'à leur operculation.

Deux solutions existent:

- **À l'horizontale:** il s'agit d'une ruche spécifique composée de 2 corps séparés par un compartiment de 5 cadres, ou d'une ruche à un seul corps avec un compartiment annexe de 5 cadres. Ce compartiment est isolé par deux grilles à reine métalliques.

On y déplace deux cadres de couvain ouvert, avec leurs nourrices des colonies adjacentes. Un cadre de cupules amorcées est ensuite disposé entre ces deux cadres, 2 cadres de pollen et de miel venant compléter cet espace d'élevage. On y secoue des nourrices venant des deux colonies adjacentes.

- **À la verticale:** avec une ruche puissante, équipée de deux hausses isolées du corps par une grille à reine. C'est la méthode décrite ci-dessous.

Pour une bonne alimentation des larves en gelée royale, il est recommandé de ne mettre qu'un seul cadre de 24 cupules par éleveuse.

Au centre de la hausse supérieure, placez deux cadres de couvain ouvert avec leurs abeilles, le cadre de cupules venant se glisser entre les deux.

TRUCS ET ASTUCES

Une semaine avant le picking, mettez la reine et des abeilles dans la hausse pleine de miel équipée de 2 cadres bâtis vides. La reine ne pouvant descendre dans le corps, les nourrices monteront élever ses larves. Remettez-la dans le corps au moment où vous transférerez les larves dans l'éleveuse et supprimez les cellules royales qui seraient apparues dans le corps.

Cette astuce permet d'améliorer encore la venue des nourrices, fondamentale pour la poursuite du nourrissement à la gelée royale des larves amorcées.

Ces cadres proviennent de ruches voisines élevées sous la forme de divisibles Dadant.

Toutes les semaines, vous devrez surveiller les éventuels élevages naturels de reines, et dé-

Schéma d'un finisseur vertical

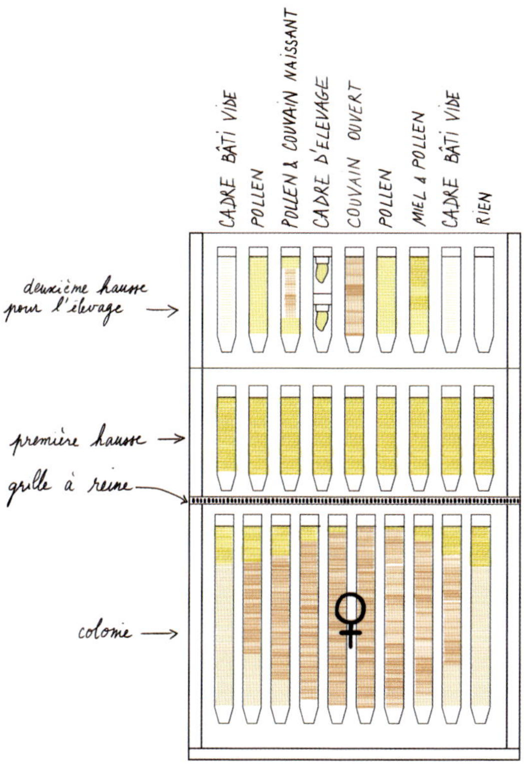

truire les cellules qui apparaîtraient.
Nourrissez autant que de besoin si les apports de nectar sont insuffisants, notamment en période de pluie où un nourrissement quotidien s'impose.

BON À SAVOIR

Toute l'année

Ces éleveuses, quel qu'en soit le modèle, peuvent servir toute la saison à la condition de mettre les cadres de couvain ouvert toujours au même endroit et de les renouveler afin d'attirer constamment des nourrices. Détruisez la survenue sur ces cadres de cellules royales qui feraient abandonner celles qui seraient introduites.

La couveuse J + 5

Si vous avez opté pour une couveuse, mettez-la en service 48 heures auparavant, de sorte qu'elle soit à la température de 35 °C et au degré hygrométrique requis de 50 à 70 % au minimum.
La plupart des échecs sont liés à une régulation approximative et à une hygrométrie insuffisante. L'usage d'un hygromètre est une bonne sécurité.
Mettez sur les porte-cupules des bigoudis qui encagent les cellules. Vous éviterez ainsi la possible destruction des cellules voisines par une reine qui naîtrait. En cas de séries successives, numérotez les bigoudis et reportez sur une fiche punaisée sur la couveuse les dates de naissance prévisionnelles des reines et les numéros des cages bigoudis.

Trois raisons de choisir la couveuse

- Pas de construction de cire sur les cellules royales.
- Régularité absolue de la date de naissance alors qu'en éleveuse, selon la température extérieure, les naissances peuvent être en retard de 2 jours ou en avance de 1 jour.
- Les reines peuvent naître dans ces bigoudis, on les utilisera au jour de leur naissance en les introduisant comme une reine en ponte dans un nucléi orphelin.

CÔTÉ TEMPÉRATURES

**Lorsque la date limite des naissances approche, surveillez bien les cellules : les reines ne survivent pas à cette température, elles doivent se trouver dans une ambiance à 27 °C.
Donc, toute reine née en couveuse, par accident ou par choix de l'apiculteur, doit être mise en nucléi de fécondation immédiatement. Contrôler les naissances toutes les 2 heures.**

ATTENTION À L'HYGIÈNE

Température et humidité élevées sont les conditions idéales pour le développement des champignons et bactéries. Une fois par mois au moins, nettoyez la couveuse à l'eau de Javel.

Le finisseur

À défaut d'une couveuse, si le nombre de cellules royales recherché est limité, l'éleveuse

Stockage hivernal des cadrons de Miniplus dans une hausse 6 cadres Dadant permettant de disposer en avril de cadrons avec abeilles et couvain.

fera fonction de finisseur et servira jusqu'à la date de naissance des reines.
Lors du réemploi du finisseur, remettez des cadres de couvain ouvert pour disposer de nourrices capables de s'occuper des nouvelles cellules royales amorcées.
Surveillez la fabrication de cellules royales « sauvages », elles réduisent l'élevage de celles que l'on apporte.

La constitution des essaims sur cadres (J + 9)

Un jour avant l'utilisation des cellules, il convient de préparer les colonies qui vont adopter les nouvelles reines prêtes à naître.
Il s'agit d'essaims artificiels faits avec des cadres de couvain fermé[1].
Ce sont soit des cadres issus de corps de ruches ou de hausses, soit des cadrons de type Miniplus ou autres nucléis d'élevage conduits comme des ruches de production. Vous prendrez dans ce cas 1 cadre de couvain fermé et 2 cadres de miel avec toutes leurs abeilles (en rajouter si besoin), ainsi qu'1 cadre ciré.
Ces populations sont créées soit dans des ruchettes, soit dans des haussettes avec des partitions, soit encore dans des nucléis adaptés au format des cadrons. Les essaims ainsi constitués sont ensuite mis en cave pour être utilisés le lendemain.

1. Par différence avec les paquets d'abeilles, qui permettent de constituer des essaims nus constitués le jour même de l'utilisation des cellules.

L'utilisation des cellules (J + 10)

Distribuez les cellules entre les différents essaims constitués la veille. Puis installez de manière dispersée les ruchettes et les nucléis dans le rucher de fécondation afin de limiter les erreurs de repérage au retour des vols nuptiaux. Nourrissez.
Apportées sur des cadres de couvain, ces cellules seront protégées par une cellule spéciale en plastique ou recouvertes de deux couches de papier aluminium laissant l'extrémité à l'air libre. Une alternative consiste à constituer ce même jour des nucléis à partir de paquets d'abeilles[2] composés d'un cadron bâti, de deux cadrons cirés et d'un cadron réservoir de sirop. Mettez dans le nucléi (selon sa taille) 250 à 500 g d'abeilles[3]. Dans ces nucléis, les cellules seront introduites sans aucune précaution, l'absence de couvain rendant les abeilles moins hostiles à la cellule introduite. Ces nucléis avec la cellule seront mis en cave une nuit et le jour suivant. Ils serviront toute la saison.

BON À SAVOIR

Trucs et astuces

1. Pour empêcher les abeilles de voler lors de la mise en nucléi des paquets d'abeilles, pulvérisez-les d'eau. Autre solution très efficace, narcoser avec du gaz carbonique les abeilles mises dans un seau en plastique avec couvercle. Elles seront endormies durant quelques minutes et, à leur réveil, elles auront perdu leurs points de repère.
2. L'année précédente, conduisez des colonies sur 2 ou 3 hausses Dadant dont vous aurez changé les crémaillères pour les amener à 10 ou 12 cadres selon le modèle. Vous aurez ainsi des cadres de hausse de couvain operculé pour les nucléis.
3. Conservez des Miniplus peuplés tout l'hiver sur 2 ou 3 éléments et faites-les se développer sur 5 éléments. Autre manière de faire, conservez les cadrons dans des haussettes de ruchettes 6 cadres, ils tiennent dans la largeur. Empilés par deux avec une reine et serrés les unes contre les autres, ils passent très bien l'hiver.

2. *Cf.* p. 163.
3. 1 pot de miel de 1 kg = environ 250 g d'abeilles.

PETIT PAQUET D'ABEILLES POUR PEUPLER UN NUCLEI

1

Pulvérisation des abeilles avec de l'eau.

2

Secouage dans un seau.

3

Récupération des abeilles.

4

Sirop mis dans le réservoir du nucléi.

5

Transfert du paquet d'abeilles.

6

Installation d'une cellule de reine prête à naître. Fermeture du nuclei et mise en cave 24 h.

Contrôle des naissances (J + 12)

Quarante-huit heures plus tard, les reines sont nées. À l'examen de la cellule royale, on constatera si la naissance a bien eu lieu.
- La cellule est fermée. Attendez encore 48 heures. Si rien ne se passe, c'est que la cellule a avorté. Le nucléi sera réuni avec un autre.
- La cellule est ouverte par le bas. Cela signifie que la reine est née.
- La cellule est rongée sur le côté. Cela indique qu'une reine est sans doute présente par erreur dans le nucléi et que les abeilles ont tué celle qui n'était pas encore née. Si une protection de la cellule a été mise, lors de la naissance, en présence d'une autre reine dans le nucléi, une bagarre a lieu et l'une des deux sera tuée.

Contrôle de la ponte (J + 25)

Le moment est venu de contrôler la ponte, la régularité du couvain, de vérifier si tout est correct. Vous allez aussi marquer la reine, la clipper. En l'absence de ponte, vous devez rechercher la reine, la supprimer, la remplacer ou réunir le nucléi avec un autre. Cette reine est stérile.

Pose d'une pastille numérotée.

VARIANTE

Si vous n'avez qu'un besoin limité en reines, vous ferez l'élevage des reines avec une seule colonie et le starter servira d'éleveuse.
- Pour la constitution du starter, suivre la démarche expliquée précédemment.
- Placer sous la hausse de miel une hausse avec des cadres cirés. Les nourrices devenant cirières, des constructions anarchiques de rayons autour des cellules royales rendent leur récupération délicate.
- Secouer le plus de cadres possibles de couvain de la souche pour enrichir le starter en nourrices. Cette opération, indispensable pour élever les larves de reines, fragilisera durablement la souche.
- Donnez tous les jours du miel cristallisé (250 g) ou des pâtes protéinées posées sur la tête des cadres au niveau de l'élevage, ou encore du sirop protéiné en cas de faible miellée. Et ce jusqu'à l'operculation des cellules royales.

Le nourrissement (rappel)

Il est stratégique dans toutes ces opérations. Apportez des sirops 50/50 par ½ à 1 litre tous les 2 jours durant 20 jours (sauf en cas de miellée). Vous devrez affaiblir ces colonies trop populeuses après une forte miellée en enlevant des corps quelques cadres de miel, en créant des essaims artificiels avec des cadres d'œufs pour faire produire une reine, en prélevant des cadres de couvain operculés pour enrichir d'autres colonies plus faibles... Autant d'interventions pour maintenir la population à son plus haut niveau possible, tout en évitant qu'elle n'essaime, ce qui ruinerait ses capacités d'élevage.
Ne pas hésiter en cas de miellée à mettre deux hausses à la fois.

BON À SAVOIR

Truc et astuce

Pour accélérer la montée des abeilles porteuses de nectar, enlevez deux cadres de rives dans la première hausse sur le corps.

MINIPLUS

Certains apiculteurs utilisent les Miniplus, les nucléis Stehr ou Lyson, ou encore les demi-ruchettes Kemp…

Ces nucléis en polystyrène haute densité sont composés de 6 cadrons. Emboîtables, ils peuvent se conduire comme des divisibles. En fin de saison, on les réunit par 2 au minimum, voire par 3 ou 4, superposés avec une seule reine et des provisions.

Bien traitées contre le varroa, ces populations passent parfaitement la morte-saison. Lorsque le printemps redémarre, on booste ces colonies par des nourrissements au sirop 50/50. De plus, pour accélérer la croissance du couvain qui s'étale sur plusieurs éléments, on introduit à plusieurs reprises, entre deux éléments de couvain, un élément équipé de cires à construire, de cadrons bâtis ou d'un mixte, selon la capacité cirière des colonies et la force des miellées.

Attention: ces éléments sont facilement rongés par les teignes.

Pour améliorer leur durée de vie, ils seront colorés d'une peinture acrylique d'« extérieur » qui les protégera des rayons UV.

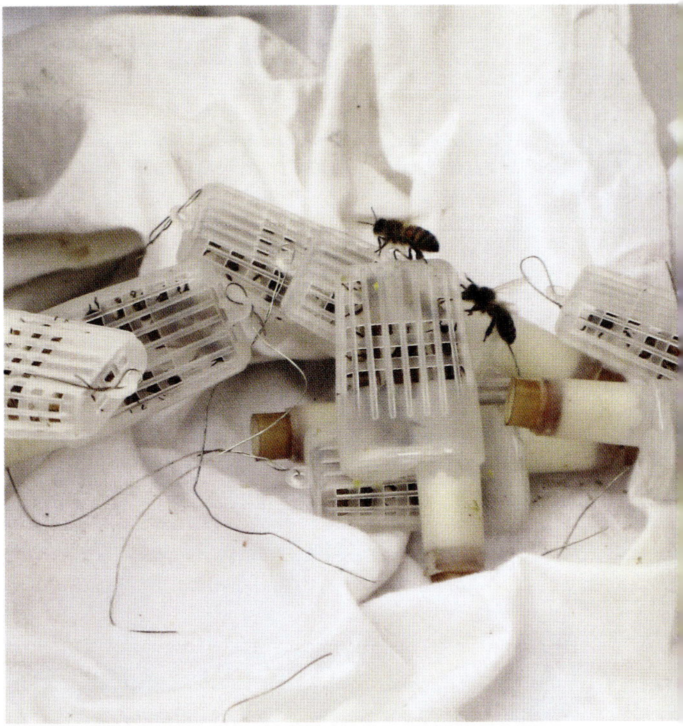

Reines en cagettes de voyage et d'introduction; le bouchon de candi est fermé par une cupule enlevée 48 h après l'introduction en essaim artificiel.

La reine et ses ouvrières.

BON À SAVOIR

Faire vraiment très simple!

Laisser les cupules greffées 3 jours dans le starter. À J+3, retirer les cellules élevées avec une larve, encore ouvertes, et les mettre par deux dans des nucléis populeux et orphelins qui achèveront le nourrissement et l'élevage Les reines ainsi élevées sont parmi les plus belles. Le contrôle de la ponte se fait 4 semaines après la mise en nucléi.

Bien mener la sélection

Il n'y a pas d'élevage de reines sans sélection. À l'évidence, on ne reproduit pas une colonie estimée de peu de valeur. Mais au-delà de ce constat de bon sens, la stratégie de sélection relève d'un savoir-faire particulier.

L'éleveur reproduit les colonies qui lui semblent les plus en phase avec ce qu'il en attend.
La plupart des apiculteurs achètent des reines sélectionnées sur lesquelles ils élèvent leurs propres reines. Cette manière de faire donne de bons résultats, dans les deux tiers des cas ces descendantes sont très proches de leur génitrice[1]. Car, ne pouvant diriger la fécondation naturelle, l'éleveur ne peut que s'en tenir au choix des génitrices[2].
Le travail de sélection est long et nécessite beaucoup de rigueur, une détermination sans faille pour éliminer à chaque génération les souches peu valables et éviter d'entretenir une pollution génétique.
Nous avons déjà indiqué que les mâles peuvent venir de très loin, se laissant porter par le vent et rentrant dans toutes les ruches, ils sont susceptibles de parcourir des centaines de kilomètres. Néanmoins, l'éleveur visera la saturation du rucher de fécondation par des mâles de souches également sélectionnées.

Des critères variés

Le premier objet de la sélection doit être la résistance aux maladies. La sélection porte sur la capacité des abeilles à repérer les larves malades et à les évacuer au plus vite de la colonie. Ce test, longtemps critiqué, fait désormais l'unanimité .
Cependant, d'autres critères sont recherchés tels que la douceur de l'abeille, la production de miel, la qualité de l'hivernage...
La sélection des colonies s'effectue par des tests au printemps, sur les récoltes et avant l'hivernage.
On complétera ces tests par une identification des races d'abeilles grâce à une analyse de la morphologie des nervures des ailes. Le site Apiclass du Muséum national d'histoire naturelle à Paris offre gracieusement ce service. http://apiclass.mnhn.fr

BON À SAVOIR

Test à l'azote

Une méthode développée par Marla Spivak consiste à utiliser de l'azote liquide pour tuer une surface de couvain fermé de la surface d'une canette de soda ; 24 h plus tard, on compare les colonies sur leur capacité à évacuer les larves mortes.

CONGÉLATION D'UN LOSANGE DE COUVAIN

1. Cela tient à ce que la reine est issue d'un ovule fécondé et le mâle d'un ovule non fécondé.
2. L'insémination artificielle est la seule manière de contrôler les deux sources génétiques mâles et femelles.

Testez vos colonies

Nous reproduisons ici le test qu'André Regard distribuait à ses stagiaires au centre apicole de Beautheil, en Seine-et-Marne. Sans entrer dans les détails de la mise en œuvre d'un plan de sélection, cette démarche appliquée avec constance donne des résultats satisfaisants.
Le test est composé de 12 épreuves, notées de 1 à 4, chaque ruche passant les 12 épreuves. Le score final est obtenu en additionnant les notes obtenues.
Ce score permet de classer les colonies et de ne retenir que les plus performantes, celles qui ont accumulé le plus de points. Il y a peu de mesures précises, beaucoup d'appréciations sont subjectives, la valeur de ce test tient à la constance de l'opérateur et à l'expérience acquise dans son usage.
Le test doit être effectué:
- le 25 avril pour les mesures 1 à 7 et 12
- le 1er septembre pour les mesures 8 à 11 et 12.

1. AGRESSIVITÉ

Faire entrer et sortir rapidement un bâton (ou une languette en carton fort) le matin sur le plateau de sol.
Pas de sortie d'abeilles = 4 points
Quelques vols sans attaque = 3 points
Les abeilles sortent en masse et attaquent = 2 points
Les abeilles sortent en masse, attaquent et poursuivent = 1 point.

2. TENUE DU CADRE

Test à faire lors d'une visite. Après avoir peu enfumé, soulever un cadre de couvain ouvert et tapoter doucement 5 ou 6 fois avec un doigt.
Les abeilles ne se déplacent pas = 4 points
Les abeilles se déplacent peu = 3 points
Elles courent affolées = 2 points
Elles forment de petites grappes sous la partie inférieure et tombent = 1 point.

3. HYGIÈNE

On fera le test à l'azote liquide ou avec la méthode suivante, qui donne les mêmes résultats. Découper un morceau de cadre de couvain operculé avec une cannette de soda sciée, mettre ce morceau dans un sac avec le numéro de la ruche et le placer au congélateur. Quelques heures plus tard, retirer ce morceau, le laisser remonter en température puis le replacer dans sa ruche d'origine.
Par précaution, mettre une punaise sur le cadre pour le retrouver.
Attention: cette épreuve est sensible au volume de la colonie, les colonies très populeuses sont toujours plus « nettoyeuses ».

Contrôle au bout de 24 heures:
Toutes les larves mortes retirées = 4 (colonie à reproduire en priorité)
80 % des larves retirées = 3
50 % des larves retirées = 2 (colonie à ne pas reproduire)
Moins de 50 % retirées = 1 (colonie à ne pas reproduire).

4. PROPRETÉ : À FAIRE LE MATIN DU JOUR DE LA RÉALISATION DES ÉPREUVES 2 ET 3

Placer une feuille de papier blanc (semi-rigide type Canson) sur le plateau de sol et la retirer le soir.
Sans déchet ni larve = 4

Rares déchets sans larve = 3
Un peu de déchets et 1 ou 2 larves = 2
Nombreux déchets et plus de 2 larves = 1

5. RÉSISTANCE À TOUTE MALADIE (HORS VARROASE):

couvain: loques ou lycoses,
adultes: acariose, nosémose.
Négatif = 4
Présence de maladies = 0
(noter les maladies suspectées).

6. RESTE DE PROVISIONS

(colonie n'ayant fait l'objet d'aucun nourrissement au-delà de l'automne) avec un point de départ de 15 kg à l'automne.
Noter le nombre de kilos par mesure de main. 1 main = 1 dm^2 = 150 g par face
7 kg = 4 points
5 kg = 3 points
3 kg = 2 points
1 kg = 1 point.

7. MESURE DU COUVAIN

Il y a 4 cellules au cm^2.
Si le couvain fait un cercle, calculer le nombre N = 3,14 x D x D
Si le couvain fait une ellipse
N = 3,14 x d x D
Carré ou rectangle N = 4 x l x L
Au 25 avril: Nombre de cellules
24 000 cellules ou + = 4 points
18 000 cellules = 3 points
12 000 cellules = 2 points
3 000 cellules = 1 point.

8. AU 1ER SEPTEMBRE: NOMBRE DE CELLULES

12 000 cellules ou + = 4 points
9 000 cellules = 3 points
6 000 cellules = 2 points
3 000 cellules = 1 point.

9. PROPOLIS

La note sera la plus élevée lorsque l'apiculteur la recherche et la plus faible s'il la redoute.
Beaucoup = 4 ou 1 points
Moyennement = 3 ou 2 points
Peu = 2 ou 3 points
Très peu = 1 ou 4 points

10. GELÉE ROYALE APPRÉCIÉE AU FOND DES CELLULES DE LARVES D'OUVRIÈRES DE 1 OU 2 JOURS

Beaucoup = 4 points
Moyennement = 3 points
Peu = 2 points
Très peu = 1 point

11. POLLEN AU 1ER SEPTEMBRE POUR L'HIVERNAGE

15 dm^2= 4 points
12 dm^2= 3 points
9 dm^2= 2 points
6 dm^2= 1 point

12. MIEL

Apprécier la récolte en ayant noté le contenu des hausses.
Au 1er septembre, ajouter le miel du corps et retrancher le reste des provisions mesurées au 25 avril.
Si du sirop d'hivernage a été donné, retrancher les quantités apportées.
On fait la moyenne générale de la récolte entre toutes les ruches et on donne la note suivante:
25 % de plus que la moyenne = 4 points
20 % de plus que la moyenne = 3 points
10 % de plus que la moyenne = 2 points
Dans la moyenne = 1 point.
Les rendements très au-dessus de la moyenne sont issus de colonies exceptionnelles non reproductibles.

13 RÉCOLTER DU POLLEN ET DE LA PROPOLIS

Pollen et propolis sont deux ressources indispensables à la dynamique des colonies.
Le pollen apporte les protéines nécessaires à la croissance cellulaire. Produit non transformé, il est de la nature des fleurs visitées et de ce qui s'y trouve. Cette protéine végétale est également intéressante en diététique humaine.
Le pollen est utile pour enrichir en protéines les nourrissements de printemps et ceux des starters lors de l'élevage des reines. Sa récolte est aussi une manière de limiter la mise en route de la fièvre d'essaimage. C'est un produit de la ruche commercialisable, au goût très variable, légèrement sucré, agréable consommé frais. Fragile, il se conserve le mieux par congélation. Il est collecté exclusivement au printemps, à la plus belle période des floraisons.
La propolis est une toute petite production utilisée dans des décoctions à base d'alcool, en application locale chez l'homme ou incorporée aux sirops de nourrissement des abeilles. Elle fut très employée dans les pratiques de thanatopraxie chez les Égyptiens du fait de ses qualités antifongiques et antibactériennes.

Comment prélever ?

Prélever du pollen consiste à faire passer les butineuses, lorsqu'elles entrent dans la ruche, à travers une grille perforée de trous de 5,2 mm de diamètre, de façon à brosser les pattes des abeilles : ce qui décroche au passage un certain nombre de pelotes de pollen.

Abeille en cours de butinage et enduite de pollen.

La grille ne doit pas être agressive, pour éviter les blessures telles que des pattes cassées ou des ailes arrachées. Malgré cela, le prélèvement du pollen participe à l'épilation des abeilles, les poils cassés constituent des blessures, lieux d'entrée de maladies.

Le pollen tombe à travers une grille à mailles de 3 mm dans un réceptacle lui-même constitué d'un fin grillage qui assure une bonne ventilation.

Le pollen est un produit fragile, facilement atteint de moisissures, attractif pour les musaraignes. En conséquence, le réceptacle doit toujours être bien aéré, isolé des intrus, à l'abri de l'humidité et de la pluie. Les ruches seront sur des supports de bonne hauteur pour éviter toute proximité avec l'humidité du sol.

BON À SAVOIR

Une attention spécifique

Le pollen est un produit brut, il a toutes les qualités d'un produit naturel, mais il en présente aussi les inconvénients.

Récolté hors de la surveillance des abeilles, dans des trappes extérieures à la zone de leur habitation, il est sensible à la pollution ambiante et se décompose rapidement sous l'effet des moisissures. Les rongeurs peuvent y déposer des excréments infectieux.

La récolte du pollen nécessite par conséquent une attention spécifique.

Les trappes à pollen

Les modèles de trappes à pollen sont multiples. Chacun, en fonction de ses objectifs et de son savoir-faire choisira celui ou ceux qui lui sont le plus favorables. Les trappes à pollen sont classiquement placées sous les ruches, exceptionnellement sur leur sommet[1].

Certains modèles ne nécessitent pas de plateaux de sol spécifiques, ce sont des trappes d'entrée, qui ont l'inconvénient d'être balayées par la pluie.

D'autres se placent sous le plateau de sol, ils sont donc mieux protégés, mais à l'air libre. Un relevé quotidien s'impose alors, pour éviter l'humidité de la nuit.

Enfin, quelques modèles de très grande taille sont intégrés à des plateaux de sol de grande hauteur. Ils ont comme avantage supplémentaire d'être mieux protégés pour éviter de récolter les déchets de la colonie. Autre atout: ils permettent des relevés seulement trois fois par semaine.

Quel que soit le modèle, toutes les trappes possèdent des ouvertures pour laisser sortir les faux-bourdons.

COMMENT SAVOIR SI VOUS PRÉLEVEZ TROP ?

Une diminution importante de la ponte de la reine constitue le premier indicateur qui doit vous alerter.

Dans les cas de prélèvement extrême, ou de carence spontanée en pollen, on peut aller jusqu'à constater l'apparition de loques européennes. C'est le cas déjà cité des transhumances sur les lavandins, espèces hybrides stériles dépourvues de pollen.

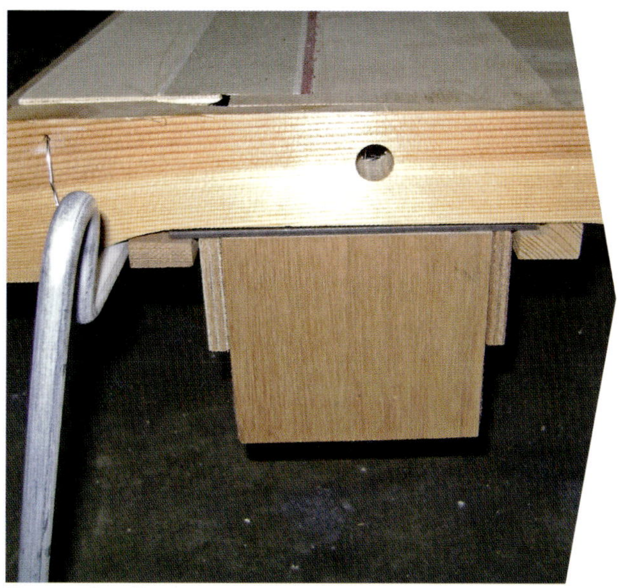

Trappes à pollen.

1) Certains apiculteurs ont des couvre-cadres/trappes à pollen qui servent d'entrée. Cette disposition évite de récolter les déchets de la colonie.

Pollen et choix des colonies

L'indicateur est la surface du couvain. Le prélèvement de pollen s'effectue sur des colonies fortes, qui présentent tôt au printemps un couvain abondant (pas nécessairement les plus populeuses). La pose des trappes s'effectue alors sans risque pour la colonie. Dans une colonie ayant peu de couvain (même si elle possède de nombreuses ouvrières), le prélèvement de pollen est pénalisant : la ponte de la reine sera maintenue à un niveau très bas, nuisant à terme à la dynamique de sa population. Lors de ce prélèvement, on constate souvent une grande variété de pollens d'une colonie à l'autre, ce qui signifie l'importance des éclaireuses dans le repérage des sources de butinage.

Comment opérer ?

Le pollen est la seule source de matière azotée pour les abeilles, il revêt une importance primordiale pour qu'elles demeurent en bonne santé. Le prélèvement du pollen par l'apiculteur est par conséquent une prédation à haut risque, qui doit rester limitée.

Quand poser les trappes à pollen ? Le signal est en général la présence d'un important couvain ouvert, pas seulement l'arrivée d'une grande floraison. Vous les installerez vers la fin avril (un mois plus tôt dans le Sud), en présence de fortes rentrées de pollen dans les colonies. Elles devront être retirées 2 mois plus tard.

Toutes les ruches d'un rucher seront équipées de trappes sans grille, car le changement de trajet imposé par la présence de la trappe désoriente les abeilles : c'est une source de dérive vers les ruches qui n'en ont pas.

BON À SAVOIR

Les colonies les plus pourvoyeuses en pollen seront celles sur lesquelles il est possible de faire des paquets d'abeilles.

Quarante-huit heures après la pose des trappes, disposez les grilles à pollen sur les ruches que vous souhaitez prélever. Surveillez ensuite fréquemment la récolte pour chacune des ruches. Vous stopperez le prélèvement de pollen dans les colonies où elle chuterait rapidement, comparée aux autres. Dès que le rendement chute sur l'ensemble des colonies, arrêtez le prélèvement.

Certaines abeilles apprennent rapidement à contourner le prélèvement, en serrant les pattes au passage de la grille, le pollen ne tombant alors plus autant. Il faut retirer les grilles pour les remettre plusieurs jours après. Une colonie qui ne fournit pas de pollen est à examiner avec soin, c'est une dysfonction.

Les photos 1, 2 et 3 ont été prises au microscope optique, puis comparées avec une base de données. Le pollen d'une fleur se reconnaît en effet à sa forme et à ses assemblages.

1. Colza

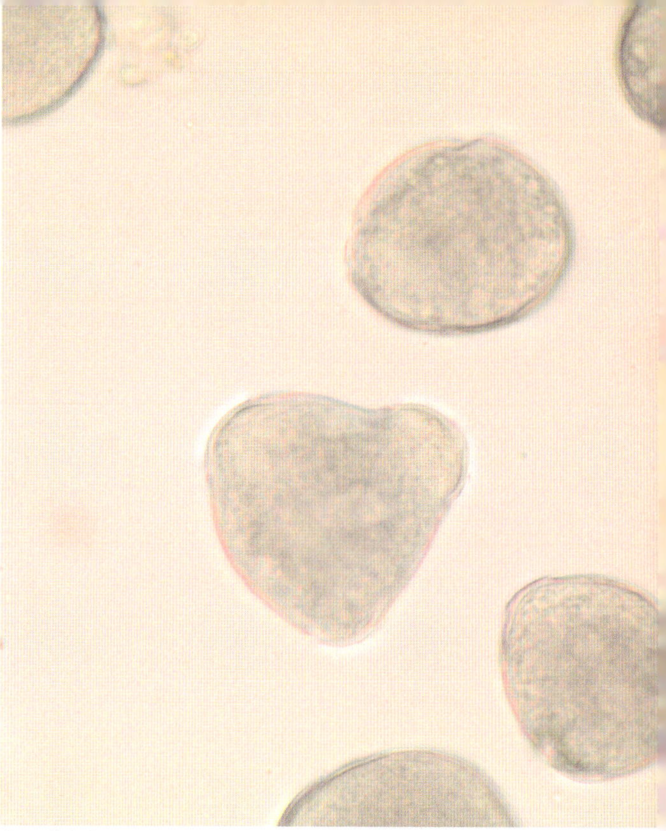
2. Aubépine

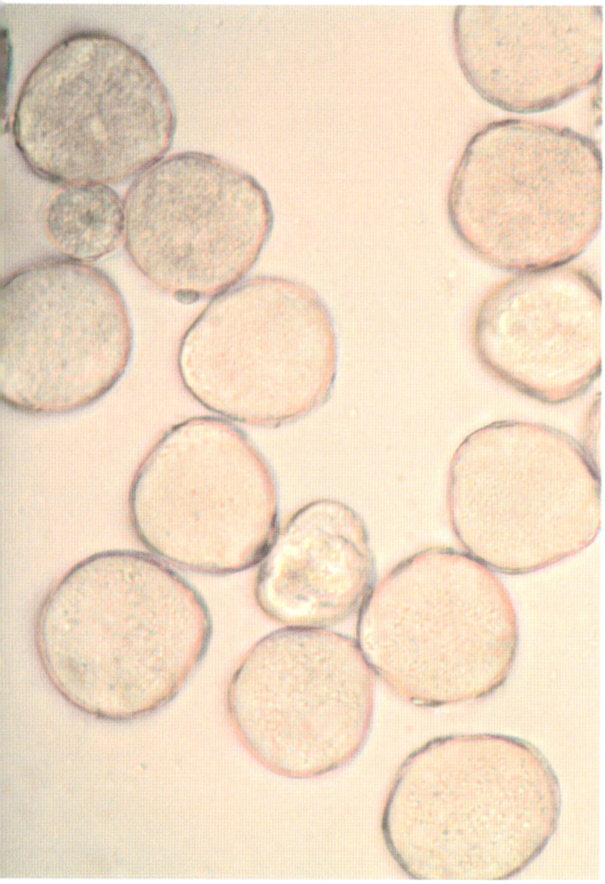
3. Ronce

Ruche très bonne amasseuse, retenue pour la récolte du pollen.

Conserver le pollen

Les pollens ne sont pas tous de même qualité gustative, certains sont amers (colza, en particulier), d'autres plus doux (aubépine, fruitiers sauvages, saule), d'autres encore très sucrés (toutes fleurs). Ils seront classés selon leurs qualités gustatives et leur destination (alimentation humaine ou futurs apports protéinés pour les colonies).

TRIEUR À POLLEN

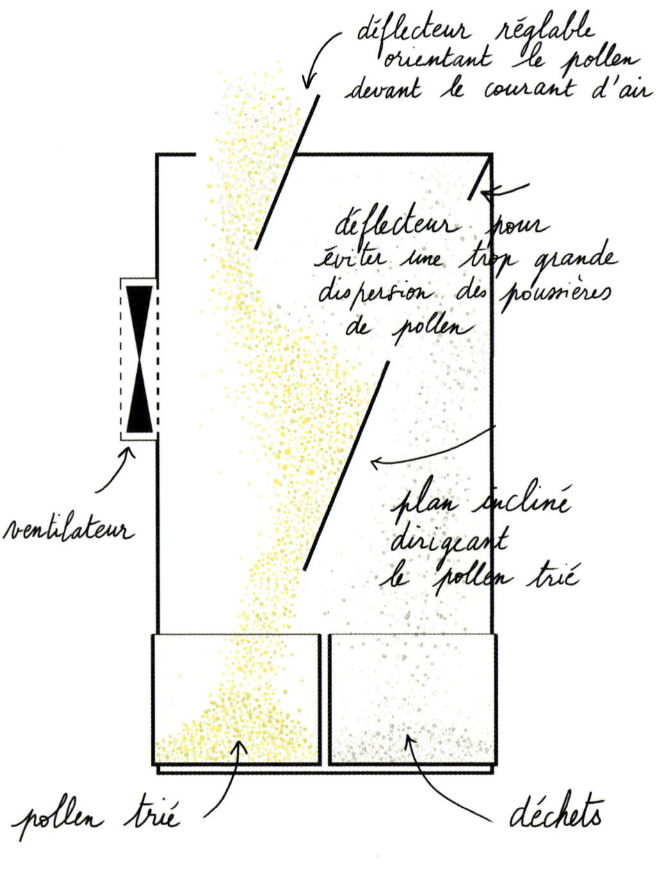

Selon un descriptif de Dominique Ambroise Chappe

Une fois le pollen récolté, celui-ci doit faire l'objet d'un traitement immédiat. Les parasites (teignes) et les moisissures auront tôt fait de le détruire.

Les gros producteurs utilisent un tarare agricole pour les grains, en modifiant la taille des grilles. Le principe est le suivant: le pollen tombe devant une soufflerie, les parties les plus légères sont repoussées plus loin que les éléments les plus lourds, une cloison délimite ces deux espaces. Diverses grilles criblent ensuite les grains, permettant une séparation du pollen en grains, de la poudre de pollen, des autres déchets lourds[1].

La manière traditionnelle de conservation du pollen est la dessiccation, mais elle lui fait perdre une partie de ses qualités nutritionnelles. Aujourd'hui, on conseille la congélation, en atmosphère neutre (azote) de préférence, pour améliorer la conservation de ses qualités nutritionnelles[2].

DU MATÉRIEL AUX NORMES

Le pollen entrant dans l'alimentation humaine, tous les matériaux en contact avec celui-ci doivent être de qualité alimentaire: acier inoxydable, plastique alimentaire, peintures alimentaires exclusivement.

1. Il existe des matériels professionnels malheureusement onéreux, certains ont réussi à adapter des tarares agricoles, les amateurs trouveront sur Internet des schémas de trieurs à pollen.
2. Technique développée par Patrice Percie du Sert, également auteur d'ouvrages sur le pollen.

La propolis

Gomme collectée sur les bourgeons des arbres, la propolis est utilisée principalement par les abeilles pour colmater les interstices de leur habitacle.

Bourgeons sur lesquels les abeilles collectent la propolis.

Elles s'en servent également pour enduire tout intrus tué dans la ruche mais qu'elles ne pourraient évacuer.

Cette matière plastique a des qualités antibactériennes et antifongiques. Sa composition est très variable, elle est dépendante des lieux de collecte.

Toute matière molle présentant la même malléabilité peut faire l'affaire à tel point que, dans des îles sans arbre, les abeilles collectent les goudrons de calfat des bateaux ou la peinture des volets au moment de leur séchage.

La production annuelle d'une ruche excède rarement 300 g, sauf sur des races ou lignées spécialement amasseuses que certains apiculteurs sélectionnent pour cette production.

La collecte se fait en posant au sommet des cadres un grillage en plastique dont elles obturent les trous. Une fois bien englué, le tapis est placé au congélateur, puis on le roule et la propolis casse, se détache. Cette récolte se fait durant toute la saison.

Les grilles pour égoutter les fromages appelées « store d'égouttage », à mailles d'environ 2 mm, sont très efficaces.

Registre d'Elevage

"Si les abeilles devaient disparaître,
l'humanité n'aurait plus que quatre années à vivre."

Albert

NOM : ....

Prénom : ....

Adresse : ....

....

14 LE REGISTRE D'ÉLEVAGE

Évoluer en apiculture, faire les bons choix stratégiques suppose d'accumuler une expérience qui se déroule sur un cycle de plusieurs années.

La mémoire des fluctuations de la météo, des variations dans les dates des floraisons, des changements dans les cultures, des traitements qui ont été mis en place par les agriculteurs et de ce que l'apiculteur a fait dans ses ruchers, toutes ces informations sont indispensables pour tirer les leçons de l'expérience.

L'observation standardisée est donc de mise.

Au-delà de cette nécessité « personnelle », une obligation de traçabilité incombe à l'apiculteur pour des raisons de sécurité sanitaire. Les traitements appliqués aux colonies et les nourrissements réalisés doivent également être repérables.

L'arrêté du 5 juin 2000 instaure un registre d'élevage « pour tous les animaux dont la chair ou les produits sont susceptibles d'être cédés en vue de la consommation... ».

L'apiculteur doit tenir un registre d'élevage dès lors que son miel sort de sa consommation familiale et qu'il est cédé, à titre gracieux ou onéreux, à un tiers.

Les données du registre d'élevage

Le registre d'élevage contient des données administratives et des informations, ruche par ruche, sur l'état sanitaire, les maladies observées, les opérations conduites par l'apiculteur : divisions, réunions, achats de reines, nourrissements, essaimages naturels ou artificiels, traitements antivarroa...

Y seront agrafées l'ordonnance du vétérinaire pour les achats de médicaments relevant d'une prescription, ainsi que les factures des divers produits achetés, tant les médicaments que les sucres et compléments alimentaires.
Ce registre peut être enrichi de toute information permettant à l'apiculteur un suivi précis de ses colonies. Cette contrainte n'est pas aussi lourde qu'il y paraît à première vue si on considère le registre d'élevage comme un outil indispensable, mettant l'apiculteur en phase avec ses obligations.
Vous devrez mettre votre registre à la disposition du technicien sanitaire apicole de votre Groupement de Défense Sanitaire Apicole (GDSA). Cette organisation regroupe les éleveurs d'une filière et offre à ses adhérents la supervision d'un vétérinaire, l'accès aux médicaments apicoles, de la formation et de l'information, ainsi que l'appui des techniciens sanitaires apicoles chargés de conseiller les apiculteurs sur l'état sanitaire de leurs ruchers. Ces techniciens ne sont pas mandatés pour des contrôles sanitaires par l'administration vétérinaire, ils ont une mission exclusive de conseil et d'accompagnement des apiculteurs. Ce sont des collègues apiculteurs qui interviennent bénévolement au sein du groupement.

Jean Riondet dans ses ruches.

Tenir son registre

Les syndicats d'apiculture, la FNOSAD et d'autres Groupements apicoles fournissent des modèles de registre d'élevage [1]. Nous vous proposons p. 261 et 262 en modèle celui diffusé par la plus que centenaire Société centrale d'apiculture à Paris, mis en ligne sur le site de la SCA [2]. Enrichi des données mentionnées sur « Ma fiche de visite » au chapitre 7, ce document constituera la base de données de la conduite de l'exploitation apicole hors approche financière et comptable.

1. http://www.apiculture.com/sante-de-labeille/articles/cahier_elevage.htm ou
2. http://www.la-sca.net/spip.php?article198&decoupe_recherche=registre % 20elevage

REGISTRE D'ELEVAGE

ANNEE 20..

Apiculteur Nom Prénom

____

Adresse

____

N° DSV

____

N° Siret ou Numagrit

____

Adhérent GDSA Oui Non **PSE N°**

Président du GDSA Nom Téléphone
Agent Sanitaire Nom Téléphone

Vétérinaire conseil Nom Téléphone

Caractéristiques de l'exploitation

Rucher N° 1 Adresse

Rucher N° 2 Adresse

…

Nombre de colonies total

En début de saison :_______________

En fin de saison : _________________

Modifications intervenues durant la saison :

ORIGINES COLONIES ET MANIPULATIONS									
N° colonie	race abeilles	origine colonie	reine marquée	colonie déplacée à : le :	colonie déplacée à : le :	essaimage naturel	remerage date et origine	division colonies par essaimage artificiel	remarques
1									
2									

RÉCOLTES									
N° colonie	le :	nombre de hausses	le :	nombre de hausses	le :	nombre de hausses	nombre de hausses	nombre de hausses	remarques
1									
2									

TRAITEMENT VARROOSE									
N° colonie	méthode et date		méthode et date		méthode et date		méthode et date		remarques
1									
2									

NOURRISSEMENTS									
N° colonie	produit et date	produit et date	produit et date	produit et date	produit et date	produit et date	produit et date	produit et date	remarques
1									
2									

MALADIES ET TRAITEMENTS (À L'EXCEPTION DE LA VARROOSE)					
N° colonie					
1					
2					

VISITE TECHNICIEN SANITAIRE					
N° colonie	date visite	remarques	date visite	remarques	remarques générales
1					représentant du rucher à la visite du:
2					nom, date et signature agent sanitaire:
					remarques générales:

Glossaire

Acides aminés
Unités de base des protéines capables de participer in vivo à leur synthèse, ce sont des constituants primitifs à l'origine de la vie.

Agrandissement des colonies
Opération qui consiste à agrandir l'espace de vie des abeilles, soit en enlevant les partitions posées en automne qui réduisent le corps de ruche, soit en ajoutant une hausse ou un élément.

Anecbalie
Caractère des lignées qui pratiquent de manière fréquente la supersédure. C'est l'inverse des lignées essaimeuses.

Arrhénotoque
Se dit d'une reine qui, non fécondée, pond des ovules qui donnent naissance uniquement à des mâles.

Cadre
Cadre en bois suspendu dans la ruche qui contient les rayons de cire. Les rayons sont très fragiles, les cadres en bois équipés de fil d'acier les rigidifient, leur permettant de subir une extraction du miel par centrifugation.

Cadre ciré ou cire à bâtir
Cadre équipé d'une plaque de cire gaufrée au format des alvéoles que l'on souhaite.

Cadron ou petit cadre pour nucléi
Leur format varie du demi-cadre de hausse au demi-cadre de corps ou d'élément. Il en existe dans tous les modèles de ruches, hormis les plus petites comme les Warré ou Claerr. Prévus pour être assemblés par deux, on les fait construire par les abeilles dans une ruche normale.

Cadre d'élevage
Cadre aménagé avec des barrettes porte cupules permettant de mettre 2 ou 3 rangées de 12 à 16 cupules.

Claerr
Ruche divisible à 9 cadres, de format intérieur 326 x 326 mm et 250 mm de hauteur.

Clipper
Couper le tiers d'une aile d'une reine de manière à limiter son envol en cas d'essaimage. Cette opération permet de retrouver les essaims proches des ruches de départ.

Colonie
Ensemble d'abeilles pourvu d'une reine composant un tout qui se reproduit par essaimage. La cohésion de ce groupe est assurée par des phéromones produites par tous les individus de la colonie. La division du travail et l'imbrication de chaque individu dans l'ensemble du groupe conduit à considérer les colonies comme un superorganisme.

Couvain
Ensemble des larves en développement dans les rayons. Le nid, ou chambre à couvain, est l'espace où l'ensemble des cadres de couvain sont réunis.

Cupularve
Boîtier contenant 110 cupules où l'on enferme une reine pour l'y faire pondre. Les cupules sont récupérées au bout de 48 heures environ, et la reine libérée.

Cupule
Cellule artificielle de 9 mm de diamètre destinée à l'élevage de reine.
À savoir: les cupules en plastique sont mieux tolérées que les cupules en cire.

Dynamique des populations
Expression des démographes pour exprimer la capacité de croissance des populations.

Éleveuse
Colonie ayant sa reine et possédant une partition avec grille à reine qui permet de faire élever dans ce compartiment les cupules amorcées dans un starter. Si l'amorçage des cupules se fait dans l'éleveuse, le taux de réussite ne sera guère supérieur à 50 %

Emballer une reine
Reine agressée par des ouvrières au moment de son introduction. Les abeilles se roulent en boule dessus pour la piquer.

Essaim naturel/artificiel
Essaim qui sort spontanément de la ruche. Artificiel, il est fabriqué par l'apiculteur par prélèvement de cadres avec leurs abeilles dessus, ou par division de ruche.

Essence de mirbane ou nitrobenzène
Produit dont l'odeur chasse les abeilles, les teignes... Interdit aujourd'hui dans certains pays, il est formellement déconseillé.

Finisseur
Étuve régulée entre 34,5 °C et 35 °C, ou ruche accueillant les cellules royales operculées jusqu'à la veille de leur éclosion, soit le 10e jour suivant le picking.

Gelée royale, bouillie nourricière...
Ensemble d'acides aminés et de sucres constituant la nourriture des larves et des futures reines. Selon leur destination, ces gelées contiennent diverses hormones qui influent sur le développement des ovaires des futures reines.

Glandes hypopharyngiennes
Glandes présentes uniquement chez l'ouvrière et situées dans la tête et en partie dans le thorax, productrices des gelées royales. Ces glandes ont une durée de vie d'environ une semaine en pleine saison et de plusieurs mois dès la morte-saison, à la condition que l'abeille n'ait eu comme unique activité que de se gorger de pollen.

Grappe
Groupe d'abeilles qui forment une boule l'hiver pour se tenir chaud. La grappe est collée sur un ou plusieurs cadres, selon l'importance du nombre des abeilles.

Haussette
Hausse de ruchette.

Lange
Matériel de comptage des varroas pour évaluer l'infestation des colonies. Plaque mince et rigide (radiographie, plaque offset, polypropylène alvéolé, plateau adapté...), le lange se place sur la grille du plateau de sol.

Marquage des reines
La peinture est le procédé le plus courant. L'utilisation de pastilles numérotées permet de suivre les lignées de manière précise, d'identifier les colonies d'où sortent les essaims. La colle préférée des éleveurs est la glu à séchage rapide.

Miellée
Période de surabondance de nectar due à une floraison massive d'une plante particulière.

Mobilisme
Conduite des ruches qui s'appuie sur la mobilité des rayons. S'oppose au fixisme, qui utilise des ruches « paniers », dont les rayons sont fixés sur les parois.

Nectar
Sirop de sucre produit par les fleurs pour attirer les insectes pollinisateurs.

Nourrices
Ouvrières âgées de 5 à 10 jours dont les glandes hypopharyngiennes sont en activité.

Passé cet âge, ce seront les glandes cirières qui se développeront, l'ouvrière change alors d'activité.

Nourrissement

Apport de nourriture. Le nourrissement est généralement réalisé à l'aide d'un sirop de sucre, à divers degrés de concentration en eau et en sucre suivant les cas et les moments.

Nucléi

Petite population destinée uniquement à élever une reine. On trouve des modèles composés de 2 ou 3 cadres de hausses et de 4 à 6 cadrons.

Operculation

Fermeture des cellules de miel ou de couvain par un opercule.

Opercule

Fine lamelle de cire qui ferme les alvéoles contenant du miel, la cire mélangée à de la propolis servant à operculer les alvéoles contenant du couvain.

Orpheliner

Enlever la reine d'une colonie, qui devient du même coup orpheline de sa reine.

Paniers

Ruches en paille, de forme ronde.

Paradichlorobenzène

Utilisé autrefois pour protéger les cadres bâtis des teignes, aujourd'hui interdit. Veiller à ne pas employer de produits de substitution, contenant des molécules de synthèse qui imprègnent les cires et peuvent tuer les abeilles.

Partitions

Plaques de bois ou de polystyrène extrudé qui entrent à frottement doux dans les corps de ruche à la place de rayons. Elles permettent de réduire le volume des ruches à l'automne.

Picking

Opération de transfert de larves prises sur un cadre de couvain ouvert et transférées dans des cupules en plastique. Le picking désigne également l'outil de prélèvement des larves.

Pince à reine

Cagette sous forme de pince permettant de prendre la reine sur un cadre sans la blesser. Des ouvertures sont au format des ouvrières qui peuvent s'en échapper.

Pollen

Grains mâles des fleurs riches en protéines, indispensables à la nourriture du couvain et des jeunes abeilles. Transformé par les enzymes apportées par la salive des abeilles on l'appelle pain des abeilles.

Portière

Réducteur d'entrée réversible. Un côté ne laisse qu'une ouverture en dents de scie de 1 cm de hauteur sur toute la longueur de manière à éviter l'intrusion de petits rongeurs. L'autre, perforé de petits trous, obstrue totalement l'ouverture, ne laissant passer qu'un peu d'air.

Propolis

Matière récoltée par les abeilles sur les bourgeons des arbres. Produit non transformé par l'abeille, la propolis a les vertus des arbres dont elle est issue.
Elle contient des microorganismes avec des effets bactéricides sur un certain nombre de germes, d'où ses vertus cicatrisantes et reconstituantes pour la peau. C'est un des produits les plus utilisés dans la pharmacopée ancienne.

Registre d'élevage

L'arrêté du 15 juin 2000 impose à tout apiculteur dont les produits sont censés être cédés en vue de la consommation de tenir un registre d'élevage où sont consignées toutes les opérations pouvant intervenir dans la qualité sanitaire des produits consommés (traçabilité), en particulier les résidus des produits de traitement. Le registre doit consigner les produits, les doses utilisées, les modalités d'application, les dates de traitement, les noms et adresses des fournisseurs.

Ruchette
Ruche de même format que les ruches du rucher, mais ne contenant que 5 ou 6 cadres. Utile pour les essaims, pour isoler une reine lors d'un orphelinage...

Starter
Colonie orpheline, constituée artificiellement de nourrices essentiellement, ne contenant aucun couvain ouvert, elle est bien fournie en pollen, miel, sirop et eau. Les nourrices, n'ayant aucune autre larve à nourrir et à chauffer que celles apportées dans les cupules, les nourrissent comme de futures reines. Ce procédé permet d'atteindre des taux d'élevage des reines de l'ordre de 90 %. Le starter est utilisé de 24 à 36 heures.

Sternite tergite
Demi-anneau ventral des segments abdominaux, le sternite est la partie supérieure et le tergite la partie inférieure, les deux étant reliés par une membrane intersegmentaire. L'abdomen de l'ouvrière est composé de 7 segments.

Sulfure de carbone, tétrachlorure de carbone
Aujourd'hui interdits, ces produits volatils étaient souvent conseillés dans la littérature ancienne pour détruire la teigne.

Supersédure
Changement de reine sans essaimage. La vieille reine est tuée lors de la ponte de la nouvelle. Certaines lignées pratiquent fréquemment la supersédure, c'est un caractère héréditaire appelé « anecbalie ».

Tête des cadres
Traverse supérieure des cadres le plus souvent rainurée, elle est utile pour pour y coincer une feuille de cire gaufrée. Amincie aux deux extrémités, elle assure la suspension des cadres sur les bords de la ruche. Ces extrémités appelées « épaulement » cassent facilement si l'on s'en sert pour soulever les cadres avec le lève-cadres. Lever les cadres en passant le lève-cadres sous la tête, et en l'introduisant si besoin dans la cire du rayon, évite cet accident.

Thermopeint
Peinture à pigment d'aluminium, la plus durable mais monochrome.

Transvasement
Opération qui consiste à séparer les abeilles de leur couvain. Le transvasement se réussit bien d'avril à juin, rarement au-delà.

Varroa destructor
Acarien qui se fixe sur les membranes intersegmentaires de l'abeille, il les perfore et se nourrit de l'hémolymphe. Apparu en France en 1983, cet acarien d'origine asiatique ne possède pas de prédateur connu et nos abeilles Apis Mellifera mellifera ne savent s'en épouiller contrairement à leurs collègues asiatiques. La femelle varroa se reproduit dans les cellules où une larve d'abeille effectue sa mue, et la jeune abeille naît déjà parasitée de plusieurs varroas. En période de croissance du couvain, les varroas sont essentiellement enfermés dans les cellules operculées pour se reproduire.

Warré Emile (Abbé) 1867-1951
Auteur d'une ruche dite « divisible » de 8 rayons, dont les éléments sont carrés et font 20 cm de hauteur et 30 cm de longueur intérieure. Cette ruche est conduite avec des barrettes, simples lattes amorcées d'une petite lamelle de cire gaufrée de quelques centimètres de longueur et de hauteur pour orienter la construction des rayons, ou de barrettes disposant de jambes de 7 cm de hauteur pour rigidifier le rayon et l'empêcher d'être collé aux bords de la ruche, le rayon est alors mobile, c'est l'innovation de Gilles Denis, ou encore équipée de cadres selon le modèle développé par Marc Gatineau.

Index

Bibliographie

Livres

Barthélemy G., *Les travaux apicoles mois par mois*, UNAF, 1990

Bocquet M., *Le nourrissement*, OPIDA, 1994

Brossut R., *Phéromones, la communication chimique chez les animaux*, Belin/CNRS, 1996

Clément H. (sous la direction de), *Traité Rustica de l'Apiculture*, Rustica, 2002

Clément H., *Créer son rucher*, Rustica, 2006

Clément Henri, *Les bons gestes de l'apiculteur*, Rustica, 2011 + DVD

Darchen B., *L'apiculture, de la préhistoire à l'histoire*, PLB éditions, 2003

De Casteljeau C., *Bibliographie d'apiculture de langue française*, chez l'auteur, Besançon, 1983

Denis G., *La ruche Warré mode d'emploi*, chez l'auteur, 2008

Faucon J.-P., *La question sanitaire, connaissances pour la qualité des colonies*, CNEVA/FNOSAD, 1996

Faucon J.-P., *La nouvelle question sanitaire*, cdrom en vente chez l'auteur, quartier chapitre 04500 Riez, 2012

Fernandez N., Coineau Y., *Maladies, parasites et autres ennemis de l'abeille mellifère*, Atlantica 2007

Fert G., *L'élevage des reines*, Rustica, 2008

Bruneau E., Jacobs F., Lequeux R., Reybroeck W., *Guide des bonnes pratiques apicoles*, diffusion CARI et Informatiecentrum voor bijenteelt, Belgique, 2009

Jean-Prost P. et le Conte Y., *Apiculture*, Lavoisier 7e édition, 2005

Gould J.-L. et Grant C., *Les Abeilles*, collection « Pour la Science », Belin, 1993

Mc Farland D., *Le comportement animal, psychobiologie, éthologie et évolution*, De Boeck, 2001

Nivaille J., *Précis d'histoire de l'apiculture dans nos régions*, Éditions européennes apicoles, 1991

Riondet J., *Un rucher dans mon jardin*, Nathan, 1995, épuisé, disponible en CD-ROM chez l'auteur

Riondet J., *L'apiculture mois par mois*, Ulmer 2010

Roth C.L., *Des plantes utiles aux abeilles*, Association de développement de l'apiculture d'Ile-de- France, 1999, en vente à l'UNAF

Snelgrove L.E., *Conduite de la ruche Langstroth*, Librairie de vulgarisation apicole, Montfavet, 1948

Storch H., *Au trou de vol*, Éditions Européennes Apicoles, 1987

Vanhée R., *Le cadre témoin*, Editions européennes apicoles, 1987

Weiss K., *L'apiculteur du week end*, Éditions Européennes Apicoles, 1985

Weiss K., *Pratique de l'élevage en apiculture, questions/réponses*, Éditions européennes apicoles, 1989

Winston M.L., *La biologie de l'abeille*, Nauwelaerts/Frison Roche, 1993

Revues

« Abeilles et fleurs », organe de l'Union nationale de l'apiculture française (UNAF), 24 rue des Tournelles, 75004 Paris.

« L'abeille de France et l'apiculteur », 5 rue de Copenhague, 75008 Paris.

« La Santé de l'abeille », organe de la Fédération nationale des organisations sanitaires apicoles départementales (FNOSAD), Quartier Chapitre, 04500 Riez.

« Abeilles & Cie », organe du CARI bte L7.07.09, B1348 Louvain la Neuve

Adresses utiles

Sites Internet

Le centre technique apicole suisse
www.db-alp.admin.ch
Le centre technique apicole de Belgique le Cari
www.cari.be
Le centre technique apicole français l'ITSAP
www.itsap.asso.fr
Fnosad www.beekeeping.org/fnosad/index.htm
Ekopedia, site riche en liste de plantes mellifères http://fr.ekopedia.org/Accueil
Site de Hubert Guerriat sur l'élevage et la sélection www.mellifica.be/fr/contact
Le blog des vétérinaires consacré à l'apiculture
www.apivet.eu

Muséum

Muséum national d'histoire naturelle
www.mnhn.fr/spn/index.html
Site du Mnhn pour l'identification des races d'abeilles: apiclass.mnhn.fr
Vespa Velutina: www.inpn.mnhn.fr/actualites/categorie/frelon-asiatique-vespa-velutina

Syndicats

Union nationale de l'apiculture française (UNAF): www.unaf-apiculture.info
Le syndicat national de l'apiculture:
www.snapiculture.com

Conseils et formations

La société centrale d'apiculture:
www.la-sca.net/spip.php?rubrique1
Les conseils mensuels de Jean Riondet
www.beehoo.com/conseil- apiculture
Gilles Denis, spécialiste de la Warré
http://ruche-warre.com

Divers

Histoire de l'apiculture www.apistoria.org
Site de publications scientifiques
www.plosone.org/home.action
Guide social et fiscal régulièrement mis à jour
www.syndicat-apicole-dauphinois.org/images/stories/dossiers/documents/Legislation%20 apicole/Guide_apicole_fiscal_social.pdf
La divisible 4X4 www.ruchersdelorraine.com/fr/ruche4x4/photos.php
Site d'un français installé dans le Manitoba au Canada www.frenchbeefarm.com/
Le comptoir des plantes médicinales
www.comptoirdesplantes.com

Remerciements

Cet ouvrage est une œuvre collective à laquelle chacun a apporté une contribution majeure.
Sosthène Fayolle et Gaëtan Adell ont accepté de partager leurs compétences, Georges Jobert a permis de nombreux contacts fructueux, Bernard Verneyre a fait une relecture minutieuse et critique, Jean François Longy a fourni des solutions techniques.
Pour les photos, Éric Page, complice de tout temps, Georges Coron, Jacques Freney, Jan Ondrasik, Denis Barbier, Sosthène Fayolle, William Adell ont apporté leurs collections sans réserve.
Que Ruedi Ritter (Suisse) soit particulièrement reconnue en nous envoyant sa superbe série de photos sur les pathologies complétées par celle de la FNOSAD, ainsi que Quentin Rome, qui nous a fourni son superbe frelon asiatique.

Crédits des photos et des dessins

Toutes les photos sont de Jean Riondet, à l'exception des pages suivantes:

Adell William: p. 12, 63 haut, 82, 99, 110, 121,167.

Bonnafoux Jean Marie: p. 109.

Coron Georges: p. 36 haut, 65, 105, 122 gauche milieu, 124, 132, 153 haut, 192, 195 bas, 231, 236, 237, 239 milieu, 243.

Fayolle Sosthène: p. 86 haut et bas, 87 gauche haut, 91 haut et bas, 162, 176, 182 milieu et dos de la couverture (haut), 195 haut.

FNOSAD: p. 215.

Fotolia: Recto de la couverture (3 photos) et verso (bas), pp. 5, 7, 8, 10 (gauche et milieu, bas), 13 haut, 24, 35, 38, 40 (milieu et gauche), 51, 59, 60 haut gauche, 63 bas, 68 haut, 70, 73 (5 photos), 76 (4 photos), 83, 87 droite, 88, 89, 90 milieu, 94, 98, 106 (haut gauche et milieu), 108, 114, 116 (3 photos), 119 bas, 120, 125 (2 photos), 126, 131, 134, 139, 140, 144, 150 milieu, 164, 168 (3 photos), 173 haut, 178, 182 haut, 184, 191, 199 haut, 200, 205, 206 (3 photos), 213, 216, 225 (3 photos), 227 bas gauche, 228 milieu et bas, 247, 520 milieu gauche et milieu droite, 252, 257, 258 haut gauche, droite et bas, 263.

Freney Jacques: p. 203 haut 1 et 2, 253, 255.

Istock: pp. 92, 93.

Ondrasik Jan (Jonek): p. 33.

Page Eric: p.13 les apis asiatiques, 27, 30, 36 naissances cerana, 84 bas, 129.

Riondet Frédéric: p. 260.

Ritter Ruedi: p. 18, 148, 209, 211 bas, 214, 219, 220, 221.

Rome Quentin: p. 227.

Wikicommons: p. 31.

Tous les dessins sont de Virginie Jacot.

8, rue Blanche
75009 Paris
Tél.: 01 48 05 03 03
Fax: 01 48 05 02 04
www.editions-ulmer.fr

Réalisation: Bénédicte Dumont
Direction d'ouvrage et coordination : Sur Mesure
Avec la collaboration rédactionnelle de Fabienne Chesnais
Impression: Printer, Trento

ISBN: 978-2-84138-544-7
N° d'édition: 544-02

Printed in Italy
Dépôt légal: février 2013

MIXTE
Papier issu de sources responsables
FSC® C015829
FSC www.fsc.org